AF277676

Escépticos

Ignacio Pajón Leyra

Escépticos

Los filósofos de la mirada atenta

Alianza editorial
El libro de bolsillo

Primera edición: marzo de 2026

Diseño de colección: Estrada Design
Diseño de cubierta: Manuel Estrada
Fotografía de Javier Ayuso

© Ignacio Pajón Leyra, 2026
© Alianza Editorial, S. A., Madrid, 2026
   Calle Valentín Beato, 21
   28037 Madrid
   www.alianzaeditorial.es

PAPEL DE FIBRA
CERTIFICADA

ISBN: 979-13-7009-181-1
Depósito legal: M-132-2026
Impreso en España - *Printed in Spain*

Índice

El mayor enemigo de la verdad no es la mentira, sino la ilusión de saber la verdad.

MICHEL DE MONTAIGNE

Introducción

Nuestro tiempo es una época necesitada de escepticismo. La vieja noción de «verdad», entendida como la correspondencia entre lo que pienso que ocurre y lo que realmente ocurre, hace mucho que ha entrado en crisis; los cambios se suceden a un ritmo trepidante que apenas nos permite acostumbrarnos a la constante irrupción de lo nuevo; muchas voces distintas se alzan en el discurso público reclamando tener la razón con argumentos y relatos incompatibles entre sí; y hasta las cosas más sencillas, que hace poco se daban por evidentes, resultan cada vez más borrosas y menos claras. Vivimos una época, a la vez, capaz de desconcertarnos y deseosa de dogmatizarnos. Y ante una situación como esta, nada parece más necesario (y prudente) que adoptar una sana actitud crítica.

En un contexto como el del presente, por todo lo anterior, resulta imprescindible no solo dudar, sino dudar bien. Saber cómo y cuándo aplicar la duda. Saber qué poner en cuestión y qué no. Y para ello puede que sea una herramienta útil fijarnos en los grandes maestros de la duda que nos precedieron. Por novedoso que nos parezca todo lo que vivimos en nuestro tiempo, siempre podremos encontrar a alguien en épocas anteriores que tuvo una inquietud de algún modo parecida y que pensó algo de lo que nosotros hoy podemos aprender. Y para estas cuestiones que hoy nos asaltan, para esta desorientación y este peligro de fanatizarnos que hoy vivimos, puede que el mejor escenario en el que buscar lecciones del pasado sea el que supuso en época helenística el surgimiento del escepticismo.

Hay muchas formas de escepticismo diferentes y muchos sentidos en los que podemos emplear ese término, pero quizá el que con más motivo debería reclamar nuestro interés es el primero de todos ellos, el original, el que más atrás se sitúa en el tiempo: el escepticismo de los antiguos griegos. Este libro va a centrarse en ese sentido del escepticismo: el que propusieron los pensadores más radicalmente críticos del mundo antiguo como respuesta a su propio contexto de crisis. Y por eso, en las páginas que el lector encontrará a continuación, el eje alrededor del cual girará el discurso es esa corriente filosófica a la vez misteriosa y fascinante que tomó como su misión cuestionar todo lo que fuera posible poner en duda. Por supuesto, ha habido muchas formas de escepticismo después de que concluyese la época antigua, y tiene sentido que nos asomemos en ocasiones a los aportes y las reflexiones de los escépticos de la Modernidad y los de nuestra propia época. Muchas veces, de hecho, estos aportes posteriores podemos interpretarlos como desarrollos de los planteamientos originales que nos dejaron los escépticos griegos y romanos. Y, por ese motivo, dejar fuera de este libro todo lo que tuviera lugar después del final de la época antigua sería un error que podría reducir el alcance y el interés de los temas tratados. Pero el centro de la argumentación será, en la gran mayoría de las páginas que siguen a esta introducción, el antiguo escepticismo griego.

Esta peculiar forma de pensamiento nació en los inicios del helenismo, poco después de la muerte de Alejandro Magno, y desapareció más o menos con los cambios sociales que anunciaban la llegada de la Edad Media. Las figuras principales que desarrollaron esta corriente intelectual hoy nos son muy poco conocidas. De la mayoría de ellos apenas tenemos noticias. Sabemos que fueron filósofos muy incómodos para sus contemporáneos. Los conocemos principalmente por textos que los tratan como peligrosos y problemáticos. Y el motivo de esa actitud beligerante contra ellos con la que han solido ser descritos y expuestos es bastante evidente: los antiguos escépticos fueron, antes que nada, refutadores. Su tarea no consistió tanto en crear nuevas teorías como en desmontar las teorías de los demás filósofos si encontraban la manera de mostrar que eran injustificadas. De modo que hemos de pensar en ellos como destructores y cuestionadores más que como autores de propuestas, pero eso no les quita importancia filosófica. Para cualquier otro pensador del mundo antiguo, encontrarse con un escéptico suponía inevitablemente afrontar un reto. Ante el escéptico, es imprescindible perfilar mejor la propia propuesta, asentar mejor los argumentos, definir de maneras más precisas. Porque el escéptico siempre está dispuesto a buscar las fallas más inapreciables y poner a prueba la estabilidad y coherencia de las teorías que escucha.

El escepticismo inicial formó parte de un contexto muy concreto: el que se da en la frontera entre la época clásica y la helenística. Será importante aclarar este marco para comprender bien el alcance y el sentido de esta forma de filosofía tan poco habitual. En aquel momento había, principalmente, seis «fuerzas vivas» interactuando en el debate filosófico. En primer lugar, permanecían como escuelas activas y vigentes dos de las que habían tenido su nacimiento en la etapa anterior: la Academia de Platón y el Liceo de Aristóteles. Ambas tuvieron su propia evolución en la época, pero nunca perdieron su *naturaleza clásica*. Me refiero al hecho de que sus intereses principales, de profunda carga teórica, respondieron siempre a las grandes preguntas ontológicas, lógicas, físicas y políticas del periodo clásico ateniense. En segundo lugar, encontramos dos escuelas nuevas, nacidas ya en el mundo helenístico, que serán el estoicismo, fundado por Zenón de Citio, y el Jardín, la escuela de Epicuro de Samos. Sus intereses, a diferencia de los de las dos escuelas anteriores, responderán a la problemática social de los nuevos tiempos, y por ello debatirán con más frecuencia entre ellas que con las escuelas de origen clásico. En tercer lugar, encontramos a los cínicos, peculiares pensadores contestatarios y algo marginales que tendrán vigencia durante todo el helenismo y la época romana en las grandes ciudades de la mitad oriental del Mediterráneo. También estos filósofos serán profundos cuestionadores de lo asumido, pero solo en temas de carácter social, por lo que su crítica pocas veces se cruzará con la crítica escéptica, más centrada en los problemas del conocimiento. Y por último, por fin, encontramos a los propios escépticos. De ellos no podemos decir que sean una «escuela», dado que no tienen doctrina propia, sino que más bien tendremos que decir que fueron una «corriente filosófica». Y tuvieron un periodo de vigencia casi tan amplio como el que tuvieron los cínicos, aunque de manera principal encontramos figuras importantes de esta corriente hasta bien entrado el siglo segundo de nuestra era.

En casi todas las formas de filosofía que nacieron ya en la etapa helenística se dejó sentir con mucha fuerza la herencia socrática. De un modo u otro, para todo este tiempo Sócrates fue considerado un gran referente intelectual, e incluso llegó a ser adoptado como el modelo ideal del sabio. Y esto es de especial importancia en el caso del escepticismo, que no podría haber llegado a existir sin el antecedente que supone Sócrates, su actitud interrogadora y refutadora, sus constantes preguntas, su nulo afán de ser considerado un «maestro» y, muy especialmente, su más conocida frase: *solo sé que no sé nada*, que se convertirá en lema e inspiración para los pensadores antidogmáticos de las siguientes generaciones. El escepticismo, como veremos, puede entenderse como una reinterpretación de ese reconocimiento socrático de la ignorancia; una adaptación a los nuevos tiempos de las consecuencias de admitir el no-saber.

Las escuelas filosóficas de esta etapa recurren con frecuencia a la figura del sabio en sus planteamientos. ¿Qué haría un hombre sabio ante tal o cual situación? ¿Cómo se comportaría ante este o aquel dilema moral alguien que de verdad tuviese sabiduría práctica? Las propuestas éticas no se exponen en esta etapa solo a través de teorías en las que las máximas de comportamiento se deducen de los principios teóricos de la escuela. La ética es una cuestión eminentemente aplicada, y para que sea puesta en práctica a menudo es más efectivo que argumentar deduciendo, hacerlo a través de la creación de un modelo paradigmático del comportamiento que se propone. Por ese motivo casi todas las formas de filosofía helenística tienden a mostrar al mundo su propuesta ética a través del ejemplo más que de la formulación de grandes argumentaciones teóricas. Y el mejor tipo de ejemplo, para esto, es el que supone un modelo de sabio idealizado del que puedan relatarse ocasiones en las que puso en ejercicio su sabiduría. Crear retratos del sabio ideal y transmitirlos mediante anécdotas capaces de ejercer de ejemplos, casi de parábolas, es, de este modo, uno de los medios más eficaces y más frecuentemente empleados para tratar de establecer un comportamiento concordante con la filosofía de cada escuela en esta época. Pues bien, en el caso del escepticismo, ese recurso al sabio se basa en una interpretación muy concreta de la sabiduría: el sabio es el que es consciente de que no sabe, como Sócrates lo era. El modelo de hombre prudente, lo que Aristóteles llamaba el *phrónimos*, es, para los escépticos, el prudente respecto a sus afirmaciones porque sabe que no conoce nada con la suficiente certeza como para afirmar tajante y dogmáticamente nada.

Cínicos, estoicos y epicúreos coinciden en algunos de los rasgos que destacaban de sus propios modelos de sabiduría: el hombre sabio es austero y sencillo, se caracteriza por su autodominio, no se deja llevar por las pasiones y no cae en los excesos. Y por ello –con las diferencias correspondientes a las distintas teorías ético-sociales de cada una de estas corrientes– solo el sabio es feliz. El modelo de sabio escéptico también es concebido como el único ser humano capaz de llegar a ser feliz, pero no por su austeridad y sencillez en las costumbres, sino en las creencias; no por dominarse a sí mismo respecto de las pasiones, sino respecto de las pretensiones de saber. Lo que el sabio escéptico mantiene siempre bajo control es la tendencia natural (que todos tenemos en mayor o menor grado) a creernos que sabemos más que los demás, que estamos en lo cierto y que nuestra opinión es verdadera.

El escepticismo puede entenderse de entrada como la actitud opuesta a la de quien cree que lo sabe todo. Como Sócrates, el escéptico sabe que no sabe nada. Pero va incluso más allá de eso porque mantiene en todo momento una actitud negativa respecto de la posibilidad de alcanzar un conocimiento verdadero de la realidad, una actitud que en Sócrates no parece haberse dado. Esta actitud comporta varias consecuencias: en primer lugar, el escéptico no cree que pueda conocerse la verdad acerca de nada de manera indubitable. Esto se debe a que ningún criterio le parecerá capaz de indicarnos con seguridad si un supuesto conocimiento nuestro es verdadero o es falso. Y en segundo lugar, dado que no encontramos criterio que nos permita separar lo verdadero de lo falso, lo único razonable que podemos hacer es abstenernos de juzgar sobre la verdad y la falsedad. El sabio escéptico, por tanto, ni afirma ni niega; lo único que puede hacer sobre las afirmaciones y negaciones posibles es, como técnicamente dicen estos filósofos, «suspender el juicio».

Valga esta primera aproximación como panorama de lo que define y caracteriza al escepticismo antiguo en general. Más adelante en estas páginas, como es lógico, tendremos que volver a tratar muchas de las características que acabamos de exponer para matizarlas, precisar más los términos o completar sus rasgos distintivos. Pero por ahora esta inicial caracterización nos permite vislumbrar el modo en que el escepticismo aparecía ante los ojos de sus contemporáneos: el sabio escéptico es, como Sócrates, consciente de su ignorancia; pero, a diferencia de Sócrates y de la mayoría de los socráticos, el escéptico no tiene esperanzas de llegar a salir de ese estado, ni tampoco confía en que lo hagan los demás. Su apuesta va a ser, más bien, construir una filosofía carente de saberes, carente de tesis sustantivas; una filosofía, en definitiva, sin teorías. Y por todo ello el sabio escéptico es alguien que siempre interviene en el debate para llevarnos la contraria.

A lo largo del tiempo, como veremos, el escepticismo adoptará diferentes configuraciones. Aunque no todos los especialistas están de acuerdo en esto, en general se acepta que conviene distinguir tres momentos en el desarrollo del escepticismo: un escepticismo inicial que señalaría las grandes consecuencias de que las cosas no parezcan ser de un modo determinado, un segundo escepticismo más epistemológico y, en cierto sentido, moderado, que considerará imposible conocer las cosas de manera absoluta pero admitirá ciertas formas de entender que unas cosas son más probables que otras, y un escepticismo final, de tipo radical, que negará que podamos saber nada en absoluto sobre la naturaleza de las cosas. El primer escepticismo dirá la tradición que es el que formuló Pirrón de Elis poco después de la muerte de Alejandro Magno. Pirrón no dejó nada escrito y no fundó ninguna escuela en sentido institucional, pero tuvo un discípulo llamado Timón por cuyos textos llegó a difundirse esta forma de pensamiento. El segundo tipo de escepticismo lo constituye el llamado «escepticismo académico», es decir, el sorprendente escepticismo de los platónicos. La Academia platónica adoptó, en efecto, puntos de vista escépticos en una buena parte de su decurso por la época helenística, y dos de sus directores, Arcesilao y Carnéades, pasan por ser dos de los filósofos escépticos más destacados de todos los tiempos. Tendremos que tratar con detalle en su momento cómo es posible que los platónicos se hicieran escépticos en esta época, en especial habida cuenta de los esfuerzos que había dedicado Platón a conformar una teoría consistente del saber y a separarlo netamente de la opinión. Una de las claves de este acontecimiento histórico que podemos adelantar ya es el hecho de que Platón escribió, como es sabido, muchas obras muy distintas entre sí. Y a lo largo del tiempo en la institución académica se puso el acento en partes diferentes de esa extensa producción textual a la hora de construir la explicación del platonismo. La teoría platónica no será igual si, por ejemplo, consideramos nuclear el texto de la *República*, obra de madurez, o si prestamos atención preeminente al más autocrítico diálogo tardío titulado *Parménides*. Y tampoco será igual si nuestra lupa cae sobre los textos de juventud, más profundamente socráticos, llenos de preguntas y, por lo general, poco dados a alcanzar conclusiones. El personaje de Sócrates que aparece en estos diálogos, centrado en refutar las tesis de sus interlocutores, pudo ser tomado por una suerte de escéptico él mismo, y facilitó que la visión escéptica del conocimiento se asentase en la escuela sin provocar ruptura alguna en el seno de la institución. Por último, a partir del siglo I antes de nuestra era, aparecerá una última encarnación del escepticismo en la Antigüedad que adoptará el nombre de «escepticismo pirrónico» por su voluntad de ser considerado una vuelta a Pirrón. Los autores más destacados de esta última etapa serán Enesidemo y Agripa, aunque el que conocemos mejor, dado que su obra ha llegado hasta nosotros, es el gran compilador final de la filosofía de esta corriente: Sexto Empírico.

Este último autor, de hecho, es la más destacada de las fuentes antiguas que conservamos para poder aproximarnos a la filosofía de los escépticos. Escribió varios libros sobre esta corriente de pensamiento, libros que por fortuna han llegado hasta nosotros. En ellos Sexto no trata tanto de conformar una versión propia del escepticismo como de recopilar las versiones previas y exponerlas con claridad y de manera convincente. Su obra está llena de datos, opiniones diversas y argumentos que no conocemos por ninguna otra fuente. Es, digamos, el trabajo de un historiador del escepticismo. Y por ese motivo la lectura de Sexto Empírico es esencial para el conocimiento de esta forma de filosofía. El único problema que cabe encontrarle como base para nuestra reconstrucción de la historia de esta corriente es la gran distancia (casi quinientos años) que lo separa de la época de Pirrón, ya que, al ser tan tardío su conocimiento de los instantes iniciales del pensamiento escéptico, es necesariamente imperfecto y puede contener errores o malinterpretaciones ante los que no nos queda más remedio que estar alerta.

Los libros de Sexto han sido ordenados y agrupados de distintas maneras, pero en general podemos considerarlos divididos en tres grandes obras. La primera de ellas –y la más conocida– es una suerte de manual de escepticismo, una introducción al pensamiento cuestionador de esta corriente, que se suele titular en las ediciones modernas *Esbozos pirrónicos* o, de un modo más cercano al título antiguo, *Hipotiposis pirrónicas*[1]. Tras él encontramos otras dos obras, a veces consideradas dos partes de una sola gran colección de tratados, que conocemos como *Contra los dogmáticos* y *Contra los profesores*.

Contra los dogmáticos está compuesto por textos dedicados a la refutación de los demás filósofos en lo que cada uno de ellos sostiene respecto de las tres partes de la filosofía: lógica, física y ética. Por ello, su división interna respeta esta tripartición de la filosofía en su conjunto, y cuenta con dos libros contra los lógicos, dos contra los físicos y uno contra los éticos.

Contra los profesores, en cambio, se centra en recopilar las falsas pretensiones de saber de aquellos que se declaran maestros en las ciencias y las artes, y se divide en seis libros, cada uno dedicado a una disciplina distinta: contra los gramáticos, contra los retóricos, contra los geómetras, contra los aritméticos, contra los astrólogos y contra los músicos.

En conjunto, *Contra los dogmáticos* y *Contra los profesores* han sido denominados con frecuencia *Contra los matemáticos*, título que no hace alusión a nuestra noción contemporánea de la matemática sino más bien a

1. En adelante nos referiremos a esta obra con la abreviatura HP.

ese sentido antiguo del término según el cual *mathéma-ta* hace referencia a «las cosas que se saben»[2]. Son todos ellos, pues, libros contra los que creen saber, y su objetivo último es mostrar el desconocimiento humano sobre todo aquello sobre lo que se pretende con frecuencia tener conocimiento.

Hay algunas fuentes antiguas más, aparte de Sexto Empírico, que aparecerán en ocasiones en las páginas de este libro. Destaca entre ellas la obra *Vidas y opiniones de los filósofos ilustres*, de Diógenes Laercio[3], escrita poco después que la obra de Sexto, que nos transmite abundantes anécdotas de los filósofos escépticos y, con ello, nos ofrece una visión muy interesante de la aplicación de ese modelo de sabio dudante y antidogmático que sirvió de modelo a esta rama del pensamiento griego. También tiene mucho interés la *Preparación evangélica*, obra del obispo Eusebio de Cesarea, escrita para demostrar la inconsecuencia de los filósofos paganos y, por tanto, muy crítica y beligerante contra todos ellos, en especial contra los que abrazaron la duda y cuestionaron las creencias firmes. Además, para el conocimiento de algunas partes de la historia de esta corriente será esencial el conjunto de diálogos de Cicerón conservados parcialmente y titulados *Cuestiones académicas*.

Gracias a este legado textual de la Antigüedad –y a los estudios de especialistas contemporáneos sobre el tema–,

2. A este conjunto de tratados nos referiremos con la abreviatura *Adv. Math.*
3. En adelante, DL.

hoy podemos aproximarnos a una forma de filosofía llena de originalidad y de capacidad crítica como fue el escepticismo griego. Sin conocer y comprender esta corriente, sería imposible seguir el recorrido que ha llevado a la configuración contemporánea del pensamiento occidental, que siempre ha estado pendiente de tratar de responder a los argumentos que los escépticos formularon. Pero, además, considero que el pensamiento escéptico por sí mismo merece atención por nuestra parte, no solo por lo que nos relata sobre el tiempo en que se produjo, sino en especial por lo que puede aportarnos para nuestra propia época, tan necesitada de capacidad crítica, de aspiración a la tranquilidad anímica y de cuestionamiento de lo asumido.

1. Filosofía para tiempos de crisis

¿Qué significa «ser escéptico»?

El escepticismo filosófico es un tema que no ha dejado de interesar a las mentes más destacadas de la ciencia, la filosofía y la historia desde hace dos milenios y que sigue teniendo una presencia importante en la discusión contemporánea. Un tema sobre el que se pregunta tanto el investigador que persigue un nuevo descubrimiento como el ciudadano de a pie que cuestiona la veracidad de las noticias, tanto el experto en historia de las ideas que estudia el pensamiento de épocas pasadas como el niño que contempla con asombro el mundo a su alrededor. Todos ellos, todos nosotros, nos preguntamos en alguna ocasión cómo podemos estar seguros de lo que sabemos, cómo distinguir lo que sabemos de aquello en lo que estamos equivocados, e incluso qué es eso de «saber» algo. Todos dudamos alguna vez más allá, incluso, de las dudas razonables. Todos tenemos el anhelo de asentar nuestra vida sobre suelo firme y, al tiempo, todos dudamos de si ese suelo firme existe en realidad. Todos somos en algún momento de nuestras vidas lo que se puede definir en un sentido amplio como «escépticos», lo sepamos o no.

En el discurso social, en el lenguaje periodístico, por ejemplo, aparece con mucha frecuencia esta noción empleada de las más diversas formas. Los políticos en sus comparecencias también recurren mucho a ella. No es raro encontrar en los titulares de los periódicos frases como «escepticismo sobre las opciones de que tal partido político gane las elecciones», o en las declaraciones de alguien «siempre he sido muy escéptico sobre tal asunto». Sin embargo, muy raras veces se da ese «ser escépticos» acompañado de una idea clara de lo que el escepticismo supone. A esa tarea, a aclarar la noción de escepticismo y a analizar su historia, es a lo que van a dedicarse, en el inicio de este libro, algunas de las siguientes páginas.

Todas las preguntas que hemos mencionado que están relacionadas de algún modo con qué es el saber y cómo podemos estar seguros de haberlo alcanzado aparecieron en algún momento de la filosofía griega clásica y tuvieron diferentes abordajes por parte de muy diversos pensadores de dicho contexto. Pero fue en un momento específico de esa etapa, en la época que llamamos «helenística», cuando un conjunto de filósofos las convirtieron en el centro de su visión del mundo y establecieron a su alrededor una manera completa de vivir y de pensar. Y fueron ellos los que acabaron por darle el nombre que hoy tiene a esta posición.

Lo que hoy llamamos «corriente escéptica» fue un movimiento intelectual integrado por una amplia diversidad de pensadores preocupados por el saber, pero también por sus efectos en nuestra vida. Para ellos la cuestión fundamental nunca fue la mera pregunta teórica por el conocimiento, sino la cuestión práctica acuciante de cómo afecta el conocimiento (o su ausencia) a nuestra manera de vivir y, en especial, a nuestra felicidad. Por ese motivo, aunque hoy el escepticismo es un tema que suele encuadrarse en los márgenes de la epistemología, los primeros escépticos lo consideraron con más naturalidad adscrito al ámbito de la ética.

Aquellos pensadores fueron los primeros en darle un nombre a este conjunto de cuestiones. Sabemos que emplearon muchos nombres distintos para autodenominarse: «zetéticos», «efécticos», «aporéticos»...[1]. Pero el que acabó por imponerse fue el de «escépticos» por la gran fuerza sugestiva de la imagen que generaba. «Escepticismo» como término viene del verbo *sképtomai*, que a su vez deriva del sustantivo *sképsis*. La *sképsis* es una clase de mirada al mundo. Forma parte de la familia léxica del verbo *skopéō*, que significa 'mirar', pero tam-

---

1. Véase sobre esta cuestión el artículo de Ramón Román Alcalá «Los nombres del escepticismo antiguo», *Anales del Seminario de Historia de la Filosofía*, 38 (3), 2021, pp. 431-439.

bién 'atender', 'buscar', 'indagar' o 'considerar', y que se encuentra en muchos de nuestros términos contemporáneos («telescopio», «periscopio», «endoscopia», «microscopio»...) haciendo alusión al hecho de poner la vista en ejercicio. Pero la *sképsis* no es una simple mirada; es la mirada de quien se toma lo que mira como digno de atención. Por tanto, el verbo *sképtomai* del que surgió la denominación de estos filósofos significa algo así como 'mirar con detalle y con la atención debida', 'observar cuidadosamente'. Y optar por autodemonimarse «escépticos» implica la idea de considerarse a sí mismos los filósofos de la mirada atenta, frente a un panorama amplio de pensadores poco cuidadosos o demasiado precipitados en su afán por llegar cuanto antes a las conclusiones. El escéptico, frente a cualquier otro tipo de investigador, está dispuesto a permanecer en la investigación tanto como sea necesario; no busca atajos para llegar cuanto antes a un resultado que merecería más reflexión; no teme quedarse en la duda un poco más antes de dar por zanjados los temas.

La cuestión de por qué una filosofía como esta surge precisamente en la época helenística y no en la clásica es, también, muy interesante. La época clásica griega fue una de las etapas de la historia del pensamiento más fértiles y bullentes de nuevas teorías. Algunos de los sistemas de pensamiento más sutiles y coherentes surgieron entonces. También algunas posturas filosóficas menos sistemáticas pero más paradójicas dieron sus primeros pasos en aquel tiempo. Y, como veremos, las bases conceptuales del escepticismo también empezaron a ensayarse con cierta timidez durante esos años. Pero no fue hasta la caída de la Grecia más clásica y el amanecer de la etapa que vino después cuando el escepticismo tomó su forma definitiva como corriente de pensamiento. Por ello, el escepticismo es, junto con el estoicismo y el epicureísmo, una de las filosofías que con más claridad denominamos «helenísticas».

El periodo helenístico es una etapa que hasta hace muy poco tiempo ha estado muy mal valorada por los especialistas. Se insistía en describirlo como un periodo de decadencia; se afirmaba que todo lo original y valioso que los griegos habían aportado al mundo se había producido en la época clásica o, si acaso, en la arcaica, pero que en la etapa helenística ya no se había producido nada más que repetición y declive. Solo en los últimos tiempos la mirada de los especialistas hacia este periodo histórico se ha limpiado de prejuicios y se ha empezado a descubrir y valorar su originalidad en terrenos como la literatura, la ciencia, el arte, la ingeniería, la medicina, las matemáticas o la filosofía. El periodo en sí mismo empieza el 13 de junio del año 323 a. n. e. con la muerte de Alejandro Magno y termina hacia el año 31 o el 30 a. n. e. con el cúmulo de acontecimientos que ponen término a la República Romana e inauguran el Imperio (la batalla de Actium, la caída de Egipto, la muerte de Cleopatra y de Marco Antonio, el fin de la República en Roma y el inicio por parte de Octavio Augusto de un principado oficioso que terminará por convertirse en el punto de partida del Imperio Romano). Esta etapa histórica tiene rasgos en general muy distintos de los que habían caracterizado el periodo anterior. Los siglos V y IV a. n. e. habían permitido a la cultura griega desarrollarse dentro de lo que podríamos describir como una notable estabilidad conceptual. Por supuesto, los cambios políticos e históricos fueron habituales durante aquel tiempo, pero manteniendo siempre un fondo conceptual común con el que el ciudadano griego podía contar. Durante todo aquel periodo, Grecia fue más un espacio cultural que una entidad política. Las entidades políticas eran las ciudades (las *póleis*), que gozaban de plena autonomía para tomar sus propias decisiones, y que en ocasiones se aliaban entre sí y en otras ocasiones guerreaban. La unidad que llamamos «Grecia», por tanto, no tenía una percepción política sólida, pero sí un sentido fuerte y una delimitación clara en el terreno cultural o civilizatorio. La Hélade era el espacio habitado por los que hablaban griego. Más allá se abría el extenso, indeterminadamente amplio terreno de los «bárbaros»[2]. Y la diferenciación entre griegos y bárbaros era precisa, diáfana. Los griegos no solo se caracterizaban por hablar la lengua griega, sino por tener linaje griego y costumbres griegas. Y las costumbres del resto de pueblos vecinos, por no ser las griegas, eran concebidas como *barbarie*. El griego de época

---

2. Los fundamentos de la distinción griego/bárbaro los estudia con gran profundidad Tomás Calvo Martínez en su texto «El concepto de barbarie en el mundo griego», en VV. AA., *Miradas a los otros*. Arena Libros, Madrid, 2011, pp. 29-46.

clásica, de este modo, vivía en un mundo social en el que las fronteras con lo no-griego estaban claramente definidas. Incluso si un ciudadano griego ponía en cuestión esas fronteras –como hicieron los cínicos, algunos sofistas e incluso algunos literatos–, lo hacía porque estaban socialmente claras ante él, porque no eran confusas. La «helenidad» no era problemática desde un punto de vista conceptual. Y tenía más importancia la pertenencia a la ciudad de origen que al conjunto de lo heleno. Lo que permite al griego de esta época construir la imagen de su propia identidad es su manera de interactuar con ese entorno ético y político inmediato que es su ciudad. El griego es una parte de su ciudad y, por lo tanto, es, antes que nada, *ciudadano*. Lo que define su inserción en el mundo es ser ateniense, espartano, tebano o megarense, no ser humano o ser griego, que son características consideradas mucho más abstractas. Y, por ello mismo, el límite de su ciudad es el límite de su mundo como agente ético-político. Para con quien tiene responsabilidades civiles es para con su conciudadano. La ciudadanía es lo que hace que sea quien es, y esta ciudadanía consiste en tener la posibilidad (casi obligación) de participar en las acciones políticas de la comunidad, es decir, en la toma de decisiones y la asunción de tareas de su ciudad, en la medida y en la manera en que su ciudad lo prevea en sus leyes. La noción griega de «ciudadano» en esta época tiene que ver con esa relación con la toma de decisiones de la ciudad. En concreto, es ciudadano todo aquel que puede ser convocado a la asamblea de la ciudad y que tiene derecho de palabra en dicha asamblea. Así, el griego no se toma a sí mismo como *individuo* –noción que tiene un origen muy posterior–, sino como *integrante de la ciudad* porque forma parte del foro de toma de decisiones de la ciudad y es una de las voces posibles de la discusión en esa toma de decisiones (sea mayor o menor el papel político de la discusión en función de si nos referimos a ciudades regidas por un sistema democrático, oligárquico o monárquico). Su mundo está, por tanto, concebido partiendo de su polis. Pero con el auge de Macedonia como nuevo poder hegemónico, con el ascenso de Alejandro como monarca de ese poder, las guerras de conquista que desarrolla en Asia y, sobre todo, con su muerte prematura y las luchas que se iniciaron tras ella, los elementos más importantes de ese fondo conceptual se tambalearon o se hicieron pedazos. Las asambleas se convirtieron en órganos despojados de las funciones de gobierno o desaparecieron; las fronteras de la helenidad se desdibujaron; las ciudades perdieron su independencia y su papel; los reinos que surgieron tras ellas fueron mestizos, híbridos de lo griego y de lo bárbaro; el antiguo ciudadano de un Estado pequeño y conocido de pronto se subsumía en entidades políticas nuevas, mucho más grandes y difusas.

De todos esos cambios, conviene pararse a analizar los efectos que pudo tener en la ciudadanía uno de ellos: el de la pérdida de autonomía de las ciudades. Suele denominarse a este factor «la caída de la polis». Y a lo que se refiere esta noción de *caída* no es a ningún cambio geográfico o demográfico en las ciudades (aunque algunos cambios de este tipo sí que se dieron), sino a una radical transformación sociopolítica. En efecto, a partir del auge de Alejando las ciudades griegas ya no serán nunca más ciudades-Estado. Alejandro, como en gran medida su padre Filipo antes que él, llevó a Grecia a una estructura política de reino, con un territorio amplio dependiente de un poder centralizado, estructura que le había sido siempre ajena a la población griega. Y con la campaña asiática y las conquistas de Egipto, Persia e incluso territorios limítrofes con la India, esa estructura devino imperio, algo que no solo era visto por los griegos como ajeno sino como *contrario* a su carácter. Recordemos que el imperio que mejor conocían era el imperio persa, su enemigo tradicional, del que llevaban generaciones distinguiéndose en su manera de narrarse su propia identidad aludiendo a que ellos, los griegos, no se sometían a un poder imperial y, por lo tanto, eran libres.

De este modo, en un lapso muy breve, el ciudadano griego medio pasó de tener un marco conceptual claro que lo definía como griego (frente a los bárbaros) y como integrante de la dinámica de su ciudad (frente a aquellos excluidos de la participación en esa dinámica) a ser parte de una nueva entidad que apenas podía entender y que ya no lo diferenciaba de los no-griegos sino que los asumía a ambos por igual, y no le confería papel alguno en su organización, sino que demandaba de él un rol pasivo de súbdito. El resultado no podía ser otro que una gran crisis identitaria.

Por supuesto, la entrada en la época helenística no fue, como algunas veces se ha expuesto, un mero ocaso de la cultura griega. En muchos sentidos más bien puede decirse lo contrario. Algunas de las mayores cotas artísticas, científicas y filosóficas los griegos las alcanzaron justo en este periodo. De hecho, en cierto modo, el helenismo fue un tiempo de gran expansión cultural de lo helénico (de ahí su nombre). Los cambios provocados por Alejandro promovieron una ampliación del espacio geográfico en el que se hablaba la lengua griega (aunque la lengua que pasó a emplearse en el imperio alejandrino no siempre lo fuese como lengua materna, sino en la mayoría de los casos como lengua franca para el comercio, el gobierno y las relaciones diplomáticas). Esa ampliación trajo consigo una expansión también de la cultura griega en lo que respecta al arte, la literatura, la ciencia y, por supuesto, el pensamiento. Inicialmente esta expansión se produjo, siguiendo la dirección de las conquistas de Alejandro, en dirección a Oriente. Más adelante también tendrá lugar cierta expansión cultural por el Mediterráneo, profundizando en la que ya se había dado en menor medida en el periodo anterior. Pero en general la cultura griega siempre tendrá un mayor peso en la región oriental durante los siguientes siglos, en especial en Egipto y Asia Menor, lo que justificará también una mayor difusión de ideas «helenizadas» en la mitad oriental del Imperio cuando Roma se convierta en el nuevo poder hegemónico. Toda esta expansión de «lo griego» se produce, sin embargo, exportando una mentalidad cultural que no es ya exactamente la que había sido la habitual en la etapa anterior. Me refiero a que lo que produjo Alejandro no es la mera ampliación del espacio helenizado, sino que la helenización misma que se llevó a cabo de los nuevos territorios se hizo imponiendo unas maneras de pensar y de ver el mundo que se parecían muy poco a las que tenía el mundo griego antes de Alejandro. El rey macedonio cambió casi todo a nivel cultural en el breve lapso de su vida. Embarcó por primera vez a los griegos en una guerra de conquista. Difuminó las fronteras entre lo griego y lo bárbaro casándose con una princesa asiática como Roxana y fomentando los matrimonios de sus soldados con las concubinas que tomaron fuera de Grecia. Alteró las dinámicas económicas, comerciales, fiscales e institucionales que habían regido a las ciudades-Estado durante los siglos anteriores incorporando a su aparato estatal a buena parte de los funcionarios de los territorios conquistados. Y, por encima de todo ello, acabó con la autonomía política local que había sido el signo principal del mundo griego durante toda su historia. Produjo, como puede apreciarse, una enorme cantidad de transformaciones profundas en un lapso de tiempo muy pequeño. Y, por si fuera poco, murió antes de poder consolidar ninguno de esos cambios. Al iniciarse tras él una época de escisión del joven imperio y luchas de poder entre sus generales –asentados como gobernantes regionales y luego como reyes y fundadores de nuevas dinastías–, ninguno de estos cambios generó una *nueva estabilidad*. Los gobernantes inmediatamente posteriores, los llamados *diádocos* ('sucesores'), continuaron con la implantación de la influencia griega en los nuevos territorios, pero, de nuevo, tampoco aportaron estabilidad ni frenaron el vertiginoso nuevo ritmo de los cambios sociales.

En esta época los griegos no estaban habituados a una sucesión rápida de cambios profundos. Sabían, por supuesto, que las cosas siempre pueden cambiar. Mucho se había hablado ya, a nivel filosófico, de la tesis del «todo fluye». Y algunos de sus escritores habían empezado a dar cuenta de los cambios importantes escribiendo por primera vez con el afán de reflejarlos. Pero los cambios que un ciudadano griego de a pie podía asimilar con más facilidad eran los cambios menores, los que no exigen una transformación profunda de la mentalidad o de la visión del mundo. Verse sumidos en cambios significativos y rápidos que, al tiempo, apenas permiten intentar adaptarse a ellos porque para cuando uno se adapta ya han vuelto a cambiar –es decir, verse *abrumados por los cambios*– llevó a los griegos a perder la perspectiva de su propio papel en ese mundo variable.

Tenemos, pues, un panorama complicado que hemos de entender para comprender adecuadamente la sociedad helenística. Se trata de dos crisis simultáneas e interrelacionadas: una crisis de identidad que impide a los integrantes de esa sociedad tener claro quiénes son y una crisis de desorientación que les impide comprender cuál es su lugar en la sociedad, qué se demanda de ellos y qué les cabe esperar del futuro. La segunda está motivada por una ola de cambios que se suceden con demasiada rapidez; la primera, por el hecho de que algunos de esos cambios afectan a los elementos sociales que permitían la construcción de la identidad del ciudadano. Por supuesto, todas las sociedades y culturas de la historia humana han estado siempre sometidas a una evolución, y esa evolución implica cambios que a veces son muy determinantes, pero en algunas ocasiones esa evolución supera la capacidad de dicha cultura para metabolizar su propia transformación.

El malestar en la cultura helenística

En 1930 Sigmund Freud exponía en su opúsculo *El malestar en la cultura* una visión de esos cambios que puede ayudarnos a entender el problema de la época helenística. Allí defiende Freud la tesis de que a medida que una cultura evoluciona, va reprimiendo las pulsiones instintivas del individuo. El proceso civilizatorio mismo es, en este sentido, un ejercicio de autorrepresión cuyo resultado puede llegar a ser la disminución de la felicidad individual, y no su incremento. Hago alusión aquí a esta tesis de Freud porque algunas de sus implicaciones son muy interesantes en este punto de nuestro recorrido por el cambio de época. En cierto sentido, la evolución a la que Freud sostiene que las culturas están sometidas es análoga a la que sufren los individuos. Por ello, igual que se puede hablar de individuos que sufren una neurosis, también tiene sentido hablar de «culturas neuróticas» o, más exactamente, de «épocas neuróticas» en determinadas culturas. ¿Cuáles serían esas épocas? Aquellas en las que los antiguos referentes caen en el descrédito sin ser sustituidos por referentes nuevos. Y esto puede pasar por el desgaste del tiempo, por algún cambio coyuntural en las condiciones de existencia de la población o por mera obsolescencia de los valores sociales. Pues bien, desde una perspectiva histórica, filosófica y cultural, me parece que resulta muy esclarecedor aplicarle a esta época esa noción. El helenismo es un buen ejemplo de época neurótica por la rápida pérdida de los referentes del periodo anterior que se produce en un lapso muy estrecho (el que media entre el ascenso del poder de Macedonia y el desmembramiento del imperio de Alejandro), así como por el vacío de nuevos referentes que sobreviene después, al menos hasta la estabilización que produjo en la zona helenizada la conquista romana al consolidarse. En ese periodo no solo se produce la crisis de la polis, sino también toda una serie de circunstancias añadidas: una marcada inestabilidad política; cierta decadencia de la religión tradicional, que se ve sustituida por nuevos cultos mistéricos importados desde Oriente o incluso creados *ad hoc*; el surgimiento del que podemos considerar el primer movimiento contracultural de la historia (el cinismo); un notable éxodo rural unido a un crecimiento demográfico muy importante en las ciudades, en especial en las de nueva creación; la aparición de nuevas formas de guerra, muchas de las cuales afectarán a la población civil; un enfrentamiento sostenido entre los nuevos poderes político-militares surgidos tras la muerte de Alejandro y varias grandes crisis económicas. Todos estos factores hacen que la época helenística tenga, de algún modo, cierto parecido con la nuestra. Nuestro tiempo también ha vivido muchas de esas circunstancias en pocas décadas, y tampoco ha sido especialmente hábil a la hora de asimilar esos cambios. Nosotros también nos sentimos desorientados y no sabemos bien quiénes somos. Quizá por ello la lectura de filosofía helenísitica ha tenido un florecimiento tan acusado en el presente: porque sentimos que nos habla a nosotros o a gente con nuestras mismas preocupaciones[3].

La más importante de esas preocupaciones durante el periodo helenístico, la principal consecuencia de la neurosis que vivieron los ciudadanos del cambio de época, es el miedo. De hecho, parece razonable que el miedo se convirtiese en un fenómeno generalizado en una etapa histórica tan inestable y amenazante como la que acabamos de describir. Y una de las características más importantes del miedo, de la que Epicuro fue muy consciente, es que impide ser feliz. La crisis helenística generó una población angustiada y perdida que demandaba respuestas capaces de calmar su inquietud. El firme ejerci-

---

3. A este respecto, dice Ortega de nuestro tiempo: «Hay una clase de épocas que se caracterizan por su gran azoramiento. A esa clase pertenece la nuestra. Mas cada una de esas épocas se azora un poco de otra manera y por un motivo distinto». J. Ortega y Gasset, *Ideas y creencias*. Alianza Editorial, Madrid, 2019, p. 31.

cio de la razón y de las virtudes ciudadanas que empapa-
ban la cultura griega de las generaciones anteriores ahora
se veía sustituido por la presencia de temores acuciantes,
pasiones desatadas, sufrimiento y tensión. No es que la
cultura griega fuera ajena a estos sentimientos; todos
ellos pueden encontrarse de un modo u otro, por ejemplo, en la tragedia. Pero hasta ese momento no habían
tenido una presencia social tan importante como para
que pudiera decirse que protagonizaban la cultura helena. Con la llegada del helenismo, en cambio, ninguna
manifestación cultural, artística o filosófica podrá ya
sustraerse de ningún modo al nuevo panorama.

Si queremos tener presente una ejemplificación visual
del cambio que se produce en esta época, puede que
ninguna sea tan clara como la imagen de la escultura conocida como *Laocoonte y sus hijos*. El arte clásico es un
gran ejercicio de equilibrio, contención y proporción.
La mayor parte de las esculturas griegas de ese periodo
habían representado esos ideales con su belleza serena,
su armonía y su gesto moderado, casi impasible. Pero el
arte helenístico rompe con esos ideales y empieza a representar sentimientos intensos y desgarrados mucho
más acordes con su turbulenta época. El grupo escultó-
rico del *Laocoonte*, aunque su datación exacta es contro-
vertida, es un ejemplo destacado de esa transformación
artística. Representa los instantes previos a la muerte del
sacerdote troyano Laocoonte y sus dos hijos, Antifante
y Timbreo, atacados por dos grandes serpientes envia-
das por los dioses (dependiendo de la versión del mito,

por Poseidón, Apolo o Atenea) como castigo por intentar destruir el caballo de madera con el que habría de cumplirse el destino de Troya. La escultura se conocía por descripciones antiguas, como la de Plinio el Viejo en su *Historia natural* (XXXVI, 37), pero se encontraba perdida hasta su redescubrimiento arqueológico en 1506. Desde entonces ha llamado la atención de autores como Winckelmann, Lessing o Goethe, que han visto en ella una de las obras cumbre en la representación de la agonía humana. La expresividad de los cuerpos, dispuestos en escorzos dinámicos y llenos de tensión, se aleja de la clásica postura relajada del arte griego del periodo anterior. Ahora, los personajes aparecen en plena lucha desesperada por la existencia, amenazados por un poder superior. El dramatismo de la escena es resaltado en la composición del grupo, dominado por líneas curvas que unen las tres figuras en su lucha desesperada. Las dos serpientes monstruosas se enroscan en sus cuerpos atrapándolos en un combate sin salida. Al dolor físico de los cuerpos se añade el dolor moral en las expresiones faciales, en especial en la de Laocoonte, desgarrado por ver morir a sus hijos –y culpabilizado por el hecho de que el castigo que los dioses le deparan a él también los afecte a ellos–, que levanta la vista al cielo como si implorase una ayuda divina que nunca llegará. La escultura, de este modo, refleja un nuevo contexto emocional de la cultura helena en el que imperan el dolor, la tensión, la angustia, el temor a los dioses y al destino y la lucha sin esperanza contra un mundo amenazante y aterrador. El espectador que esta obra espera ya no es el ciudadano sereno de la vieja polis, sino el afligido y desorientado súbdito de los reinos helenísticos (y después de Roma) que empatiza con la agonía de los personajes atrapados en la eterna lucha fijada en el mármol.

A esta situación de desesperanza y angustia es a la que la filosofía, de algún modo, se ve forzada a reaccionar. El pensamiento filosófico, a veces considerado abstracto, inútil o incluso desconectado de la vida, en realidad históricamente suele mostrarse muy sensible a las necesidades e inquietudes de la sociedad de su tiempo. La filosofía no puede vivir de espaldas a su sociedad ni permanecer impasible a las demandas y temores de su época, y en esta ocasión llega a volcar de manera preeminente su atención en ese miedo y esa angustia generalizados que la desubicación vital provoca. Esa es la gran diferencia entre la filosofía clásica y la helenística: en el periodo clásico la estabilidad conceptual impera, por lo que la especulación filosófica puede centrarse en temas sin aplicabilidad práctica inmediata, como la ontología, el conocimiento de la naturaleza o las reglas de la lógica; en la época helenística, en cambio, la inestabilidad y la agitación convierten las preguntas prácticas en las más acuciantes, y por ello la filosofía se transforma primordialmente en una ética. Las cuestiones ontológicas, físicas o lógicas no desaparecen ni pierden vigencia, pero se consideran supeditadas a las cuestiones prácticas, las que atañen a la vida, que serán las que ocupen a los pensadores con mayor intensidad.

Lo anterior es válido en época helenística, con variaciones muy pequeñas, para todas las corrientes que surgen en la propia etapa. Las corrientes que perviven del periodo anterior continuarán teniendo, al menos en parte, cierto tono clásico. Pero las nuevas escuelas y teorías serán sobre todo de carácter ético, incluso si se fundan sobre posiciones físicas, lógicas, metafísicas o epistemológicas. Así, el epicureísmo, el estoicismo, el escepticismo e incluso algunos rasgos de lo que luego será el neoplatonismo pueden entenderse mejor si se conciben como intentos de respuesta a la crisis helenística. Cada uno de ellos será un intento de respuesta muy diferente de los demás, y planteará caminos de salida de la problemática del momento que entrarán en conflicto con los caminos que recomienden las otras corrientes, por lo que pronto se establecerá una gran discusión a varias voces. El periodo helenístico es, desde este punto de vista, un momento muy fructífero de la historia del pensamiento. Se puede concebir como un gran debate público. Un debate de algún modo expuesto a la mirada de una sociedad deseosa de orientación. Y su carácter de discusión abierta provoca que sea, además, un periodo muy dinámico. En el transcurso de la polémica entre los diversos pensadores se producen muchas transformaciones en cada posición filosófica, muchas propuestas alternativas para cada problema, muchas disputas encarnizadas y muchas influencias mutuas, y también mucha riqueza conceptual, muchas nuevas aportaciones en el caudal de los conceptos que quedarán para siempre como parte de la tradición, calando en el vocabulario filosófico de los siguientes periodos históricos, y muchos –muchísimos– nombres propios de pensadores que aportan, cada uno de ellos, su pequeña cuota de originalidad a la controversia del momento. Es decir, la visión que se tuvo del helenismo como declive del clasicismo no se corresponde en absoluto con lo que podemos encontrar si nos sumergimos en su filosofía; más que declive encontraremos un florecimiento repentino que si no ha sido valorado es por la influencia de prejuicios pasados y por la dificultad de acceso a los textos originales, la mayoría de los cuales se han perdido o solo se conservan fragmentariamente.

La naturaleza del helenismo

Antes de que pasemos a tratar las características de la filosofía de esta etapa, conviene reflexionar brevemente sobre qué supone, en general, el cambio de época que hemos mencionado respecto a la etapa griega clásica. Culturalmente hablando, hay una gran continuidad entre la Grecia clásica y la helenística, pero en cuanto a la visión del mundo que impera en cada una de ellas, los cambios son tan profundos que podemos entender el helenismo como algo por completo nuevo.

Todas las visiones del mundo que una sociedad humana puede desarrollar se articulan alrededor de tres polos o núcleos de estructuración posibles: el que tiene por eje

lo que hoy nosotros llamamos «el individuo», el que sitúa en ese papel a la comunidad y el que opta por poner
la vista en el universo en su conjunto, en el cosmos.

El individuo es el elemento más inmediato y próximo.
El «cada uno de nosotros» por cuyo interés miramos
con frecuencia. Esta manera de ver la realidad, centrada
en la más pequeña esfera, en la mirada corta y en el corto
plazo, es muy propia de nuestro contexto social contemporáneo, pero también ha tenido cierto grado de presencia mucho antes en multitud de épocas.

La comunidad es, por su parte, el eje social más habitual en el mundo antiguo. Situarla como centro supone
priorizar el grupo social y cultural que nos rodea y nos
define frente a las diversas partes que lo componen. Así,
la ciudad se convierte en el concepto principal para estas
sociedades; en ella se constituye el espacio para la política. Y los integrantes de la comunidad, como ya hemos
tratado, son definidos por referencia a ella: los ciudadanos.

El cosmos, por su parte, supone la mirada global, la
perspectiva de conjunto. No es un tipo de visión del
mundo social fácil de construir, porque su objetivo no
es evidente ni cercano. No podemos contemplar «la hu-
manidad» como contemplamos la comunidad o como
nos contemplamos a nosotros mismos. Pero cuando se
alcanza como perspectiva, surgen nuevas nociones desde un punto de vista social: el todo natural del que for-
mamos parte, más allá de las fronteras convencionales; la
idea de especie a la que pertenecemos; la propia «huma-

nidad» con todas sus connotaciones éticas, políticas y jurídicas. Todas estas nociones deben su existencia a esta mirada de conjunto tan compleja.

En general, la mayoría de sociedades de la historia se han configurado a través de un cierto equilibrio de estas tres esferas, pero siempre poniendo de algún modo el acento en una de ellas. En el caso del mundo griego antiguo, de la llamada «Grecia clásica», hemos visto que el acento estaba situado con claridad en el espacio comunitario, en el que toda la helenidad había centrado su cosmovisión, y también su autoconcepción. Por ello es esencial a la Grecia de época clásica la ciudad-Estado como su principal entidad política y social. La polis es su eje conceptual, el cristal con el que mirar el mundo. Individualidad y universalidad son, en cambio, marginales para esta forma de estructuración social. O al menos así fue, como decíamos, hasta la llegada de la gran crisis helenística.

Esta crisis de la que venimos hablando, contemplada con perspectiva, no fue una gran catástrofe devastadora que provocase un colapso palpable, tal y como sus efectos históricos parecen indicarnos. Es más terrible, de hecho, como crisis conceptual que por sus consecuencias tangibles en el terreno económico, bélico o demográfico, por ejemplo. Por supuesto, esas consecuencias existieron, y no fueron pequeñas. Pero Grecia había vivido en esos aspectos etapas anteriores igual de devastadoras o más y había sobrevivido incólume en cuanto civilización y en cuanto proyecto colectivo. Y, en cambio, de la crisis helenística sale transformada hasta lo más profundo. El motivo de esta diferencia, creo, radica en el terreno conceptual. Otras etapas críticas habían causado estragos reales, palpables, pero habían dejado intactos los conceptos fundantes de lo que era Grecia. La crisis que se vivió a partir del 323 a. n. e., por el contrario, afectó a los conceptos más que a las cosas.

Las respuestas de los filósofos de la época atienden a esta naturaleza conceptual de la crisis de su tiempo. Las corrientes filosóficas del helenismo tratarán de ofrecer algún tipo de salida de la desorientación a sus contemporáneos. Por ese motivo buscarán formular teorías que sean capaces de ejercer un papel de «brújula» moral y social. Eso supone, sin duda, como ya dijimos, la necesidad de centrarse en gran medida en la ética, pero también requiere una atención al conocimiento, a la epistemología, que ofrezca como resultado un cimiento firme sobre el que asentar esa ética. Por ello, dos de los factores más destacados de la época helenística a nivel filosófico serán el surgimiento del tema del criterio de verdad y el empeño de las escuelas por tratar de determinar un nuevo núcleo de la cosmovisión social.

Con respecto al criterio de verdad, veremos que la situación de crisis llevará a las principales corrientes de pensamiento (epicureísmo y estoicismo, pero también en algunos sentidos el escepticismo) a reformular la noción de verdad que había protagonizado la etapa clásica, la que entiende que una *afirmación es verdadera si lo expresado por ella se corresponde con la realidad* (es decir, la conocida noción de verdad como adecuación), introduciendo un elemento que cambia gran parte de su orientación: la evidencia. Así, la nueva visión de la verdad supone, empleando terminología moderna, un cierto giro hacia el interior del sujeto en la búsqueda de la seguridad perdida. No se trata solo de una verdad que depende de los objetos y su correspondencia con nuestro pensamiento, sino también del modo en que nuestros pensamientos y percepciones se dan ante nosotros, de su manera de aparecer en nuestras mentes. De este modo, tal vez haya que pensar que una afirmación es verdadera si es imposible para nosotros dudar de ella. Y, si es así, el criterio que nos permitirá distinguir la verdad de todo aquello que parece verdad pero no lo es (la apariencia, la opinión errónea, el engaño) habrá de ser la evidencia con la que se nos presenta lo que es verdad. La disputa epistemológica de la época pasará a centrarse, de este modo, en el peso de la evidencia en nuestra capacidad para saber si sabemos algo, o incluso en si es posible que lleguemos a saber tal cosa sin posibilidad de dudar.

En lo que respecta al intento de determinar un nuevo núcleo de la cosmovisión social, una vez que la comunidad no puede seguir ejerciendo ese papel, las alternativas que se ensayarán por parte de las distintas formas de filosofía helenística son tres:

1.º Optar por la «retirada» al espacio del individuo. Dicho de otro modo, abandonar el foro ético y político que había supuesto la polis y retroceder al espacio privado y doméstico para refugiarse en él. Esta será la alternativa por la que opte el epicureísmo.

2.º Optar por la «proyección» del antiguo foro ciudadano al espacio total del universo. Es decir, sustituir la antigua polis local, la ciudad-Estado, por una nueva polis universal, la ciudad del mundo, formulando la idea de «cosmopolitismo». Esta será la alternativa estoica, y también la de sus antecedentes directos, los cínicos.

3.º Optar por cuestionar la legitimidad de toda cosmovisión teórica; poner en duda que uno de estos polos conceptuales pueda ser defendido como más válido que otro en términos absolutos. Por este camino será por el que opten los escépticos, lo que les llevará a adoptar modos de enfrentarse a las normas y costumbres menos apasionados y menos categóricos.

Las escuelas helenísticas

Quizá no sea este el lugar para exponer con detalle todos los aspectos del debate filosófico helenístico, algo que sería muy largo de tratar, pero al menos sí me parece conveniente realizar una panorámica rápida de lo que cada una de estas posiciones tiene de intento de salida de la crisis de la época. Por supuesto, de todas las corrientes del momento habría que decir mucho más, ya que son filosofías ricas y complejas que se resisten a cualquier simplificación, pero en lo que tiene que ver con la situación que hemos descrito, todas ellas son propuestas vitales concebidas en parte para lidiar con el mundo que se abre al ciudadano después de la muerte de Alejandro Magno. El epicureísmo, por ejemplo, parte de una concepción muy concreta de cómo ha quedado el mundo una vez que las antiguas *póleis* independientes se han venido abajo. Si la ciudad ya no es una entidad autónoma, si la muralla que la rodea y la separa del resto del mundo ya no señala el límite de un espacio de convivencia ciudadano regido por las virtudes cívicas, entonces puede entenderse que la pérdida de ese límite lleva a que el mundo hostil y amenazante de fuera «entre» en la ciudad. Es como si la muralla de la ciudad, que contenía esa exterioridad como una presa, hubiese caído y el espacio de lo hostil y extraño, lo peligroso e incivilizado se hubiese derramado por las calles de la antigua polis hasta inundarla. Concibiendo así la situación, lo único que cabe es recogerse en el último espacio amable y acogedor que queda, el espacio ético que permanece a salvo: el espacio doméstico. Y en el espacio doméstico no pesa tanto la política como la ética; no importan tanto las virtudes ciudadanas como la amistad, que es el elemento que vertebra las relaciones entre los habitantes de la casa. Por ello, el epicureísmo se ha recogido en un espacio doméstico concreto (el jardín de la casa particular de Epicuro), se ha desentendido en gran medida de las preocupaciones de la política y ha concebido una nueva ética orientada a la búsqueda de la felicidad a través de las relaciones de amistad y la eliminación de las preocupaciones. Pero del mismo modo que el epicureísmo concibe la caída de la polis como si fuera un derramarse la hostilidad exterior en el recipiente que es la ciudad, puede concebirse también al revés: como si el contenido de ese recipiente se derramase hacia afuera e inundase el mundo. Así lo entiende la escuela rival del epicureísmo, el estoicismo: el foro de interacción ético-política que era la polis no ha desaparecido, sino que se ha roto el muro conceptual que ejercía de límite y que lo encerraba en las ciudades. Ya no tiene sentido ejercer las virtudes ciudadanas solo con los atenienses si eres ateniense o con los tebanos si eres tebano, sino que la caída de la polis ha mostrado que esas diferencias eran meras convenciones. La naturaleza es común a todos los seres humanos, y por tanto todos ellos son mis conciudadanos. Así, la propuesta estoica es clara a este respecto: cosmópolis; el universo entero es mi ciudad. En lugar de una retirada al espacio acogedor, un paso adelante al espacio abierto, expuesto, de las calles y las plazas, los puertos y los caminos; en lugar de sustituir la política por una ética para el espacio íntimo, crear una ética y una política para la naturaleza (o, lo que es lo mismo, adoptar la naturaleza como ética y política). Quizá por ello Zenón y sus discípulos imparten sus lecciones en la *Stoà Poikílē*, la plaza pública que les da nombre como escuela, en lugar de refugiarse en un espacio privado como el jardín de Epicuro.

Y en todo este debate, ¿qué actitud adoptan los escépticos? ¿Qué visión tienen ellos sobre los efectos de la caída de la polis? ¿A qué espacio nos remitirán? Pues a ninguno. Desde su punto de vista, el problema no nos empuja ni a recogernos ni a exponernos a los espacios abiertos porque no tiene que ver con los espacios. El problema lo lleva el ciudadano dentro de sí. Y, por tanto, se lo volverá a encontrar en cualquier espacio al que se desplace.

La interpretación escéptica de la crisis está relacionada con el sentido que consideran que ha de tener la ética helenística. Todas las corrientes helenísticas, de una manera o de otra, buscan el mejor modo de que el ser humano pueda llegar a ser feliz. Aristóteles, en el final de la etapa anterior, había propuesto que la felicidad es el fin último de nuestras acciones. En eso consiste la base de su eudemonismo ético. En todas las cadenas de decisiones que tomamos en nuestras vidas subyace siempre el deseo de ser felices y el pensamiento –a menudo equivocado– de que esas decisiones van a conducirnos a ello. El deseo de felicidad es el gran motivador de la acción humana. Los pensadores helenísticos tomaron esa concepción del papel de la felicidad como sustrato de sus propias éticas y trataron de desarrollar una variante específica de esta manera de pensar que fuese útil en un mundo en el que parece que nada nos va a permitir llegar a ser felices. Los estoicos propondrán como camino la sabiduría y la virtud; los epicúreos, la amistad y el placer; los escépticos piensan que la clave está en plantearse por qué no somos felices. También los escépticos son eudemonistas. Ellos también conciben la felicidad como el fin al que tienden nuestras acciones. Pero se fijan en el hecho de que en su tiempo, en plena crisis social, nadie parece alcanzar esa felicidad. Y les parece razonable que eso se deba a que ponemos las esperanzas para alcanzar ese fin último en cosas que no son capaces de producirlo. No me refiero solo a que cuestionen la capacidad para hacernos felices de la virtud estoica o del placer epicúreo, sino sobre todo a que todas esas tesis formuladas como máximas de conducta y basadas en definiciones de las cosas que los filósofos ofrecen como si conocieran con precisión el mundo, al ser humano y las relaciones entre ambos quizá no están llevando a su tiempo y a su sociedad a un incremento generalizado de la felicidad de la población porque se asientan sobre errores. Quizá no conocemos el mundo; quizá no sabemos gran cosa del ser humano y de cuál ha de ser su conducta; quizá ni siquiera entendamos qué clase de acto podría hacernos ser más felices. Y quizá no nos quede más remedio que asumir todo ese enorme desconocimiento.

El escepticismo entiende de algún modo la desorientación generalizada como vinculada con esta mala comprensión de la ética eudemonista. Todos deseamos felicidad, sí, pero, sin que haya ningún motivo claro para ello, la buscamos siguiendo máximas que dan a entender que sabemos muy bien lo que estamos buscando. Y para el escéptico incluso eso no está tan claro. Si el mundo helenístico está desorientado, es porque a lo primero a lo que no ha prestado la atención debida, lo primero que no ha mirado con cuidado y sin prisa, es la propia felicidad que busca. Si nos contentamos con una descripción rápida del problema y con proponer caminos para salir de él partiendo de esa descripción superficial, es normal que nos perdamos cuando tratamos de seguir esos caminos. Por muchas máximas que los filósofos ofrezcan, las personas que intenten seguirlas dudarán (porque son de hecho máximas muy cuestionables y porque está en la naturaleza humana ponerlo todo en duda). Y si se siguen las propuestas del resto de las escuelas, esas dudas se entenderán como algo que aleja al que las siente de su objetivo de ser feliz. Si el objetivo primero de una ética eudemonista es dejar fuera de toda duda sus tesis, eliminar el dudar, contravendrán la naturaleza humana que todos compartimos: la de ser seres dudantes y cuestionadores. Y así no lograrán más que generar turbación promoviendo a la categoría de «seguras» tesis y máximas que no pueden llegar a serlo. Por ello, la propuesta escéptica es radical y arriesgada: quedarse en la duda. No tratar de no dudar. Asumir que siempre dudaremos de todo aquello que no sea autoevidente y manifiesto, y que nada hay de malo en esa clase de dudas. Incluso que quizá resulte que asumirlas es el primer paso para poder llegar a ser felices sin dejar de ser como realmente somos.

Escepticismo y desubicación

De todas las formas de filosofía que se desarrollaron en el mundo antiguo, de este modo, puede que el escepticismo sea la que mejor representa esa desubicación, ese «estar perdido» respecto de qué se puede creer y qué no, en qué se puede confiar y en qué no, que vivió el ciudadano helenístico. El escepticismo es la filosofía que parte de la duda generalizada y de la necesidad de desconfianza ante un mundo cambiante y extraño que puede llegar a resultar, incluso, amenazante. A diferencia del resto de escuelas de la época, esta forma de filosofía no tratará de eliminar las dudas para vivir en la comodidad de las certezas. De hecho, a esa actitud de reprimir la duda y regodearse en la supuesta certeza es precisamente a lo que los escépticos llamarán «dogmatismo»[4].

El filósofo escéptico pretende mantenerse siempre dispuesto a la investigación, mantener una mirada abier-

---

4. Hay que tener cierta precaución con el término «dogmatismo» durante la lectura de este libro. El término es una innovación de los escépticos, que lo emplean para englobar a todos los filósofos que sostienen tesis firmes sobre cosas que no son evidentes de por sí. (Lo que engloba a todos los filósofos que no son los escépticos.) Se trata, por tanto, de la misma clase de división del mundo que ensayan los griegos cuando se distinguen de los bárbaros, los cristianos de los paganos o los judíos de los gentiles: una división creada de manera maniquea y partiendo de un interés de parte, pero que nace con la intención de convertirse en lo que hoy llamaríamos «una categoría historiográfica». Sin embargo, es imperativo señalar que la distinción entre escépticos y dogmáticos es una construcción escéptica. Los llamados «dogmáticos» no se consideraron nunca así. Y asumir el término de manera plena en las condiciones que el escepticismo establece es injusto para con todas las demás formas de filosofía. Con todo, no se puede escribir un libro sobre el escepticismo sin utilizar este término, ni se puede llegar a entender el escepticismo sin asumir su manera de diferenciarse de todas las demás formas de filosofía empleando este concepto. Y será de esta división de la que surgirá otro elemento de la historia de la filosofía que es el dogmatismo, no ya como categoría historiográfica, sino ideológica. Y, tras él, surgirá también su oponente: el antidogmatismo.

ta a la realidad. Y, según él, la mirada abierta será la que no caiga en interpretar lo que ve desde sus prejuicios. Por eso mismo, para el escéptico, la disposición a la investigación tiene mucho que ver con la prudencia. El problema principal del dogmático es que toma una posición respecto a los temas controvertidos de manera precipitada. Cuando aún no ha terminado de formularse la pregunta en todos sus términos, él ya afirma tener una respuesta. El escéptico pretende hacer lo contrario: esperar. Esperar pacientemente hasta que la respuesta sea clara, evidente. Y si no llega a serlo, seguir esperando y examinando la cuestión. Por eso mismo los escépticos griegos no consideraban su postura filosófica una teoría. La teoría está, para ellos, todavía por llegar. Y puede que ni siquiera llegue. En vez de una doctrina, una escuela, un conjunto de tesis o un credo, el escepticismo es más bien una actitud y una capacidad.

En cuanto actitud, el escepticismo es la filosofía de la calma, la espera y la mirada cuidadosa y detenida hacia el mundo. Es esa actitud prudente ante la toma de posición sobre todo aquello que no sea manifiesto por sí mismo, sobre lo que no sea evidente y por lo tanto esté sujeto a discusión, por mínima que sea. En cuanto capacidad, es la que permite a quien se pregunta sobre algo afrontar argumentos a favor y en contra de todas las posturas firmes, argumentos tomados tanto de los sentidos como de la razón –tanto de los *fenómenos* como de las *consideraciones teóricas*, dicen ellos–, y por ello mismo dudar de todas las posturas supuestamente firmes por igual. Es, pues, la capacidad filosófica –casi habría que decir aquí «el método»– para evitar el dogmatismo. De esta dimensión como capacidad trataremos con detalle más adelante. Pero para ilustrar su aspecto de actitud prudente merece la pena en este punto salirnos de la Antigüedad y mencionar el pensamiento sobre el tema de uno de los grandes filósofos escépticos del siglo XX: Bertrand Russell.

Russell considera que el escepticismo es la mejor de las actitudes filosóficas que se pueden sostener. Y piensa eso por los efectos que considera que tiene tanto en el que la adopta como en su entorno y en el mundo en el que vive. Por ello, al tratar el tema del escepticismo, Russell no lo considera un mero elemento para formar una teoría del conocimiento o un método para llegar a ser feliz, sino un aspecto nuclear de toda una cosmovisión, y en consecuencia lo aplica sobre el terreno científico, el político, el religioso y el social[5].

Pero, en concreto, ¿qué tipo de escepticismo es el que adopta Russell? Porque, como veremos, hay muchos escepticismos distintos. El de Russell no es idéntico al que adoptaron los griegos a partir del siglo IV a. n. e., ni tampoco el escepticismo que se extendió en Francia e Inglaterra durante la Modernidad. El suyo es un escepticismo peculiar, pero que tiene sus raíces últimas en el escepticismo clásico. El núcleo principal de esta forma de pensamiento escéptico puede exponerse a través de tres

5. B. Russell, *Ensayos escépticos*. RBA, Barcelona, 2011.

máximas que muestran en detalle el tipo de actitud que Russell considera escéptica:

a) *Si todos los expertos sobre un tema están de acuerdo en algo, no estamos legitimados para afirmar lo contrario.* Un buen ejemplo de la puesta en práctica de esta primera máxima es la cuestión de que, ante el acuerdo unánime de los astrónomos, geógrafos, geólogos y físicos, mis amigos y yo no podemos afirmar legítimamente, mientras nos tomamos algo un fin de semana, que todos ellos se equivocan y la Tierra es plana.

b) *Si los expertos no están de acuerdo, los que no somos expertos no deberíamos considerar segura ninguna posición.* La clave de esta segunda máxima es esa idea de considerar *segura* una posición o su contraria. Ante la discrepancia de los expertos, hay diversas posiciones que se pueden adoptar legítimamente en función de qué argumentos nos convencen más y cuáles nos convencen menos. Pero en esta situación la seguridad nos está vedada. Y, para ser estrictos, incluso a los expertos les debería estar vedada en la mayoría de los casos, ya que una parte esencial de la actitud del científico ha de ser su conciencia de poder estar equivocándose.

c) *Si todos los expertos sobre algo afirman que no hay base suficiente para estar seguros, los no expertos deberíamos suspender el juicio sobre ello.* Y aquí aparece una de las nociones nucleares de todo pensamiento verdaderamente escéptico: la de suspensión del juicio. Lo que los griegos llamaban *epoché*. No afirmar ni negar. Algo a lo que daremos muchas vueltas en este libro[6].

Podríamos considerar que estas tres máximas aquí expuestas son, en realidad, posiciones muy moderadas, casi triviales, y que están lejos de suponer un planteamiento revolucionario. Y el propio Russell reconoce ese carácter profundamente moderado de sus tres propuestas, pero añade que, si se adoptaran por parte de todos como máximas de comportamiento, es decir, si todos los seres humanos pasáramos a regirnos por ellas a partir de mañana, su efecto supondría una revolución completa para la vida humana y para la convivencia social. En primer lugar, adoptar estas reglas de comportamiento supondría la desaparición de todas las luchas que tienen un carácter dogmático en su base (lo que supone prácticamente la totalidad de las luchas políticas y religiosas). Pero además, en segundo lugar, también se produciría a causa de lo anterior un repentino incremento de la armonía social. Y a estos dos efectos que Russell destaca,

---

6. La noción de suspensión del juicio es de tal manera nuclear en el pensamiento escéptico que merece un tratamiento detenido y cuidadoso. Russell da por sobreentendido aquí que la aplicación de esta suspensión del juicio se ha de llevar a cabo sobre lo que podríamos llamar «las cosas oscuras», los asuntos en los que la discrepancia es razonable y sobre los que alguien puede estudiar hasta convertirse en experto en dicha materia. El lector perspicaz ya habrá notado que este planteamiento deja abierta una cuestión crucial: el problema de qué entendemos por «experto».

los escépticos griegos habrían añadido otro: como casi «efecto colateral» los individuos que viviesen en un mundo que adoptase en su comportamiento estas máximas verían incrementada también de manera repentina su felicidad, y no solo por la desaparición de los conflictos políticos y similares, sino porque la propia actitud escéptica, la propia toma de conciencia de la necesidad de suspender el juicio sobre lo que no está claro y de no pronunciarse con seguridad sobre lo que no es seguro, *produce* felicidad en quien la practica.

Russell, en principio, no propone el escepticismo como actitud por esa clase de efectos eudemónicos. Su preocupación central es de carácter ético-social en este punto. Según él, cuando tenemos una base racional para opinar, simplemente exponemos nuestras opiniones calmadamente porque confiamos en que su propia evidencia *hará su trabajo* (es decir, se mostrará por sí misma), y por tanto toda vehemencia es innecesaria. En cambio, las opiniones que se defienden con pasión siempre son las que no se sustentan en un fundamento firme. Esto da lugar a una especie de relación de proporcionalidad inversa: a mayor pasión en el modo en que expresamos nuestros juicios, menor convicción racional los sustenta. Por eso casi siempre el ardor lo reservamos para los temas de política o de religión, y en cambio muy pocas veces contemplaremos en nuestras vidas una discusión ardorosa sobre matemáticas.

Sin embargo, la perspectiva con la que la sociedad actual contempla esta clase de cuestiones está lejos de ser favorable al escepticismo. Por lo general valoramos de manera positiva las convicciones firmes y juzgamos muy negativamente los cambios de opinión. No solemos interpretar como fruto de la prudencia y la responsabilidad ningún silencio ni pausa en los debates ideológicos. Es más, tendemos a no valorar a quien no tiene opiniones rotundas sobre temas dudosos o a quien no las expone con vehemencia y convicción suficientes. Incluso a quien tarda, aunque sea un instante, en expresarlos con rotundidad (algo que solemos interpretar más como vacilación que como prudencia). Nuestra escala social de valores tiene tintes dogmáticos. Y quizá por ello la propuesta de Russell de recuperar la actitud cautelosa de la duda tiene tanto que decirnos a nosotros, que vivimos inmersos en una demanda constante de opinión a través, entre otros factores, de las redes sociales.

Los escépticos antiguos ya fueron conscientes de esa importancia política y social del dudar que Russell destaca, pero aún más lo fueron de su importancia ética. Como decíamos más arriba, el escepticismo griego es, de hecho, más que ninguna otra cosa, una ética. Una rica y original propuesta ética orientada al fomento individual y colectivo de la felicidad. Por tanto, una ética eudemonista como casi todas las que se generaron durante la época helenística. Una ética alternativa a la epicúrea y la estoica y a la vez emparentada con ellas. En concreto, la ética escéptica comparte con sus contemporáneas ese respeto a la idea aristotélica de que la clave de la vida bien vivida es encontrar el *modo correcto* de perseguir la felicidad, pero, a diferencia del resto de propuestas éticas, el escepticismo considera que ser feliz no puede consistir en dejar de dudar (por el simple motivo de que nunca dejamos de hacerlo). Y entonces la relación entre felicidad y duda tiene que ser replanteada.

La duda y la creencia

A estas alturas del libro seguro que el lector ya es consciente de la importancia que para el escepticismo tiene el acto de poner en duda. Sin embargo, el pensamiento escéptico antiguo apenas llegó a plantearse qué es con precisión eso de dudar. La duda, para estos filósofos, fue algo que ejercían, algo que empleaban al encontrarse con los problemas de la vida, pero no un problema en sí mismo. Si buscamos un tratamiento detenido de la duda, tendremos que recurrir, entonces, a autores de otros contextos y de otros tiempos. Y un muy buen recurso posible son las reflexiones de Ortega y Gasset sobre la naturaleza de la duda. En su libro *Ideas y creencias*, Ortega explora las relaciones no psicológicas sino filosóficas entre los elementos que forman parte del proceso de pensar en las cosas. Y entre esos elementos presta una atención cuidadosa al papel del dudar. Allí nos dice Ortega que la duda no puede ser considerada un mero opuesto de la creencia. Las creencias son un peculiar estrato de nuestra mente en el que nosotros mismos no tenemos un papel activo. No producimos nuestras creencias, ni las discutimos, ni las sostenemos. No hacemos nada con ellas, sino que simplemente *estamos en ellas*[7]. Si, en lugar de reposar sobre ellas como asiento seguro y firme, entrásemos activamente a discutirlas, plantearlas y replantearlas, ya no serían creencias en sentido estricto, sino más bien ese otro elemento de nuestro pensamiento que son las ideas. Para Ortega esta distinción es crucial: las ideas se tienen; en las creencias se está. «Idea» es todo aquello en lo que nos ponemos a pensar, todo lo que tiene para nosotros un carácter problemático. En cambio, «creencia» es todo lo que ya está operando en el fondo de nuestro proceso de pensamiento en el momento en que nos ponemos a pensar sobre algo. La creencia orteguiana es, por tanto, una suerte de preconcepción, de supuesto, que determina lo que consideramos la realidad no porque reflexionemos sobre ella, sino precisamente porque no lo hacemos.

El ejemplo que pone Ortega en este punto para aclarar la distinción es muy significativo: el conjunto de pensamientos que se da en la mente de alguien al decidirse a salir a la calle.

El lector está en su casa y, por unos u otros motivos, resuelve salir a la calle. ¿Qué es, en todo este su comportamiento lo que propiamente tiene el carácter de pensado, aun entendiendo esta palabra en su más amplio sentido, es decir, como conciencia clara y actual de algo? El lector se ha dado

7. J. Ortega y Gasset, *op. cit.*, p. 25.

cuenta de sus motivos, de la resolución adoptada, de la ejecución de los movimientos con que ha caminado, abierto la puerta, bajado la escalera. Todo esto en el caso más favorable. Pues bien, aun en ese caso y por mucho que busque en su conciencia no encontrará en ella ningún pensamiento en que se haga constar que hay calle. El lector no se ha hecho cuestión ni por un momento de si la hay o no la hay. ¿Por qué? No se negará que para resolverse a salir a la calle es de cierta importancia que la calle exista. En rigor, es lo más importante de todo, el supuesto de todo lo demás. Sin embargo, precisamente de ese tema tan importante no se ha hecho cuestión el lector, no ha *pensado* en ello ni para negarlo, ni para afirmarlo, ni para ponerlo en duda[8].

Ese tipo de elementos no pensados pero con los que contamos por defecto en nuestro obrar y vivir es lo que Ortega entiende por «creencia». Aunque no sean tematizados por nuestro intelecto, están ahí, cumpliendo su función de asiento de nuestro pensamiento y nuestros actos. Nadie tomaría la decisión de salir a la calle si no contase con la existencia de la calle aunque no se pare a pensar en dicha existencia. Solo en el caso de que la creencia se revele falsa, equivocada, pasa a formar parte del horizonte de la reflexión. Si, tras bajar la escalera y abrir la puerta del edificio, el lector de Ortega se topase con un abismo, con una sima abierta a su paso en donde él contaba con encontrar la acera, entonces sería cuando la sor-

8. Ibíd., p. 28.

presa lo llevaría a pensar en algo tan inesperado como la existencia de la calle que antes daba por descontada.

Cuando esa clase de terremotos epistemológicos se da en nuestras vidas, cuando algo con lo que contábamos por defecto, sin habernos parado a pensar en ello ni por un segundo, se nos manifiesta como evidentemente equivocado, es cuando nos vemos forzados a asimilar nuestro error pensando, reflexionando, y como resultado generamos una idea. Pero esta ya será problemática sin remedio; ya será algo en lo que nos hemos parado a pensar y por tanto nos hemos planteado la posibilidad de que sea de un modo o del contrario. Y si es así, la posibilidad de equivocarnos, de tener una idea errada y que la correcta sea la contraria, no nos resultará en absoluto algo inconcebible.

La creencia, en cambio, mientras es tal creencia, nos dice Ortega que no es ni afirmada, ni negada ni puesta en duda. La afirmación y la negación corresponden a las ideas, porque son parte del proceso reflexivo. Pero ¿y la duda? ¿Cuál es su papel en todo esto? ¿Cuál es su naturaleza? ¿Está de algún modo relacionada con la naturaleza de la idea?

Si la creencia es el suelo que pisamos, las dudas (las auténticas, las que son vividas como tales) son una suerte de socavones que se abren en aquel, de tanto en tanto, a nuestro paso. «En la duda se está como en un abismo, es decir, cayendo»[9]. Pero esto no las vincula por naturaleza

9. Ibíd., pp. 37-38.

con las ideas sino, por sorprendente que resulte, con las propias creencias. La duda es «un modo de la creencia»[10]. En concreto, el modo en que esta se viene abajo. Creencia y duda son algo *en lo que estamos*, pero cuando estamos en la creencia respecto de algo reposamos en ello con firmeza y quietud, y por tanto con calma (con la calma de la inconsciencia, puesto que no pensamos en ello en absoluto). En cambio, cuando estamos en la duda, cuando damos un paso fuera del suelo estable de la creencia, «sentimos que bajo nuestras plantas falla la firmeza terrestre y nos hace caer, caer en el vacío, sin poder valernos, sin poder hacer nada para afirmarnos, para vivir»[11].

¿Ser felices dudando? Certeza y felicidad

Tomando esa imagen orteguiana como referencia, la duda es un tipo de terreno, como también lo es la creencia. Ambas son, pues, algo para pisar, para caminar, para recorrer. Pero mientras que la creencia es como el suelo adoquinado en el que no tenemos ni que reparar para avanzar por él, la duda son las arenas movedizas, el escalón que nos falta al final de un tramo de escalera y que nos deja con el pie en el aire, o incluso el precipicio al que nos encaminamos sin darnos cuenta, de modo que,

10. Ibíd., p. 37.
11. Ibíd., p. 38.

1. Filosofía para tiempos de crisis

cuando nos percatemos de él, puede que sea demasiado tarde. Esta forma de ver la duda ha sido bastante habitual a lo largo de la historia del pensamiento, y la imagen del precipicio se ha multiplicado en los textos que hacían alusión al ejemplo y la vida de los primeros escépticos. Pero de los pensadores que han coincidido con esta visión del dudar puede que los más interesantes para nuestro tema hayan sido los epicúreos.

Epicureísmo y escepticismo tienen visiones por completo opuestas sobre el papel de la duda (y de la certeza) en la vida humana. Los epicúreos verían con buenos ojos esta imagen del abismo terrible que nos amenaza con hacernos caer por él; los escépticos, en cambio, pensarían más bien en el dudar como un camino difícil, lleno de peligros a los que es necesario prestar atención, quizá un camino pedregoso que amenaza con hacernos tropezar, pero que es el único que conduce a donde queremos ir, de manera que merece la pena el riesgo del traspié, y sobre todo merece la pena la atención que requiere para recorrerlo.

El objetivo de Epicuro es construir una filosofía práctica que permita a quien la adopte vivir de la mejor manera posible para alcanzar la felicidad. Dijimos más arriba que Epicuro era especialmente consciente de la incompatibilidad entre la felicidad y el miedo. No se puede llegar a ser feliz atemorizado. Por eso, gran parte de su sistema filosófico está orientado a eliminar esos miedos sociales que se habían apoderado de los ánimos de los ciudadanos helenísticos. Y, según él, las causas de esos temores podían encontrarse en ciertas creencias equivocadas que mantenemos sobre el mundo y que transmitimos a los demás en nuestra interacción social. En especial se refiere a algunas creencias sobre la naturaleza del destino y de la muerte y sobre la naturaleza de los bienes. Cuatro grandes miedos atenazan al ser humano, según él: el miedo a los dioses, el miedo a la muerte y al destino del alma, el miedo al dolor y el miedo a nuestro propio fracaso en la búsqueda de la felicidad. Y los cuatro pueden desaparecer de nuestras vidas si sustituimos las creencias falsas en las que se fundan por creencias verdaderas. No temeremos a los dioses –les dice Epicuro a sus contemporáneos– si nos damos cuenta de que son seres perfectos y autónomos, y por tanto no están en absoluto pendientes de nosotros. No temeremos a la muerte si entendemos que jamás la viviremos como fenómeno. Mientras nosotros existamos, nuestra muerte no existe. Para cuando nuestra muerte llegue a existir, nosotros no existiremos. Tampoco temeremos al dolor si nos damos cuenta de que no es más que un lapso que hay que atravesar y soportar (y que es soportable) en una vida orientada a una búsqueda de placeres moderados. Y que cualquier dolor que de verdad sea insoportable habrá de ser también, por necesidad, breve. Por último, no temeremos a nuestro propio fracaso en la búsqueda de la felicidad si nos damos cuenta de que es un error pensar que la felicidad depende de factores externos (fortuna, bienes, salud). Al contrario: no son las cosas que están fuera de nuestro control, sino las que están al alcance de nuestra propia autonomía las que pueden proporcionarnos la felicidad. Esta doctrina de Epicuro es la que se resume en cuatro sentencias simples y fáciles de recordar (el llamado *tetraphármakon*): *No temas a los dioses; no te preocupes por la muerte; lo que es bueno es fácil de conseguir; lo que es terrible es fácil de soportar.*

Los miedos, por tanto, desaparecen cuando cambiamos nuestra manera de concebir sus causas, cuando dejamos de juzgar equivocadamente sobre el mundo. Conocer cómo es realmente el mundo nos permite no temer, y por ello ser felices. El objetivo de la enseñanza epicúrea es encontrar las falsas creencias que causan en nosotros las turbaciones y sustituirlas por creencias verdaderas que nos liberen de esos estados de conciencia. Por eso, en cierto modo, el escepticismo no verá al epicureísmo como totalmente diferente de sí mismo: ambos ponen en entredicho creencias erradas y tratan de sustituir esos errores por tranquilidad de ánimo. Lo que separa a ambas formas de filosofía es el papel que conceden al saber –y en especial a la certeza– en este proceso. El epicureísmo cuestiona explicaciones tradicionales y que parecen estar muy asentadas en la evidencia. Por eso es capaz de adherirse a una teoría física poco o nada sustentada sobre la experiencia fenoménica como es el atomismo de Leucipo y Demócrito. Pero eso no significa que el epicureísmo valore el dudar. Al contrario, lo que valora es el hecho de encontrar tesis que, una vez confirmadas, permitan salir del error que nos lleva a malentender el mundo (y sufrir por ello) pero también nos permitan dejar de dudar, dejar de turbarnos por nuestro no-saber. Para el epicureísmo está claro que esa experiencia de la duda como abismo en el que caemos que mencionaba Ortega es tan desapacible como el temor producido por una creencia falsa. Lo único que puede vivirse con agrado y serenidad es el conocimiento seguro. Por eso es imprescindible para Epicuro el estudio de la física y el de la teoría del conocimiento, pero no el de la lógica formal tal y como hoy la entendemos. Son la teoría del conocimiento (llamada «canónica» por los epicúreos) y la física las que nos permiten fundamentar nuestro saber sobre la realidad. Es sobre el conocimiento que obtenemos de ellas sobre el que podemos aspirar a sostener un estado de creencia acertada que nos permita alcanzar la imperturbabilidad del ánimo. Luego son esas disciplinas las que ponen la base sobre la que una ética como la epicúrea puede sustentarse.

Los escépticos discrepan de esta visión del papel del conocimiento en nuestro estado emocional. De algún modo, atribuirle a la creencia acertada la capacidad de calmarnos y sustentar nuestra felicidad es, a ojos del escepticismo, un intento fallido de retornar al estado anterior a la quiebra de las seguridades que se ha producido tras Alejandro. De manera inesperada, el escepticismo va a postular el camino opuesto para alcanzar esa felicidad: no tratar de recomponer lo que se ha roto, sino asumir la ruptura; no buscar asiento firme en la certeza, sino sumergirse en la inseguridad; no buscar el modo de responder a las dudas, sino comprender que continuaremos dudando. Si el epicúreo cree que la felicidad de algún modo requiere el conocimiento (y además conocimiento cierto), el escéptico plantea que quizá lo que requiera sea más bien ignorancia. Pero no la ignorancia inocente del que no se ha llegado siquiera a plantear las dudas sobre el mundo, sino la ignorancia consciente del que se sitúa frente a esas dudas y asume que quizá no las logre resolver. Si se puede llegar a ser felices, plantean, no será por saber con absoluta seguridad nada que no sea manifiesto de por sí, porque es probable que no logremos jamás saber nada de ese modo. Si se puede llegar a ser felices, será en y desde la duda.

La tradición escéptica tiene una historia sobre cómo llegó el propio movimiento filosófico al que pertenece a plantearse esa felicidad dubitante. Relatan que ellos mismos, los pensadores que han llegado a abrazar el escepticismo, eran inicialmente investigadores muy similares al resto de investigadores del momento. También ellos buscaban una certeza, un conocimiento seguro, que les permitiera quedarse tranquilos y en paz. También ellos asumían que el conocimiento calma y otorga felicidad, y que si no estaban calmados y felices era porque aún no habían alcanzado esa clase de conocimiento. Pero entonces les sucedió lo mismo que al pintor Apeles. La anécdota del pintor Apeles, que Sexto Empírico nos cuenta en su obra *Esbozos pirrónicos*[12], hace alusión a una de las grandes figuras de la pintura antigua, Apeles

12. Sexto Empírico, HP, I, 28.

de Colofón. Antes de contar la anécdota en cuestión, merece la pena señalar que la elección de Apeles como protagonista no es en absoluto casual. No solo se trata de alguien con fama de gran pintor, sino también con una notable reputación de poco dogmático, o incluso de autocrítico, pero no por ello carente de un férreo criterio propio. De él se decía –y esta no es aún la anécdota que cuentan los escépticos– que un zapatero le había señalado un error en la representación del calzado de una de las figuras en un cuadro y que, en lugar de molestarse, aceptó la crítica y lo corrigió al momento. Envanecido por su éxito, el zapatero se erigió en crítico pictórico y quiso también corregirle un detalle de la anatomía de las piernas de la misma figura, a lo que el artista contestó «que no juzgue el zapatero por encima de las sandalias»[13], frase que ha pasado al acervo popular contemporáneo transformada en el conocido «zapatero, a tus zapatos».

En lo que respecta al escepticismo, la anécdota que se relata como ejemplificación perfecta de lo que los escépticos han vivido respecto a la certeza es la siguiente. En cierto momento de su vida, le había sido encargada la representación de una pintura mural que representase una determinada batalla. La mayor parte del cuadro estaba ya concluida. El fondo había sido adecuadamente representado, con las tropas en combate dispuestas tal y como él había planificado, pero Apeles quería culminar su obra con una nota de tensión y dramatismo en el pri-

13. Plinio el Viejo, XXXV, 81-83.

mer plano: un caballo que ha derribado a su jinete, cargando contra el punto de vista del espectador. No olvidemos que Apeles es un pintor de inicios de la época helenística, ese momento en que se encuadra también el *Laocoonte* (o el modelo previo en que se inspiró) en el que el arte griego ya ha comenzado a abandonar la serenidad y contención del periodo clásico. De este modo, la figura del caballo que rompe la separación entre espectador y batalla es esencial. La consecución del cuadro depende del éxito de ese efecto dramático. Así que, para que resulte más impactante, Apeles decide culminar la figura ecuestre con un espumarajo de baba que sale con violencia de la boca del caballo. En la época, los pintores empleaban pinceles más o menos similares a los modernos, pero no solían utilizar una paleta para mezclar los colores, sino que para ello empleaban una esponja marina. Sobre un lado de la esponja se podía producir la mezcla de los pigmentos, y con el otro lado se podía limpiar el pincel entre tonalidad y tonalidad. De este modo, Apeles mezcla distintos tonos de blanco en su esponja de mar, impregna el pincel y pinta los trazos de la baba equina. Pero el resultado no le gusta. Inicia el proceso de nuevo y rehace la espuma junto a la boca del animal de un modo diferente, pero también fracasa. Y tras ese intento realiza otro, y luego otro, y luego otro, y en todos ellos sigue insatisfecho con el resultado. Ninguno logra representar la saliva de la bestia de manera que culmine su efecto dramático. Y tras mucho tiempo y mucho esfuerzo, tras muchos intentos y ningún atisbo de éxito, desesperado, el pintor se rinde, abandona la esperanza de culminar su obra y tira el pincel al suelo y la esponja contra el cuadro; y por pura casualidad, la esponja manchada de pintura golpea justo en la boca del caballo y deja marcada la perfecta representación del espumarajo. El cuadro está terminado. Pues bien, los escépticos afirman que a ellos les ha sucedido precisamente eso: como investigadores buscaban un conocimiento seguro que les permitiera alcanzar la tranquilidad y ser felices, pero cada intento que hacían, cada tentativa de considerar algo no manifiesto como seguro y fiable, en cuanto lo sometían a crítica, se venía abajo. Cada vez que trataban de comprobar si algo era seguro se les mostraba de manera patente que no lo era. Cada vez que postulaban un criterio incuestionable se encontraban con una excepción en su efectividad que los hacía dudar de si no estaría fallando en más ocasiones. Y tras mucho tiempo y muchas tentativas de alcanzar un saber incuestionable y abandonar las dudas, desesperados como Apeles, desistieron. Y al desistir de su empeño por la seguridad y la certeza, al abandonar la búsqueda de lo incuestionable y asumir que no podían afirmar ni negar de manera tajante y definitiva, para su sorpresa, se encontraron con que eran felices. El cuadro del equilibrio emocional estaba concluido con la pincelada más inesperada.

Esta forma de relatar su propio origen explica, además, la tendencia de los autores escépticos a participar en todas las disputas. No hay controversia en la que los filósofos pirrónicos y académicos no se metan. Todo debate les resulta de interés. Y el motivo principal, más allá de mostrar que todas las cuestiones debatibles son espacios fértiles para la duda, es que en las polémicas dialécticas se encuentra con facilidad la ocasión para llevar al interlocutor a poner en cuestión sus propias creencias. Y la puesta en crisis del asiento firme sobre el que se encuentran, la caída en el socavón abierto al paso que es la incertidumbre, es vital para la felicidad de ese interlocutor, de ese otro ser humano que no ha vivido aún la experiencia de la desesperación por encontrar conocimiento seguro. El escéptico comprende que su hallazgo de felicidad en la inseguridad epistémica es muy poco intuitivo. Nadie piensa que el camino de la duda conduce a ser feliz. Él mismo, a través de la anécdota de Apeles, relata el descubrimiento de la vida feliz escéptica como producto de la casualidad. Y si nadie sabe que la felicidad se encuentra al final de ese proceso de puesta en duda de todo lo cuestionable, nadie la buscará allí. Por ese motivo, el filósofo escéptico trata de derribar las creencias firmes de aquellos con los que disputa para permitirles encontrar esa sensación de liberación una vez que desistan de buscar fundamento firme para sus dogmas.

El relato escéptico sobre su encuentro con la felicidad ofrece, pues, un modo nuevo de comprender la experiencia de la duda. Hasta ese momento la duda se había entendido más que nada como experiencia dolorosa y temible. Dudar se había concebido como un estar escindido entre dos opciones, un estar partido interiormente y no poder reunirse en una sola pieza. La palabra «duda» en español es heredera de esa concepción de la vivencia del dubitativo. A través del latín, la descripción de esa escisión se ha introducido en nuestra lengua. «Dudar» procede del latín *dubitare*, que deriva del adjetivo *dubius* ('vacilante', 'inseguro'). En su raíz se encuentra la dualidad, el dos *(duo)*, que señala la experiencia de encontrarse ante dos alternativas y no lograr optar por una de ellas, es decir, no lograr unificarse en la toma de decisión. Esta forma de concebir la duda es muy anterior al nacimiento de los escépticos, y pervivirá mucho más allá de su desaparición. Aún hoy la encontramos en nuestra mentalidad actual cuando pensamos en alguien a quien «corroen las dudas». La duda nos sigue pareciendo un instrumento de tortura para el alma. En lo que tratan de insistir los escépticos es en que la duda no tiene por qué vivirse así. Dudar no es necesariamente torturarse por la duda. Al contrario: hay un modo concreto del dudar que es la cura para el permanente torturarse de quien no sabe y busca sin éxito saber. Y no se trata de un dejar de buscar, sino de un dejar de sufrir por ello.

El escéptico duda, pero no por ello vacila. Dudar y vacilar no son sinónimos. La experiencia de la vacilación impide la acción; la de la duda, en cambio, solo impide la asunción del dogma. Arrojado entre las dos opciones que demandan aceptación, si se trata de dos afirmaciones, el escéptico no dará ninguna por segura porque ninguna lo es para él, y al eliminar la obligación de dar con la respuesta correcta, al eliminar la demanda del acierto en el juicio, será más feliz de lo que era antes; si se trata, en cambio, de dos acciones, el escéptico, como veremos, elegirá una de ellas, pero no por considerarla verdadera.

Decía hace un momento que todo este relato describe el hallazgo de la felicidad por el escepticismo como producto de la mera casualidad. Y en parte es así, pero hay que precisar en qué sentido. No se trata de que la relación entre la asunción de la duda y la aparición de la felicidad sea casual. Lo que es casual es el descubrimiento de esa relación. No hay ninguna casualidad en el hecho de que suspender el juicio sobre lo que no es manifiesto nos lleve a incrementar nuestra imperturbabilidad anímica. La relación entre *epoché* y *ataraxía* es necesaria. Sexto Empírico lo afirma de manera categórica: la *ataraxía* sigue a la *epoché* «como la sombra sigue al cuerpo»[14]. Pero fue, según los escépticos cuentan, una mera casualidad que en algún momento alguno de ellos llegase a suspender el juicio sobre esa clase de cuestiones. Fue casual que alguno de los iniciadores de esta filosofía llegase a tal punto en su investigación que optase por no afirmar ni negar nada. Y esa casualidad supuso el contexto en el que se produjo el hallazgo de la ansiada *eudaimonía*. De pronto, sin esperarlo, se encontró con que era feliz. La casualidad aquí está vinculada, por tanto, a lo que hoy llamamos el «contexto del descubrimiento» y no al «contexto de la justificación». La aparición de ese vínculo, la manifestación –casi epifanía– de esa relación

14. HP, I, 29.

inevitable pero oculta para todos los que no han probado a suspender el juicio sobre lo que no es seguro, es lo
más parecido a una doctrina que el escepticismo tiene.
Es el gran secreto escéptico que se transmite de filósofo
en filósofo. Y no es un secreto porque los escépticos no
quieran revelarlo, sino porque revelarlo no es suficiente
para entenderlo; hay que vivirlo. Ellos lo expondrán en
sus libros, en sus lecciones y conferencias públicas. Pero
con leer sobre ello, consideran, no basta. Nadie dejará de
dar asentimiento a lo cuestionable solo porque le digan
que si lo hace será más feliz. La única manera de que lo
haga será que no le quede más remedio, que con sinceridad no crea posible asentir racionalmente a lo que no
está justificado. Y por ello el escéptico tiene que ser un
polemista: para lograr, con sus argumentos y contraargumentos, con sus escritos y sus palabras, llevarnos a la
felicidad.

¿Qué duda el escéptico? El problema de la justificación del conocimiento

A lo largo de la historia se han planteado muchas definiciones diferentes del término «conocimiento» y ninguna ha sido capaz de contentar a los filósofos de tal manera que suscitase un mínimo consenso sobre ella. La
noción de conocimiento que aceptan unos a otros les
parece por completo inaceptable, y la que trata de ejercer
de término medio acaba rechazada por todos. Esta per-

manente disputa abierta multiplica la dificultad de exponer la posición escéptica en lo que tiene que ver con epistemología porque, si escepticismo es la postura que, de algún modo, no asume como conocimiento lo que va más allá de lo evidente, primero tendremos que entender qué es el conocimiento para poder comprender el escepticismo. Para tratar de despejar esta dificultad puede que nos sea útil en este punto partir de la noción de conocimiento más clásica de las que la tradición nos ha transmitido, que además es una de las más antiguas: la que arraiga en la definición platónica.

Platón señala que no todo candidato propuesto a saber es en realidad un auténtico saber. Muchas veces, ya en su tiempo, se habían propuesto teorías del conocimiento que no resultaban, en opinión del filósofo ateniense, sostenibles. Y por ello Platón dedicó parte de su obra a exponer y discutir una definición propia del conocimiento que marcó profundamente a las generaciones posteriores de filósofos: *el conocimiento es la creencia verdadera y fundada*. El conocimiento es, así, un subtipo de la creencia[15]. Una parte de lo que creemos es lo que podemos decir que *conocemos*. Y con «creencia» hemos de señalar aquí a una clase de estados mentales que contienen algún tipo de capacidad representativa. Una creencia nuestra es, así, un estado mental en el que nos

---

15. No se trata en este contexto, por supuesto, de la creencia entendida en un sentido orteguiano, sino de una visión más antigua, más general y ampliamente admitida del término: el conjunto de las cosas que creemos.

encontramos cuando nos imaginamos (representamos en nuestra mente) una situación o un objeto de una forma determinada y, además, pretendemos que esa forma en la que nos lo imaginamos *es la forma en la que es*, es decir, que a ese objeto o situación le corresponde la manera en la que nos lo hemos representado *con independencia de que nos lo representemos así o no*. Creemos algo cuando imaginamos ese algo de un modo concreto y consideramos que el modo en que lo hemos imaginado es igual al modo en que ese algo está dispuesto en la realidad. La noción de «verdad» entra en juego a raíz de esa consideración por nuestra parte. La primera y más elemental forma en la que podemos definir la verdad es aludiendo a esa igualdad entre nuestra representación de algo y el modo de estar dispuesto realmente de ese algo. La verdad separa, así, creencias de dos tipos: las que pretenden que algo es de cierto modo y en realidad no lo es (creencias falsas) y las que lo pretenden y así es realmente (creencias verdaderas).

Pues bien, ser escéptico no consiste primordialmente en negar la posibilidad de que llegue a darse una situación como la que esta definición de la verdad describe. El escéptico no rechaza que haya una diferencia entre creencias falsas y creencias verdaderas. Al contrario: por lo general está tan dispuesto a admitir esa distinción que asentará sobre ella buena parte de sus argumentaciones. Lo que el escéptico pone en cuestión tiene que ver con la siguiente característica de las que aparecen en la definición platónica del conocimiento: la justificación.

Lo que la noción de «justificación» supone es que al menos algunas de nuestras creencias no surgen «de la nada», sino que son el resultado de algo que las sostiene y apoya. La definición platónica, por supuesto, no niega que algunas de nuestras creencias puedan ser injustificadas, es decir, puedan no haber surgido de ninguna clase de argumentación, indagación o testimonio de ninguna clase. Pero supone que al menos una parte de nuestras creencias sí que están asentadas en razones. Y cuando una de nuestras creencias resulta ser verdadera y además estar asentada y proceder de las razones que nos deben hacer creer en ella, esa creencia será conocimiento. Pues bien, lo que el escéptico desde la Antigüedad viene poniendo en duda es que haya alguna creencia cuya justificación sea suficiente para considerarla incuestionablemente verdadera. No se trata, pues, de negar que algunas de nuestras creencias describan sus objetos de manera tal que la descripción coincida con el modo de ser real de estos, sino de no admitir las justificaciones que se aducen para creer que eso ocurre como *suficientes para despejar toda duda* respecto a la posibilidad de que no ocurra. Es decir, lo que hace escéptico al escéptico no es que niegue un mundo «real» objetivo (cosa que no hace jamás) ni que niegue la posibilidad de que algunas de nuestras creencias sean descripciones fieles de ese mundo real (cosa que tampoco estará dispuesto a admitir), sino que si es escéptico lo será por poner en tela de juicio que los motivos que se aducen para señalar esas creencias como algo que procede de razones suficientes para asegurar su verdad fuera de toda duda realmente *sean suficientes* para tal cosa. Toda indagación, toda experimentación, toda argumentación y todo testimonio a favor de una creencia dejan siempre al escéptico insatisfecho.

Se supone que la justificación de una creencia es el conjunto de «pruebas» que ofreceremos como respuesta si alguien nos pregunta «por qué crees eso». La justificación es una buena justificación si y solo si es suficiente para que tengamos que creer aquello que justifica. Si, por ejemplo, creemos que ha llovido hace poco porque observamos que el suelo está mojado, alguien podrá decirnos que esa justificación no es buena (o que es insuficiente) porque la «prueba» que observamos también puede deberse a otras causas (por ejemplo, que hayan regado hace poco). La descripción de los acontecimientos que supone nuestra creencia puede no corresponderse con el modo en que se han dado realmente los acontecimientos. Esto no implica que nuestro interlocutor nos diga que él cree que los acontecimientos han sido de ese otro modo, sino que meramente señala que podría ser así. Es decir, no nos dice que hemos de descartar nuestra creencia, ni que hemos de abrazar la creencia opuesta. Solo nos hace ver que nuestra justificación es endeble y, por lo tanto, fallida como justificación. O lo que es lo mismo, solo nos dice que la creencia que sostenemos permanece injustificada, incluso en el caso de que fuera verdadera.

Esto es, en última instancia, lo que el escéptico hace cada vez que argumenta. Ser escéptico consiste en señalar

la debilidad de las justificaciones. En general, los filósofos han tendido a asumir que las justificaciones de nuestras creencias provienen (o han de provenir) de determinado tipo de acciones que llevamos a cabo en el terreno
epistémico. Me refiero a acciones como mirar por la ventana para ver si llueve o abrir la nevera para comprobar si
queda leche, pero también a la realización de experimen-
tos en los laboratorios científicos, a la lectura de libros, a
la atención introspectiva que podemos volcar sobre
nuestros propios sentimientos o a la realización, de cabeza, de cálculos matemáticos complejos. Como se puede
apreciar por el listado de ejemplos que planteo, las acciones capaces de aportar justificación a nuestras creencias
son de tipos muy distintos entre sí. Tópicamente suele
tenderse a mencionar siempre ejemplos que suponen el
uso de los sentidos, pero no ha de tratarse por necesidad
siempre de ese tipo de acciones. La justificación de mi
creencia de que está lloviendo puede deberse a una experiencia sensorial (visual si miro por la ventana, táctil si
saco la mano por ella), pero la justificación de mi creencia de que Napoleón perdió la batalla de Waterloo proviene de algo (por ejemplo, la lectura de una serie de
libros de historia) que no se puede caracterizar sencillamente como experiencia empírica. Y todavía menos la
justificación de mi creencia en la verdad de determinado
resultado para una operación aritmética compleja. En el
caso de mi creencia en el resultado de la batalla de Waterloo, interviene, por supuesto, el sentido de la vista
cuando leo uno de esos libros, pero no diré que creo en

ello «porque lo he visto con mis propios ojos» en el libro. Interviene, diríamos, una consideración teórica (en concreto, sobre la fiabilidad de la información que ese libro contiene) que tiene más peso en mi justificación que el fenómeno visual que se da en el acto de leer. En cambio, cuando miro por la ventana o saco la mano por ella, cualquier consideración teórica que yo realice en paralelo con la experiencia sensible de la lluvia tendrá por lo general menos peso en mi justificación que el que tiene el fenómeno mismo de la lluvia ante mis ojos o en mi piel. De este modo, las justificaciones de mis creencias pueden proceder tanto de fenómenos como de consideraciones teóricas (y, en muchos casos, de ambas a la vez).

Al tiempo, también hay que señalar que el origen de esas justificaciones puede situarse tanto dentro como fuera de mi conciencia. En el vistazo por la ventana el origen está claramente fuera, pero también lo está en el acto de leer un libro de historia. En cambio, cuando realizo un cálculo aritmético, el origen de la justificación de mi creencia en el resultado, es decir, el punto de partida del acto que llevo a cabo cuando calculo, no está fuera sino dentro de mi conciencia. Y lo mismo ocurre cuando llevo a cabo un análisis introspectivo de mis sentimientos y emociones.

Los escépticos antiguos fueron conscientes de estas dos diferencias en la justificación de las creencias y en gran medida asentaron sobre ellas la base principal de su posición filosófica en lo que tiene que ver con teoría del conocimiento. Sexto Empírico dice que «el escepticismo es la capacidad de establecer antítesis en los fenómenos y en las consideraciones teóricas, según cualquiera de los tropos, gracias a la cual nos encaminamos [...] primero hacia la suspensión del juicio y después hacia la ataraxia»[16]. Y en cuanto a la manera de producir esas antítesis, afirma que «contraponemos esas cosas de maneras muy diversas, contraponiendo –para abarcar todas las antítesis– fenómenos a fenómenos, consideraciones teóricas a consideraciones teóricas o los unos a las otras»[17]. De este modo, el testimonio de Sexto Empírico nos permite constatar que la manera en la que el escéptico pone en cuestión que cualquier creencia esté suficientemente justificada es empleando la contraposición de las distintas justificaciones. Las justificaciones que proceden de las consideraciones teóricas (de la razón, por ejemplo) a menudo discrepan de las que proceden de los sentidos, y viceversa. Y a menudo incluso unos fenómenos contradicen a otros y unas teorías sostienen lo contrario que otras. De manera que esos actos que llevamos a cabo para asentar nuestra confianza en las distintas creencias posibles no le parecerán al escéptico capaces de eliminar todo margen de duda.

Pero esa insuficiencia que muestra la justificación no abarca por igual, según el escéptico antiguo, los casos en los que el origen se encuentra fuera de nuestra conciencia y los casos en los que se encuentra dentro. No es lo

16. HP, I, 8.
17. HP, I, 9.

mismo dudar de nuestro conocimiento sobre el mundo que dudar, por ejemplo, de nuestros estados emocionales. El nivel de evidencia con el que se nos ofrecen las justificaciones de nuestras creencias en ambos casos es muy diferente. Y la frontera entre ambas clases de justificación se encuentra en el hecho de que las pruebas que aducimos para creer que sabemos algo del mundo tienen que aludir a una cierta noción de «la naturaleza», es decir, del mundo que nos rodea, del ámbito en el que las cosas se encuentran *más allá* de nuestra conciencia y causando *en* nuestra conciencia nuestras sensaciones. En cambio, las pruebas que aducimos para asegurar que conocemos nuestros propios estados de conciencia, nuestro mundo interior de eso que podríamos llamar «vivencias», no requieren estrictamente hablando ninguna alusión a ese ámbito de lo que es natural más allá de mi experiencia. Dicho de otra manera, para decir que conozco la miel y sé que es dulce no me basta con exponer que la siento así, pues podría haber algo en mi organismo (una enfermedad, por ejemplo) que me hiciera sentir los sabores de manera alterada; en cambio, para hablar de mi sensación, del hecho de que estoy notando dulzor, no necesito probar que el objeto que creo que me produce esa sensación se corresponde con esa sensación. Sea por la causa que sea (la naturaleza de la miel o una enfermedad en mi sentido del gusto), yo siento sabor dulce.

Cada vez que los oponentes de los escépticos antiguos les decían que no se puede vivir sin creer en absolutamente nada, y que por ello su posición filosófica era insoste-

1. Filosofía para tiempos de crisis

nible, los escépticos contestaban haciendo alusión a esta distinción. Ser escéptico, según ellos, no implica no creer en nada en absoluto, sino solo no creer en nada que no sea necesario creer. Pero hay cosas que sí es necesario dejar fuera de toda duda: las evidentes por sí mismas. Y esas cosas evidentes no son, según ellos, las que aluden al mundo sino las que aluden a nuestras vivencias interiores, sean causadas por el mundo o por lo que sea que las cause. Podré dudar de si algo es tal como lo veo, pero no de que lo veo así. Podré dudar de si algo está causado por lo que me parece que lo causa, pero no de que me parece que es así. Y podré construir mi modo de vivir de una manera más prudente, menos precipitada, si parto de que siento lo que siento y me parece lo que me parece, pero no llego a afirmar con rotundidad y dogmatismo que lo que siento es como lo siento y lo que me parece me parece así porque es así. Esta distinción es la que en los textos del escepticismo antiguo aparece bajo los términos *phýsis* ('naturaleza') y *páthos* ('sensación' o 'afección').

La *phýsis,* como veremos, actúa en la filosofía escéptica como una suerte de límite para la especulación. Nunca dudan de que haya una naturaleza del mundo, y en la etapa nuclear de esta corriente tampoco ponen en cuestión que esa naturaleza del mundo sea de un modo determinado[18]. Si negasen la existencia de una naturaleza determinada y objetiva, abrirían la puerta al relativismo.

18. Antes de esa etapa central sí que encontramos cuestionadores de ese determinismo, como por ejemplo el propio Pirrón de Elis según la mayoría de las interpretaciones de su pensamiento.

Y si el relativismo es admisible, ya no habrá motivo para ser prudentes con lo que afirmamos que sabemos, puesto que todos nosotros lo sabremos todo, ya que todo lo que creamos será verdadero *para nosotros*. El escepticismo jamás acepta esta tesis relativista, que le parece tan injustificada y peligrosa (y en el fondo tan dogmática) como la del dogmático tradicional que afirma conocer el modo en que las cosas son para él y para los demás.

Lo que a los escépticos no les parece prudente afirmar es justo esa tesis compartida por dogmáticos realistas y dogmáticos relativistas: que conocemos cómo es esa naturaleza. El hecho de que los primeros afirmen que la conocemos tal como es para todos y los segundos que la conocemos tal como es para cada uno de nosotros les parece a los escépticos, en el fondo, una cuestión menor. Lo importante es que ninguno de ellos está justificado para creer algo así. No sabemos, según los pensadores escépticos, cómo es la naturaleza. Ni siquiera sabemos si es objetiva o subjetiva, si es determinista o indeterminista, si es estable y regular o cambiante y caótica. Y dado que no lo sabemos, no podemos afirmar categóricamente nada sobre ella. Por eso actúa como límite de la especulación. No se puede afirmar de manera tajante, sostienen, nada que aluda a la naturaleza por sí misma. Y, si nada de eso puede llegar a afirmarse, el horizonte de nuestras afirmaciones debe quedar reducido a aquello que nos alude a nosotros: nuestras sensaciones, percepciones y pareceres, pero con clara conciencia de que no son más que sensaciones, percepciones y pareceres nuestros. Es decir, nuestro *páthos*.

Hablando solo de su propio *páthos*, lo que el escéptico pretende es no dogmatizar. De nuevo Sexto Empírico aclara con mucha precisión lo que esta pretensión supone:

> Que el escéptico no dogmatiza no lo decimos en el sentido de dogma en que algunos dicen que «dogma es aprobar algo en términos más o menos generales», pues el escéptico asiente a las sensaciones que se imponen a su imaginación; por ejemplo, al sentir calor o frío no diría «creo que no siento calor» o «no siento frío». Sino que decimos que no dogmatiza en el sentido en que otros dicen que «dogma es la aceptación en ciertas cuestiones, después de analizadas científicamente, de cosas no manifiestas»; el pirrónico en efecto no asiente a ninguna de las cosas no manifiestas[19].

Así se aprecia que, para el escepticismo antiguo, no dogmatizar no significa no dar aprobación a nada o no emitir ninguna clase de afirmación, sino de manera específica no aceptar como verdaderas creencias que no sean manifiestas de por sí. Y las que son manifiestas son esas del tipo «siento calor» o «siento frío», que no pretenden hablar del mundo (de la *phýsis*) sino del estado de quien habla (de su *páthos*). A la persona en estado de fiebre que tirita y se queja de frío intenso no intentaremos convencerla de que no tiene frío, y no lo intentaremos porque no tiene sentido intentarlo dado que su frío, como sensación, como afección interna, es mani-

19. HP, I, 13.

fiesto para ella. En todo caso trataremos de convencerla de que el frío que siente no se corresponde con la temperatura real del lugar en que se encuentra o trataremos de hacerle ver que la causa de su afección es la fiebre y que no debe, pese al frío que incuestionablemente siente, arroparse en exceso. La perspectiva escéptica sobre esta cuestión se limita a señalar que lo único seguro e incuestionable para quien se encuentra en ese caso es que siente el frío que siente.

La cuestión del criterio

A cualquier lector en este punto le habrá surgido la cuestión de si esta crítica al supuesto conocimiento situado más allá del *páthos* implica que el escéptico decide actuar en la vida cotidiana siguiendo como guía de conducta únicamente dicho *páthos*. Es decir, ¿considerar como lo único seguro la sensación por sí misma implica actuar siempre obedeciendo el dictado de dicha sensación? Ante el frío que siente cuando tiene fiebre, ¿se negará el escéptico a desarroparse para que la fiebre baje y decidirá, por el contrario, arroparse más? Esta pregunta nos lleva a la cuestión del criterio, que es uno de los temas de más peso en el pensamiento escéptico. En efecto, Sexto Empírico atestigua que el *páthos* ejercía en el escepticismo pirrónico el papel de criterio, pero eso no debe llevarnos a pensar que la conducta del escéptico sería un simple «hago siempre lo que me parece». Se trata de un modo de guiar la conducta más sutil. En primer lugar, del criterio puede hablarse en dos sentidos distintos: el que alude a la herramienta que nos permite determinar si debemos creer en algo o no y el que alude a la pauta de nuestra conducta, según el cual actuamos de un modo o de otro[20]. El *páthos* sirve al escepticismo como criterio del primer sentido, es decir, criterio teórico o criterio de verdad: solo aceptará como verdadera la propia sensación o afección que se produce en su conciencia, y la aceptará como lo que es, un simple fenómeno, sin tratar de convertirla en prueba de ninguna clase de acontecimiento en la naturaleza. Pero, además, ejerce cierto papel en el terreno práctico. Con la vista puesta en el fenómeno se puede orientar la acción, y por ello beber cuando se siente sed o comer cuando se siente hambre. Pero ese «tener la vista puesta en el fenómeno» no lleva al pensador escéptico a asumir que toda conducta aparentemente dictada por nuestro parecer es de partida la conducta correcta. Eso sería dogmatizar la conducta desde una perspectiva fenomenista, asumir que lo que *nos parece* que debemos hacer es, además, lo que *de verdad* debemos hacer, y por ello proyectar el fenómeno sobre la naturaleza misma y decir algo así como «dado que siento frío es *verdad* que debo arroparme», algo que va mucho más allá de lo que un escéptico debería asumir. En lugar de ello, los escépticos antiguos adoptaron pautas de conducta menos estrictas con la aplicabili-

20. Véase HP, I, 21-24.

dad del fenómeno y asumieron que en ocasiones debían comportarse siguiendo normas de conducta situadas más allá de lo puramente fenoménico (aunque incluyesen también lo fenoménico). Llamaron a todas estas normas, circunstancias y pautas del ámbito de la acción «las exigencias vitales», y admitieron que vivir de una manera no dogmática implica en muchas ocasiones seguir estas exigencias. Sobre esto, afirma Sexto Empírico:

> Atendiendo, pues, a los fenómenos, vivimos sin dogmatismos, en la observancia de las exigencias vitales, ya que no podemos estar completamente inactivos.
>
> Y parece que esa observancia de las exigencias vitales es de cuatro clases y que una consiste en la guía natural, otra en el apremio de las pasiones, otra en el legado de leyes y costumbres, otra en el aprendizaje de las artes. En la guía natural, según la cual somos por naturaleza capaces de sentir y pensar. En el apremio de las pasiones, según el cual el hambre nos incita a la comida y la sed a la bebida. En el legado de leyes y costumbres, según el cual asumimos en la vida como bueno el ser piadosos y como malo el ser impíos. Y en el aprendizaje de las artes, según el cual no somos inútiles en aquellas artes para las que nos instruimos.
>
> Pero todo esto lo decimos sin dogmatismos[21].

De este modo, en estas exigencias vitales se incluye, a un tiempo, tanto la «guía natural» como el «apremio

21. HP, I, 23-24.

de las pasiones», esto es, tanto la *phýsis* como el *páthos*. La naturaleza, ese ámbito sobre el que no podemos estar nunca plenamente seguros en lo que respecta a la teoría, debe sin embargo servir de cierta guía tácita para nuestro comportamiento en la práctica. Las pasiones o afecciones, por su parte, cumplen también un papel importante por su apremio o necesidad, por su cualidad de ser manifiestas para nosotros. Pero hay dos clases más de exigencias vitales que tener en cuenta: aquello que tiene que ver con las normas (leyes y costumbres) de la sociedad en la que vivimos y aquello que alude a las habilidades y conocimientos prácticos (las artes) que es posible aprender y cultivar. De hecho, una gran parte de los filósofos escépticos de esta etapa, Sexto Empírico incluido, aprendieron y practicaron profesionalmente una de estas artes en concreto: la medicina.

De este modo, si volvemos a nuestro ejemplo de la fiebre, es cierto que el apremio de las pasiones mueve a quien la siente a arroparse por el frío que siente, pero la guía natural indica que la conducta debería ser la contraria, al estar el frío causado por un exceso de temperatura del cuerpo. Esa tesis sobre la causa natural de la sensación va más allá de lo que el escéptico puede asumir en el terreno teórico, dado que considerará que el conocimiento de las enfermedades en su tiempo no es suficiente para asegurar cuál es la causa de los síntomas, pero podrá adoptar una pauta de conducta de carácter terapéutico sin caer en un dogmatismo científico no justificado: la práctica de una medicina no dogmática. Quizá no sea posible asegurar qué ha causado la fiebre y deducir con certeza qué acción se debe llevar a cabo, pero al menos se puede observar que más pacientes con fiebre alta sobreviven y se recuperan si se les baja la temperatura que si se les sube. Esto es lo que los escépticos pirrónicos descubrieron en su proceso de aprendizaje del arte de la medicina, parece que en relación con las escuelas médicas metódica y empírica[22]. (No olvidemos que se llama a Sexto «Empírico» precisamente por su supuesta pertenencia a esta segunda corriente). Y por ello al paciente febril que reclama que se le arrope porque siente frío se le puede decir que le conviene más desarroparse sin caer en una incongruencia respecto a la tesis escéptica de que solo lo que sentimos es manifiesto y está fuera de toda duda.

Esta es, al menos, la exposición de la conducta práctica que encontramos en el seno del escepticismo pirrónico. Pero en otras variantes del escepticismo antiguo nos toparemos con otros modos de entender la puesta en práctica de la acción. En especial esto será muy diferente en el seno del escepticismo académico, que tratará con especial insistencia y profundidad la cuestión del criterio práctico.

También los escépticos formados dentro de la Academia comparten la resistencia a afirmar o negar nada que trate sobre la naturaleza misma de las cosas más allá de cómo aparecen o se manifiestan ante nosotros. La pre-

---

22. Trataremos este punto con más detalle en el apartado dedicado a Sexto Empírico.

tensión de los escépticos académicos es la de mantener la suspensión del juicio sobre lo que tenga que ver con lo no manifiesto y, por tanto, comparten también la idea de que es conveniente juzgar la verdad y la falsedad en función del *páthos*. Pero estos escépticos dieron un paso más allá de esta posición al reformular las implicaciones de un criterio de la acción para el escepticismo. Como veremos más adelante, los académicos sostuvieron que era posible actuar según un criterio práctico que guiase la acción de una manera coherente sin por ello tener que romper con los límites escépticos en lo que respecta al criterio de verdad. Las propuestas principales de esta clase de escepticismo difieren en cuál es el criterio por el que nos proponen que nos guiemos: Arcesilao, primer gran escéptico académico, propone actuar según «lo razonable» *(tò eúlogon)*, mientras que Carnéades, un tiempo después, formula como alternativa el criterio de «lo convincente» *(tò pithanón)*. Ambas propuestas tienen grandes implicaciones y consecuencias, que llegan incluso a afectar al modo en que entendemos el escepticismo en sí mismo, tal y como veremos en el apartado dedicado a cada uno de estos fascinantes pensadores.

2. Las raíces del escepticismo

El punto de partida

Puede que parezca una tarea sencilla, pero identificar con precisión un inicio histórico del escepticismo, un primer instante inaugural, es bastante complicado. Aunque el escepticismo como forma de filosofía acabada y consistente es un fenómeno que, como ya hemos visto, no se da hasta la época helenística, sus raíces son, sin duda, muy anteriores. El pensamiento escéptico no es una isla separada del resto de formas de filosofía antigua –ninguna corriente lo es–, sino más bien la etapa final de una tradición. Y los propios escépticos del helenismo ya fueron conscientes de formar parte de ella, hasta tal punto que se esforzaron en dejar por escrito interpretaciones escépticas de los autores anteriores a ellos mismos que consideraban parte de esa sucesión de antecedentes pre-

escépticos. Así, una visión escéptica de Jenófanes, Heráclito, los atomistas y algunos otros filósofos presocráticos desempeñó un papel importante en la construcción de la identidad de esta corriente de pensamiento.

Dentro de esa tradición no todo es «igual de escéptico». El nivel de cuestionamiento del conocimiento que se encuentra en cada etapa es diferente. Como en el cauce de un río, los saltos de agua cercanos a la fuente no se parecen demasiado a los remansos que se aproximan a la desembocadura, y cuanto más se remonta uno hacia el punto de partida, más difícil resulta distinguir el río de sus afluentes. Tan difícil es tener claro cuándo puede empezar a llamarse «escéptico» a este pensamiento cambiante y complejo que resulta problemático señalar a un pensador y decir de él «este es el iniciador del escepticismo» sin que se entable de inmediato una polémica entre los especialistas. Cada autor ha entendido de un modo distinto de dónde partió el primer impulso escéptico, y a lo largo del tiempo se ha atribuido el título de primer precursor del escepticismo a muchos pensadores distintos. Por lo general, casi como una forma de llegar a un acuerdo de mínimos, suele considerarse a Pirrón el primer escéptico en sentido pleno, aunque como veremos esa atribución está lejos de no ser problemática. El maestro de Pirrón, Anaxarco de Abdera, tiene un pensamiento tan próximo al de su discípulo que también podría considerarse merecedor de encabezar la exposición de esta corriente. Y algo semejante puede decirse del maestro de este, Metrodoro. Y, como punto de partida tanto de Anaxarco como de Metrodoro, podemos situar las tesis epistemológicas y éticas de Demócrito, un filósofo que nos es habitualmente más familiar en su vertiente física como postulador de la existencia de los átomos. Pero, en efecto, los propios escépticos durante la época de apogeo de la corriente solían hacer referencia a pensadores muy anteriores a la hora de buscar sus precursores filosóficos. Y todos ellos han de ser tenidos en cuenta si se quiere comprender por qué surge una corriente de pensamiento que contempla el mundo desde la pregunta y la duda.

Un posible punto de partida del cuestionamiento radical de todas las tesis en filosofía se encuentra en el sofista Gorgias, uno de los pensadores más críticos de su tiempo, en concreto en su tratado *Sobre el no-ser o sobre la naturaleza*. Allí, Gorgias plantea con toda crudeza la duda más despiadada acerca de la capacidad del lenguaje para comunicar o la capacidad del pensamiento humano para representarse la realidad, e incluso un profundo cuestionamiento que atañe a la existencia misma. Por ello, la sofística en general y Gorgias en concreto merecerán una exposición detenida dentro de este mismo capítulo.

Sin embargo, para todo el que haya leído los diálogos de Platón o conozca el panorama intelectual de la Atenas del siglo v a. n. e. está bastante claro que un sofista no es un escéptico, o al menos no en el sentido que hemos expuesto en el capítulo anterior. Es más, podría incluso decirse que los sofistas en general eran bastante dogmáticos; relativistas, pero dogmáticos a pesar de todo. O incluso quizás dogmáticos *a causa de* su relativismo, pues por estar tan convencidos de que la verdad es relativa, de que todo ser humano está siempre en la verdad porque «la verdad» no es otra cosa que «lo que a uno le parece verdad», inevitablemente consideran que *están en la verdad* aunque esa verdad no vaya más allá de su espacio subjetivo. Por eso, quizá el papel cuestionador y crítico se lo atribuyamos con más frecuencia al gran oponente de los sofistas en el debate público de la Atenas de la época: Sócrates. Y, en efecto, toda una rama del escepticismo –el escepticismo académico– coincidirá con esta visión y tomará a Sócrates por el punto de partida principal de este tipo de pensamiento. Por ello, además de por lo que sobre Sócrates nos cuentan las fuentes, será necesario que también a este gran filósofo ateniense le dediquemos un apartado dentro de este capítulo.

Pero, como mencionábamos al principio, tanto los especialistas contemporáneos como los textos de los propios escépticos no se han detenido ahí. Antes de Sócrates y los sofistas, antes del siglo v y la Ilustración griega, ya vieron indicios de escepticismo en otros filósofos, los llamados «presocráticos», que quizá en un primer momento no nos parezcan relacionados con esta corriente. Al fin y al cabo, los presocráticos son filósofos de los que podríamos llamar «de tesis fuertes», de los que sostienen doctrinas novedosas y arriesgadas sobre la naturaleza del mundo. De hecho, por sostener esa clase de doctrinas es por lo que en la Antigüedad se los denominaba investigadores *perì phýseos*, investigadores sobre la naturaleza. Pero al tiempo que sostuvieron sus interpretaciones sobre la naturaleza del universo, también desarrollaron los rudimentos de un método totalmente nuevo en su momento, un método basado en la capacidad de la pregunta planteada sin cortapisas para conducir la investigación hacia nuevos territorios. Es por ese modo de preguntar que los presocráticos ensayaron, y por lo que hicieron con él algunos de los más importantes representantes de esta etapa del pensamiento (como Jenófanes, Parménides, Heráclito y otros muchos), por lo que estos primeros filósofos de la Historia pueden reclamar un espacio al principio de cualquier exposición de la naturaleza del escepticismo.

Los primeros indagadores: de Homero a Heráclito

Al tratar el tema del inicio de lo que él llama «la secta de los escépticos»[1], Diógenes Laercio dice que algunos de sus integrantes consideran nada menos que a Homero el iniciador de esta clase de pensamiento. Así, dicen que Homero, más que ningún otro autor, expresa siempre

---

1. El término «secta» en este contexto alude sencillamente a un grupo o sección de pensadores con rasgos comunes y no tiene ninguna de las connotaciones con las que empleamos hoy esta palabra en el ámbito religioso y social. Para estos autores se trata, en la práctica, de casi un sinónimo de «escuela», o incluso tiene un sentido más suave dado que una secta filosófica no tiene por qué ser un grupo institucionalizado en modo alguno.

sobre un mismo tema ideas diferentes sin llegar nunca a decantarse por unas o por otras, es decir, sin llegar a afirmar o negar ninguna tesis; sin hacer ninguna declaración dogmática. Sin embargo, como bien expone Victor Brochard al respecto, «la movilidad de espíritu y la inconsistencia de los pensamientos son muy diferentes de la duda»[2]. Sostener cosas diferentes cada vez no es ser escéptico. Y el deseo constante de los griegos de apoyarse siempre en Homero como en un puntal básico sobre el que reposa toda su civilización puede haber llevado a algunos de estos pensadores a atribuirle posturas escépticas que no pueden encontrarse en él. Homero es, por supuesto, un factor importante del cúmulo de elementos que hizo a los griegos llegar a ser como fueron. Pero si Homero sostiene cada vez cosas diferentes sobre los mismos temas es por un conglomerado de circunstancias que no supone una posición filosófica al respecto: en primer lugar, lo que Homero hace es literatura, en concreto una literatura poética que se concibe a sí misma como producto de una inspiración sagrada y que está plagada de personajes míticos y épicos de orígenes diversos y situados en contextos mutables y variados. Y en segundo lugar, con toda probabilidad Homero no es un único autor, sino más bien el nombre que hemos dado en atribuir a un conjunto heterogéneo de manos de escritura, de voces de recitación; el nombre del conjunto de

2. Sobre esto, véase V. Brochard, *Los escépticos griegos*. Losada, Buenos Aires, 2005, p. 9.

transmisores de todo un amplísimo caudal de tradiciones míticas mucho más antiguas que esas manos y esas voces. Si hay algo en esa amalgama de textos que llamamos «homéricos» que podamos considerar que de algún modo es causante del escepticismo griego es el hecho de que en ellos, y todavía más en los de Hesíodo, se transmitió al pueblo heleno un espíritu de apertura a la diversidad de interpretaciones y un afán de búsqueda que marcó el carácter de Grecia en su conjunto. Cuando Hesíodo da inicio a su *Teogonía*, no se erige a sí mismo en autoridad sobre el mito, ni siquiera se sitúa como creador del relato, como autor, sino que se identifica como mero pastor que canta y transmite las enseñanzas de las Musas. Y las Musas, hijas de Zeus y la Memoria, no son diosas de la verdad unívoca e inquebrantable, sino diosas que inspiran ficciones verosímiles pero que, cuando quieren, saben ensalzar la verdad. La verdad se transmite a través de la verosimilitud. Ficción y verdad se entremezclan, así, en los relatos por ellas inspirados, y al tiempo ha de entenderse que ninguno de esos relatos es por completo ajeno a lo verdadero y ninguno es radicalmente cierto y excluyente respecto de cualquier otro punto de vista. El griego, ante los mitos relatados por Hesíodo y Homero, se ve forzado a la interpretación, a la crítica y a la apertura a lo distinto.

Así, los textos homéricos y hesiódicos son en gran medida los causantes de que el carácter griego estuviera en general bien dispuesto hacia la diversidad de la interpretación. Pero donde ese carácter adquirió los primeros rasgos de lo que conocemos como «actitud escéptica» fue en la filosofía.

Lo que encontramos en las primeras figuras de la filosofía como tal, aunque enraizado en Homero y Hesíodo, va más allá de una mera apertura a lo distinto. Los primeros filósofos griegos construyeron sus visiones del mundo y de la vida empleando como una de sus herramientas más destacadas la duda. No, por supuesto, cualquier duda, sino la duda consistente y sensata, la duda fundada que permite poner en tela de juicio lo menos válido, lo menos coherente, y sustituirlo por algo mejor en términos racionales o empíricos. Podríamos considerar, por ello, que se trata ya de filósofos escépticos, pero si le diéramos ese sentido al término, ¿qué filósofo de la Historia no lo sería? Es connatural a la filosofía desconfiar de lo que parece que no necesita que le dediquemos desconfianza alguna. Desde la más asentada de las tradiciones de nuestros abuelos hasta el discurso más seductor emitido por los poderosos de nuestra comunidad, pasando por las inercias cotidianas de la vida o incluso la información que nos aportan nuestros propios sentidos, todo ello es parte de lo que el filósofo acostumbra a poner en duda. El trabajo del filósofo es siempre cuestionador, y lo fue desde el momento mismo en que la filosofía nació como disciplina en las colonias griegas de Asia Menor. Pero eso no implica que toda la actividad filosófica pueda considerarse una forma de escepticismo. Llamar «escépticos» a los presocráticos, a los filósofos del siglo VI a. n. e. o incluso de principios del V, sin duda, es forzar el término «escepticismo» hasta diluirlo casi por completo. Pero quizá sí podamos decir que en aquellos pensadores se encuentran en germen rasgos que acabarán creando las condiciones en las que el escepticismo pudo aparecer y desarrollarse unas generaciones después.

Pongamos por ejemplo a Heráclito de Éfeso, uno de los más destacados filósofos presocráticos, pero también uno de los más complejos y difíciles de entender. Autor de un único libro que solo se conserva parcial y fragmentariamente, que debió de perderse como obra íntegra muy pronto y que ha pasado a la posteridad como el principal inspirador del género del aforismo. Los propios griegos lo apodaron «el oscuro» por lo difícil que les resultaba interpretar sus frases. Y sin embargo es uno de los pensadores más citados de la historia. Y los escépticos de época tardía no fueron una excepción en este sentido. Sexto Empírico, en concreto, cita con frecuencia frases suyas y hasta reconoce la proximidad (dentro de la diferencia) entre heracliteísmo y escepticismo. Y también en el escéptico del siglo I a. n. e. Enesidemo encontramos muestras de una importante valoración de las posiciones heraclitianas. Esa proximidad, que no puede confundirse con *identidad*, entre los planteamientos de los pirrónicos y los heraclitianos es lo que justifica que Heráclito pueda entenderse como un paso hacia el escepticismo, pero también pueda entenderse de muchas otras maneras.

A causa de su estilo poético, lleno de metáforas y casi oracular, y debido también al hecho de que su filosofía ha llegado hasta nosotros solo en forma de fragmentos breves, desordenados y sin contexto, no resulta nada fácil decantarse por una de las muchas interpretaciones que se han planteado de su pensamiento. Algunos de los primeros cristianos lo consideraron casi un profeta de su credo; entre los marxistas se lo ha tenido por precursor del materialismo dialéctico; los nietzscheanos lo leen como heraldo de la voluntad de poder... Todos ellos pueden tener algo de razón. O puede que todos estén por completo equivocados. La lectura que más frecuentemente se ha hecho de su filosofía es la que lo convierte en una especie de opuesto de Parménides. En realidad es muy probable que esa oposición no estuviera jamás en la mente de Heráclito, no solo porque él no es meramente el filósofo del «todo cambia» –frente al supuesto «nada cambia» parmenídeo– sino sobre todo porque, según todos los indicios que tenemos, desde su Éfeso natal jamás tuvo noticia de que un tal Parménides existía al otro lado del Mediterráneo, en el sur de Italia. Pero como ese es el modo en que lo interpretó Platón, y la opinión de Platón siempre ha pesado mucho, gran parte de la historia del pensamiento ha visto en Heráclito un filósofo del devenir. Así, la tesis heraclitiana que más ha llegado a ser conocida por el gran público es la que dice que *no te puedes bañar dos veces en el mismo río* porque aguas distintas corren sobre ti.

Sin embargo, el cambio universal no es ni mucho menos el tema al que más fragmentos del libro que escribió Heráclito están dedicados. En realidad, hay varios otros que ganan en importancia (al menos numérica) al tema del cambio en lo que nos ha llegado de ese libro: el tema de la Razón universal (el *Lógos*), el tema del fuego generador y el tema de la contradicción. Este último es el que permite entender a Heráclito como un cierto tipo de antecedente del escepticismo. No es que Heráclito vaya a sostener lo mismo que siglos después sostendrá Sexto Empírico, por supuesto, pero sí que hay al menos una parte de su filosofía que permitirá a Sexto y a otros integrantes del escepticismo ver en Heráclito un lejano antepasado. Y esa parte de su pensamiento es la que entiende que nada puede ser conocido adecuadamente sin comprender su tensión, su conflicto interno y su contradicción. En un universo convulso como el que nos rodea todo puede concebirse como definido por sus contradicciones, por sus enfrentamientos tensionales. Todo lo que existe consta de partes enfrentadas que a su vez son, dentro de su enfrentamiento, armónicas. Todo tiene una suerte de polaridad interna; polos en conflicto que hacen que sea lo que es. Una cierta unión de los opuestos subyace a toda oposición. Y por ello mismo nada puede ser entendido de manera simple, sin tener en cuenta su multiplicidad interna, sus diferentes dimensiones y facetas y, sobre todo, su conflictividad. Por ese motivo una gran parte de los fragmentos de Heráclito hacen alusión a los modos en los que se da el conflicto entre opuestos.

La contradicción aparece tratada en los textos de Heráclito de maneras muy diferentes. En ocasiones nos habla del modo en que las cosas pasan de un polo a su contrario: la noche se convierte en día, el invierno en verano, los jóvenes envejecen, los despiertos se duermen, los hambrientos se sacian. Todo parece estar regido en el mundo por ciclos de cambio entre opuestos. Otras veces habla de los contrarios como polos que se dan en la misma cosa a un tiempo. Dos aspectos diferentes, dos sentidos, conviven en el mismo objeto. El camino hacia arriba es el mismo que el camino hacia abajo[3]. Basta con cambiar la perspectiva. También aparece la contradicción en la esfera valorativa: no se puede valorar lo bueno sin lo malo o lo agradable sin lo desagradable. Para entender y valorar la salud es necesario conocer la enfermedad. Para entender y valorar la saciedad hay que conocer el hambre[4]. Pero entre todo ese conjunto de modos poéticos y metafóricos de tratar la contradicción por parte de Heráclito aparece también uno que sentará la base para algunos de los mejores argumentos escépticos de la historia: la relatividad de la percepción.

En efecto, Heráclito parece defender que no existe una diferencia de por sí entre lo que percibimos como agradable y lo que percibimos como desagradable. La diferencia se encuentra en quien los percibe de tal modo (en el «sujeto», diríamos en terminología contemporánea). Así, el mismo objeto que es percibido como agradable por un sujeto puede resultar desagradable para otro. Y algo similar ocurre con lo valioso y lo inútil, lo placentero y lo doloroso y otros opuestos similares. «Los asnos

3. DK 22 B 60.
4. DK 22 B 111.

prefieren los desperdicios antes que el oro»[5]. Y «los cerdos disfrutan más del lodo que del agua clara»[6]. Y aunque estos ejemplos puedan leerse como referencias al *error* de asnos y cerdos, los escépticos optarán por interpretarlos como muestra de la *diferencia* entre nuestra manera de percibir los valores de las cosas y la de otras especies u otros sujetos. Y, si se da esa diferencia, entonces no es tan fácil determinar cuáles son los valores o cualidades reales de las cosas con independencia de quién las perciba.

A partir de las sentencias de Heráclito se genera un nuevo tema filosófico que hasta ese momento no se había dado: la puesta en cuestión de los valores absolutos. ¿Podemos decir de algo que es valioso de por sí si hay algunos, aunque estén en minoría, que no lo valoran? ¿O tendremos que admitir que los valores son relativos? Este tema tendrá una primera recepción de mucha importancia entre los sofistas, defensores de la relatividad de todas las cosas. Y una segunda recepción, más problemática, entre los escépticos. Los sofistas, ante el nuevo tema, responderán con entusiasmo que, en efecto, nada puede ser tomado absolutamente porque todo es relativo, incluida la verdad. Los escépticos, ante esta cuestión suscitada por Heráclito, darán una respuesta más compleja y en apariencia menos radical: yo no puedo saber si las cosas son por sí mismas absolutas o relativas. No pue-

5. DK 22 B 9.
6. DK 22 B 13.

do afirmar que la verdad es independiente del sujeto, pero tampoco que depende del sujeto. Lo más que puedo asegurar es que a mí se me da de manera relativa.

Recordemos, de nuevo, para ilustrar el problema con más claridad, el ejemplo tópico de la miel. Desde la perspectiva heraclitiana, la miel es dulce y es amarga. Es, pues, contradictoria, conflictiva y al tiempo unitaria, armónica. Y lo es porque, aunque la mayoría de la gente la percibe dulce, los enfermos de ictericia la notan amarga. De esto, los sofistas, defensores del relativismo ontológico, sacan como conclusión que la miel *es* dulce para quien la siente dulce y amarga para quien la siente amarga. En cambio los escépticos, enemigos de toda afirmación tajante sobre lo que no es manifiesto, consideran que no pueden saber si la miel es dulce o amarga, solo que les parece dulce si la sienten dulce y les parece amarga si la sienten amarga. La naturaleza de la miel por sí misma nos está vedada; solo podemos hablar de su apariencia.

La crítica de la tradición en Jenófanes y Parménides

Uno de los puntos de partida más importantes de los que la tradición antigua nos dice que surgió el pensamiento escéptico es el que suponen los poemas filosóficos de Jenófanes y Parménides. Ambos son integrantes destacados de la generación de pensadores anterior a Sócrates y Platón; y ambos comparten también la caracte-

rística de abrir caminos para el pensamiento muy fructí-
feros pero, al tiempo, inesperados y paradójicos por la
fuerza de su crítica contra los puntos de vista asumidos
en su propio tiempo.

Entre los testimonios antiguos que nos hablan de estos dos filósofos como precedentes del escepticismo destaca un párrafo de Aristocles de Mesina en el que se nos
dice lo siguiente:

> De Jenófanes se hizo discípulo Parménides, y de este, Meli-
> so, y de él, Zenón, y de él, Leucipo, y de él, Demócrito, y de
> él, Protágoras y Nesa; de Nesa se hizo discípulo Metrodoro,
> y de él, Diógenes, y de él, Anaxarco. De Anaxarco se hizo
> compañero Pirrón, por quien fue constituido el discurso
> de los llamados «escépticos»[7].

El pasaje muestra que Aristocles, al tratar de remon-
tarse a los orígenes del discurso pirroniano, considera
que parte de Jenófanes, y más concretamente de la influencia de Jenófanes en Parménides. Hoy, en general, la
mayoría de los especialistas no consideran que Parménides fuera discípulo directo de Jenófanes, pero está fuera
de duda que la lectura de la obra de este influyó de manera decisiva en la formación de la postura filosófica
parmenídea. Y tiene todo el sentido vincular ambas con
las raíces más antiguas de lo que luego acabará siendo la
crítica escéptica.

---

7. Aristocles *apud* Eusebio, *Praep. Evang.*, XIV, 17, 10.

Jenófanes de Colofón fue, además de filósofo, un gran poeta elegíaco con una destacada fuerza expresiva que ponía al servicio de la exposición de ideas muy novedosas para su tiempo. Algunos fragmentos importantes de su obra se han conservado y nos permiten asomarnos a su literatura brillante y a su perspectiva original y sagaz sobre la realidad. En especial resulta interesante la manera en que planteaba la cuestión de la naturaleza y el papel de los dioses. Su perspectiva sobre este tema era contraria a la de los poetas que habían fundado la cultura griega, como Homero y Hesíodo, que retrataban a los dioses en sus obras aplicándoles parámetros humanos. Jenófanes rechazaba el antropomorfismo de estos retratos de los dioses por injustificado. No hay nada que nos muestre la naturaleza divina como equivalente de la nuestra más allá de la supuesta inspiración sagrada con la que los poetas han escrito sus textos y la voluntad que tenemos de concebir a los dioses como similares a nosotros. Pero ese saber inspirado debe ser sustituido por uno que tenga como base nuestra propia indagación. Homero y Hesíodo habrían atribuido a los dioses todo tipo de comportamientos vergonzosos y censurables propios de los seres humanos[8], incluidos el robo, el engaño recíproco, el adulterio, la ira irracional o la envidia. Y la causa de esa descripción se encuentra en nuestra naturaleza. A partir de esta reflexión, se plantea en Jenófanes una profunda crítica contra nuestra manera de con-

---

8. Sexto Empírico, *Adv. Math.*, IX, 193, 289.

cebir lo que desconocemos: lo reflejamos proyectándonos injustificadamente en ello.

Pero si los bueyes, los caballos o los leones tuviesen manos y con las manos pudiesen pintar y producir obras de arte como los hombres, los caballos dibujarían las formas de los dioses también semejantes a los caballos, los bueyes a los bueyes, y harían los cuerpos cada cual de suerte que tuvieran el aspecto de ellos mismos[9].

Esta crítica ataca el centro mismo de la religión griega tradicional y de la cultura y la estructuración social que se había generado alrededor de ella: la forma narrativa humanizada de los mitos. La cosmovisión helena de aquel tiempo ubicaba al ciudadano haciendo que el mundo respondiera a parámetros familiares para él. El mundo era cognoscible y hasta cierto punto confortable porque aparecía expuesto en los relatos míticos a través de sentimientos, valores y actos humanos que ejercían de referencias y ayudaban al ciudadano griego a lidiar con la realidad y consigo mismo. Pero si todo ello es falso, si proviene de una proyección que no describe cómo es el mundo, plantea Jenófanes, entonces esa confortabilidad que confiere no es más que una falsedad, un autoengaño del ser humano que debe ser desvelado como carente de justificación. Tan acertados estaremos cuando nos digamos que los dioses son como nosotros

9. Clemente, *Strom.*, V, 110.

como lo estarían los bueyes y los caballos si se dijeran lo mismo.

Esta forma tan inicial, tan antigua y a la vez aguda y certera de crítica cultural es la que llevará a que escépticos muy posteriores, como Timón de Fliunte, vean en Jenófanes uno de los pocos pensadores anteriores a Sócrates que son dignos de respeto y admiración por su actitud filosófica. Y será también uno de los motivos por los que Jenófanes influirá de manera tan profunda en Parménides. De hecho, este inicial impulso preescéptico que encontramos en Jenófanes sería muy difícil de vincular con el pensamiento escéptico maduro de los siglos posteriores sin pasar por Parménides y sus seguidores Zenón y Meliso. Jenófanes se cuestiona la visión de la realidad heredada de la mitología; Parménides da un paso más y pone en tela de juicio toda la concepción del mundo que se da por válida por inercia a causa, además de la tradición cultural, de la pura costumbre. En su Poema, del que también conservamos partes llenas de vigor y de potencia crítica, Parménides defiende la falta de correspondencia entre las opiniones que sostenemos sobre las cosas y el modo en que las cosas son o, para ser más precisos, entre lo que creemos que es verdad y la verdad, entre la apariencia de ser y el verdadero ser. Se trata del primer autor de la historia del pensamiento que produce un discurso filosófico consagrado por entero a la noción de «ser», lo que lo convierte en el primer pensador en cultivar la ontología, siglos antes de que esta disciplina tuviera incluso nombre.

Como es sabido, en su Poema una diosa innominada muestra al mortal que llega ante ella los dos únicos caminos de indagación que son posibles: el que estudia lo que es y el que se contenta con recorrer la senda de lo que parece ser. En ocasiones se ha tratado de ver en esta distinción una ruta de estudio del ser, por un lado, y otra de un supuesto estudio del no-ser, de la nada, por el otro, pero Parménides es muy claro en que eso no es lo que él plantea como disyuntiva para el lector elija, pues ese supuesto camino de estudio de lo que no es en sentido absoluto «es sendero totalmente inescrutable. Y es que no podrás conocer lo que no es –no es alcanzable– ni tomarlo en consideración»[10]. La nada absoluta –la plena ausencia de ser– no puede ser concebida. No hay nada que decir ni que pensar de lo que no es nada en absoluto. La nada no se puede estudiar ni definir, ni tampoco hay nadie que lo haya intentado. La nada, de este modo, no es el gran problema de la ontología de Parménides. Lo que nos desvía de conocer con plenitud *lo que es* no es ese opuesto radical, sino un elemento mucho más problemático: las opiniones humanas. En el terreno de la opinión no se da la absoluta ausencia de la verdad, sino la mezcla de lo verdadero y de lo falso. Cuando opinamos, no sabemos si opinamos con verdad o si nos equivocamos porque no distinguimos con claridad el ser y el no ser, sino que, arrastrados por la costumbre, *ser y no ser nos parecen lo mismo y no lo mismo*, como dice el

10. DK 28 B 2.

autor en el fragmento 6 de su Poema. Y esta vía opinativa sí que ha sido recorrida por muchos, que se contentan con abrazar sus propias opiniones o las de aquellos que son capaces de convencerlos. Las opiniones (múltiples, diversas, variadas e inestables) no dependen de la verdad, sino de la naturaleza humana. Dependen, por tanto, de nuestra visión del mundo, y no del mundo en sí mismo. Son, de algún modo, nuestras criaturas. Y heredan nuestra confusión, nuestra desorientación, que Parménides expresa en su texto llamándonos *díkranoi*, 'bicéfalos': todo lo contemplamos como con dos cabezas, incapaces de ponerse de acuerdo entre sí. Por eso nuestras opiniones reposan, a menudo, sobre contradicciones e inconsistencias de nuestra mirada a la realidad.

Nuestra capacidad para emitir opiniones no nos basta para exponer, distinguir y aceptar lo que verdaderamente es porque la opinión está confusamente compuesta de lo verdadero y de lo falso, entremezclados de tal modo que no logramos discriminar lo acertado y lo desacertado en nuestras hipótesis. Por ello le dice la diosa del poema al mortal que la escucha:

Así que aparta tu pensamiento de esta vía de indagación y no permitas que la rutina que se origina en la mucha práctica te fuerce a encaminar por esa vía un ojo desatento y un oído y una lengua resonantes; en vez de eso, juzga mediante la razón la prueba muy argumentada que te he propuesto[11].

11. DK 28 B 7.

Los ojos, los oídos y la lengua que aparecen en este fragmento no son mencionados, como puede apreciarse, en cuanto órganos de los sentidos; la lengua es, aquí, el instrumento de la comunicación, el símbolo del «se dice» que tanto peso tiene en las opiniones humanas. Y algo similar ocurre con el oído, el órgano que recoge las habladurías «resonantes», el símbolo del «ruido informativo» que nos aleja de la verdad. El ojo desatento es, por su parte, el símbolo de la falta de rigor en la observación, el ejemplo perfecto de eso que los escépticos en momentos posteriores intentarán evitar proponiendo la mirada cuidadosa de la *sképsis* como método con el que enfrentarse con el mundo. La gran contraposición de la que nos habla Parménides es la que enfrenta a la verdad y la opinión, que deriva, a su vez, en el enfrentamiento entre dos modos de discurso: el *lógos,* con el que buscamos ir más allá de nuestro parecer y alcanzar a describir la realidad tal como es, y el *épos*, el discurso de la épica y la mitología, que se contenta con relatar, como la tradición griega siempre había hecho, narraciones verosímiles (aunque no verdaderas) sobre las que la comunidad pueda asentarse cómodamente sin cuestionárselas.

Por esta toma de posición crítica frente a la tradición, Jenófanes y Parménides ocupan un lugar destacado en el inicio de la línea de pensamiento que acabará produciendo el escepticismo. La influencia de ambos es, por supuesto, mucho más amplia. Sin ellos no habría habido después un Leucipo, ni un Demócrito, ni un Platón, ni un Aristóteles... Pero para entender adecuadamente por qué y cómo la cultura griega llegó a formular una posición teórica tan radical como el escepticismo es importante que atendamos a que tampoco un Pirrón, un Enesidemo o un Sexto Empírico podrían haber existido (y haber sostenido lo que sostuvieron) si no hubieran tenido como antecedente a dos pensadores dispuestos a oponerse frontalmente a la inercia de su propia cultura, como Jenófanes y Parménides.

Los sofistas como cuestionadores

A propósito de Heráclito, unas páginas más arriba aludíamos a los sofistas como intérpretes del tópico que señala que las cosas son contradictorias. Recordemos que allí decíamos que su visión de las implicaciones de esa contradicción es diferente a la de los escépticos. Si la miel, según el ejemplo que poníamos, es percibida como dulce por la mayoría de la gente, pero es sentida como amarga por los enfermos de ictericia, como sostienen los textos antiguos, los sofistas deducen que en realidad la miel no es ni dulce ni amarga de manera absoluta, sino que es dulce para quien la percibe dulce y amarga para quien la percibe amarga. En cambio, ante el mismo ejemplo, los escépticos sostienen que no se puede saber si la miel es dulce o amarga de manera absoluta, o si lo es de manera relativa en sí misma; solo se puede asegurar, afirman ellos, que a quien la siente dulce le *parece* dulce y a quien la siente amarga le *parece* amarga. Esta diferencia será la gran línea de separación de dos movimientos, el sofístico y el escéptico, caracterizados ambos por el cuestionamiento, pero orientados de maneras muy diferentes entre sí.

Lo sofistas fueron el más importante movimiento cultural griego del siglo v a. n. e. Al inicio del periodo de surgimiento de la democracia en Atenas, estos pensadores aparecieron en el panorama intelectual anunciándose como maestros de retórica y asesores político-jurídicos. Fueron grandes discutidores, siempre dispuestos a enzarzarse en polémicas entre sí o con otros filósofos sobre cualquier tema de interés social y humano.

El nombre que se les dio, «sofista», es un derivado de la palabra *sophía*, que significa 'sabiduría'. Pero no se trata de sabiduría en el mismo sentido en el que empleamos el término hoy nosotros. La sabiduría griega es el conocimiento o la habilidad relativa a un determinado campo –un arte, una técnica–. El que la posee es un *sophós* (un 'sabio'); y el que la posee en grado sumo es un *sophistés*. Por tanto, decir de alguien que es un sofista es, en un primer momento, decir de él que es sumamente sabio, que posee un acceso especial (privilegiado) a un saber de algún tipo. Y esto no puede ser más opuesto de lo que un escéptico asegura ser. Si el sofista es el sabio en grado sumo, dotado de un acceso privilegiado al saber, el escéptico es el que se considera ignorante en grado sumo, el que es consciente de su ignorancia y de su incapacidad para acceder a saber privilegiado alguno. Ambos tipos de filósofo tienen, por tanto, muchos más elementos constitutivos que los separan que los que los unen. Pero los escasos puntos en común entre ambos resultan lo bastante interesantes como para detenerse en ellos. Y el más destacado de todos es la capacidad para la puesta en cuestión de aquello que se da por asumido. Tanto el sofista como el escéptico son personajes críticos, figuras cuya presencia garantiza la actitud inquisitiva respecto a toda inercia social, cultural y sobre todo mental[12]. Y aunque muchos de sus rivales intelectuales siempre les negaron ese tipo de cualidades positivas, el hecho es que algunos de los mayores desafíos para el pensamiento griego más tradicional se generaron en el seno de estas dos corrientes.

Uno de esos rivales intelectuales que mencionábamos fue Platón, que, a través del personaje de su maestro Sócrates, en sus diálogos contribuyó a generar una visión tan negativa de los sofistas que el nombre de la corriente quedó marcado para la historia del pensamiento casi como un insulto. Una suerte de acusación de argumentar de manera falaz y de mala fe. Pero en su origen «sofista» no era más que el modo de designar una profesión. El sofista es un trabajador de la educación ciudadana, un maestro que aparece en Grecia vinculado con la democracia porque en ese nuevo y experimental sistema político se hace necesaria una formación de orden superior a

---

12. Sobre esto, véase J. Solana Dueso, *Los sofistas, testimonios y fragmentos.* Alianza Editorial, Madrid, 2013, pp. 45-47; G. B. Kerferd, *El movimiento sofístico.* Punto de vista, Madrid, 2022, pp. 33-68; R. McKirahan, *The Sophists.* Routledge, Londres / Nueva York, 2025, pp. 1-16.

las que se habían producido hasta entonces. Hasta ese momento, la educación en el mundo griego había consistido en una capacitación en el uso de la lengua combinada con algo de música, aritmética y gimnasia. Y todo el proceso educativo del joven griego terminaba a los catorce años. Pero cuando se postula la idea de que todo el pueblo (el *dêmos*) se gobierne a sí mismo, de que el rumbo político de la ciudad lo decida de manera colegiada todo el conjunto de la ciudadanía, esos rudimentos educativos tradicionales se quedan muy cortos. Y es en este punto en el que los sofistas ofrecen sus servicios como maestros, como formadores de ciudadanos. Puede decirse que, de hecho, los sofistas inventaron la noción misma de educación superior. En concreto, una forma de educación superior que tendrá como objetivo la preparación del ciudadano para ejercer sus responsabilidades políticas y jurídicas y, por ello, estará centrada en cuestiones de derecho, economía, sociedad, ética y, sobre todo, oratoria.

En aquel joven sistema de gobierno en el que las decisiones se van a tomar discutiendo y votando, ser capaz de exponer oralmente las razones para tomar una decisión u otra es esencial. La palabra es el factor decisivo. Antes lo eran otros elementos como el linaje, la fuerza o el designio divino. Ahora lo es la razón, pero la razón expuesta a través de palabras. Palabras que tienen que resultar convincentes para cumplir su función. Por eso pasa a ser tan importante saber argumentar, entender qué razonamiento convence y cuál no, saber exponer el punto de vista propio y saber criticar el del oponente.

No basta con dominar el vocabulario y la gramática: hay que aprender a dominar las herramientas del lenguaje. Y eso es lo que el sofista puede enseñar. Es un maestro técnico; enseña las técnicas de composición de discursos persuasivos; enseña a argumentar de tal manera que uno parta de la posición más débil en la discusión y al final, cuando se pasa a votar, se encuentre en la posición más fuerte. Todo esto nos suena mucho a nosotros, ciudadanos de las democracias modernas en las que tan presente está la persuasión en los argumentos políticos. Pero hemos de fijarnos más que nada en que en su origen enseñar a pronunciar discursos de esta forma supuso de manera inevitable enseñar a los ciudadanos a argumentar críticamente. ¿Qué podrá enseñar un sofista a poner en cuestión de cuanto pueda discutirse en la asamblea? Cualquier cosa. Por tanto, ¿qué estaba enseñando a su cliente que *puede* ser cuestionado? De nuevo la respuesta es tajante: todo. Tanto las ideas de nuevo cuño como las de profundo arraigo en la tradición; tanto la costumbre propia como la ajena; tanto lo en apariencia más fundamentado como lo menos respaldado por la evidencia. Absolutamente todo es cuestionable.

Protágoras y la verdad

El iniciador de esta corriente de pensamiento fue Protágoras, el más famoso de los sofistas. Nació en la ciudad de Abdera, en la costa de Tracia, una polis remota que, a pesar de encontrarse apartada de los grandes núcleos culturales de la Hélade, ha dado a la historia grandes pensadores, como Demócrito y Anaxarco. Pero puede que Protágoras sea el ciudadano abderita que más peso cultural ha tenido en el desarrollo del pensamiento griego. Sus tesis fueron la base sobre la que trataron de construir su visión del mundo todos los demás integrantes del movimiento sofístico. Su manera de entender la naturaleza de la ley fue esencial para la fundamentación teórica de la democracia. Y su modo de concebir la noción de verdad fue revolucionario en su tiempo y aún hoy es el núcleo de una polémica activa y vigorosa. Los temas que le interesaron, más apegados a la realidad práctica y a la vida social que los que trataron sus antecesores, son tan diferentes de las preocupaciones de la etapa anterior que puede decirse que abren una nueva época. Él fue el primero en considerar al ser humano el incuestionable centro de la investigación intelectual. Y quizá es tan acreedor como Sócrates del mérito de haber sido *quien trajo la filosofía del cielo a la tierra*.

De la obra de Protágoras conservamos muy pocas líneas literales. La más conocida de ellas, a menudo considerada el punto de partida de toda su filosofía, es la siguiente: «El hombre es medida de todas las cosas: de las que son en cuanto que son y de las que no son en cuanto que no son»[13]. A partir de esta frase plantea Protágoras toda una nueva visión de la realidad y del ser hu-

13. DK 80 B 1.

mano que llamamos «teoría del hombre-medida». Se trata de todo un nuevo programa conceptual para la filosofía, contrapuesto al que hasta ese momento habían desarrollado los presocráticos. Mientras que estos últimos habían planteado una orientación de la investigación eminentemente especulativa, Protágoras plantea dejar de lado la especulación y sustituirla por un nuevo modo de pensar fundado sobre lo experiencial. Así, la investigación debe erigirse a partir de entonces sobre la máxima de «no rebasar el ámbito de la experiencia humana»[14]. Es imposible conocer las cosas por sí mismas. Empeñarse en intentarlo es abocar toda investigación al fracaso. La alternativa que nos queda, entonces, es conocer a través de la experiencia y asumir que lo que conocemos de ese modo es relativo al sujeto que experimenta. Es decir, por un lado Protágoras es una suerte de empirista, que reconoce y destaca la importancia del conocimiento fundado en la experiencia directa, pero por otro es también el primer relativista, porque entiende que ese conocimiento está circunscrito al individuo que lo vive. El hombre es, así, la medida de todas las cosas porque lo único que se puede decir de las cosas es lo que el hombre *siente*, *percibe*, *mide* de ellas.

De esta visión del ser humano como medida de la realidad se derivan dos clases de consecuencias, ambas cruciales: las de carácter político y las de carácter ontológico.

14. T. Calvo Martínez, *De los sofistas a Platón: política y pensamiento*. Cincel, Madrid, 1986, p. 89.

Las consecuencias políticas tienen que ver con la justificación de las decisiones de la comunidad. Si el ser humano, y no la verdad absoluta, es la medida de la realidad, entonces la dirección política que siga la ciudad no ha de estar supeditada a conocer cómo es el mundo, sino a cuantificar qué se opina de él en la comunidad. Esta forma de ver la política supone dar la preeminencia a la opinión de la mayoría sobre la del experto. No hace falta tanto producir algunas opiniones muy bien fundadas (muy informadas sobre cómo son las cosas con independencia de lo que parezcan) sino encontrar el modo de instaurar la contabilización de lo extendidas que se encuentran por la comunidad las diversas opiniones sobre las cosas, el recuento de lo amplios o estrechos que sean los estados de opinión, puesto que cada uno de nosotros, en cuanto seres capaces de tener una opinión propia, somos medida de la realidad, y no hay otra medida posible. De esta manera se fundamenta el paso al sistema político democrático griego: como no hay otra medida de la verdad que la suma de las opiniones, la convención que se apruebe en el espacio político habrá de ser la guía de las decisiones que afectan a toda la comunidad. Por eso, en el terreno político, podemos considerar que nos encontramos ante el más antiguo caso de convencionalismo.

En el terreno ontológico, por otro lado, las consecuencias son igual de profundas. Si el ser humano es la medida de toda la realidad, entonces no es que no sepamos cómo son las cosas por sí mismas de manera absoluta, sino que las cosas no tienen un modo absoluto de ser con independencia de nosotros. La noción de verdad tiene que ser replanteada: no hay verdades intersubjetivas, atemporales y universalmente válidas con las que debamos poner en consonancia nuestras opiniones para no equivocarnos, sino que solo existe la verdad subjetiva, la que atañe a cada uno de nosotros por separado, que no se diferencia en nada de las creencias y los pareceres que cada uno asume. Este habría sido el tema central de uno de los principales tratados de Protágoras, titulado *Sobre la verdad*. Nuestro conocimiento detallado sobre su contenido es escaso, pero si confiamos en lo que la mayoría de la tradición nos relata sobre él, en sus páginas se habría formulado el primer relativismo filosófico de la historia.

De cualquier modo, aunque no hubiera desarrollado su posición crítica con la concepción tradicional de la verdad, Protágoras ya merecería un puesto de honor en la historia del pensamiento crítico por su postura respecto a los dioses. El tema de la existencia de las figuras divinas siempre ha sido problemático para los pensadores de todos los tiempos, y este caso no es una excepción. Diógenes Laercio, de hecho, nos cuenta que fue por su libro *Sobre los dioses* por lo que Protágoras acabó teniendo que marcharse al destierro. Este libro fue el primero que Protágoras decidió leer en público en Atenas, quizá en la casa de Eurípides[15]. Esa lectura pública suscitó un gran escándalo. Las ideas que defendía sobre lo divino

15. DL, IX, 54.

levantaron contra él los ánimos de un sector de la ciudad; fue acusado de impiedad y tuvo que huir antes de que se celebrase el juicio y buscar lugares de mayor tolerancia. En el trayecto, su barco naufragó y él murió ahogado mientras en Atenas los últimos ejemplares íntegros de su libro ardían en la hoguera. Lo que habría desatado esta persecución no fue una declaración radical de ateísmo, ni tampoco una propuesta de reforma religiosa contraria a las costumbres y normas de la ciudad, sino algo que parece mucho más inocente e inocuo pero en el fondo es mucho más grave: la expresión de una duda.

Sobre los dioses, no puedo tener la certeza de que existen ni de que no existen, ni tampoco de cómo son en su forma externa. Pues muchos son los factores que me lo impiden: la imperceptibilidad del asunto, así como la brevedad de la vida humana[16].

Esto es lo que nos transmite uno de los pocos fragmentos que ha llegado hasta el presente de dicho libro: una puesta en cuestión tanto de la posibilidad de defender con seguridad la existencia de los dioses como de defender con seguridad su inexistencia e incluso de declarar cuáles puedan ser sus características, su figura, sus cualidades. El asunto en cuestión es imperceptible, incierto. No hay evidencia a la que asirse para tomar posición. Y además la vida es demasiado breve como para de-

16. DL, IX, 51.

dicarla a discurrir sobre ello con expectativa de alcanzar algún tipo de conclusiones. Lo único que puede hacerse es, por tanto, no optar. Prácticamente nos encontramos con un antecedente directo de la suspensión del juicio escéptica. Esta primera forma de agnosticismo, extrapolada más allá de los límites del tema teológico-religioso, será uno de los elementos más destacados con los que el escepticismo levantará su armazón conceptual. Si algo es incierto, no debemos actuar en nuestra toma de decisiones, en nuestro juicio, como si tuviéramos certeza de ello. Si algo no es evidente, debemos contener nuestras ansias de juzgar, de fijar una conclusión, de *dejar de pensar,* en definitiva, y mantenernos en la incómoda indeterminación. No se trata, ciertamente, de una opción confortable. El relato que hace Diógenes Laercio del juicio y de la muerte de Protágoras así lo muestra. Para él habría sido más cómodo, más seguro y fácil declarar lo mismo que la ciudad declara. Pero en lugar de ello deja por escrito que no tiene motivos para considerar verdadera la religión griega. Y paga las consecuencias de su puesta en cuestión.

Gorgias y la mentira

Como mencionábamos, el sofista que más frecuente e intensamente ha sido relacionado con el escepticismo es Gorgias de Leontinos, uno de los grandes retores y maestros de retórica de la antigua Grecia, que además fue autor de un extraño y paradójico texto de filosofía que tuvo como tema, para sorpresa de sus contemporáneos, el no-ser. Gorgias nació hacia el año 490 o 480 a. n. e. en la pequeña ciudad siciliana de Leontinos. En su juventud, según nos cuentan las fuentes antiguas, fue discípulo del filósofo físico Empédocles de Agrigento, del que siempre se ha discutido hasta qué punto tuvo influencia en el curso intelectual de su discípulo en etapas posteriores de su vida[17]. Probablemente de Empédocles debió de aprender la filosofía de Parménides y de Zenón, que claramente ha estudiado en profundidad. Conocemos poco de su vida. Sabemos que en el año 427 fue enviado por su ciudad como embajador a Atenas. Este tipo de misiones diplomáticas no eran raras entre los sofistas, que a causa de su habilidad con las palabras a menudo eran seleccionados por sus conciudadanos para representarlos en asuntos diplomáticos especialmente delicados. En este caso, el motivo de la embajada era tratar de recabar el apoyo ateniense frente al expansionismo de Siracusa, que ponía en riesgo la independencia de la pequeña Leontinos. Pero a Gorgias este viaje le dio la opor-

---

17. Cfr. H. Diels, «Gorgias und Empedocles», *Sitzungsber. Akad. Berl.*, 1884, pp. 359 y ss. Diels sostiene que Gorgias, en un principio, habría sido un seguidor de la física empedoclea, pero que, al llegar a la madurez, por influencia de la dialéctica de Zenón, perdió la confianza en la capacidad humana para explicar la física y por ello abandonó el camino de la investigación sobre la naturaleza. Sobre esto, véase L. A. Bredlow, «El tratado de Gorgias, libro maldito y mal entendido», en Gorgias de Leontinos, *De lo que no es o de la naturaleza*. Anthropos, Barcelona, 2016, XVIII.

tunidad de entrar en contacto con la inquieta, bulliciosa y políticamente efervescente Atenas de la época. Y en ese contacto, además, buena parte de los ciudadanos atenienses más influyentes y poderosos quedaron impresionados con las habilidades argumentativas y retóricas de las que el leontino hizo gala. Fue esa capacidad para la expresión oral de argumentos lo que le granjeó su primer prestigio en la ciudad y lo que le permitió establecer un vínculo con los potenciales clientes que necesitaba para poder desempeñar la profesión sofística. De hecho, Gorgias será uno de los sofistas de los que conocemos más casos de estos clientes-discípulos, y buena parte de los que lo tomaron por maestro acabarían siendo, a su vez, destacados filósofos, políticos u oradores.

Atenas será un importante polo de atracción para Gorgias durante parte de su vida madura. Leontinos no logró mantener la independencia frente a Siracusa, y ese puede haber sido un factor significativo que lo llevase a abandonar Sicilia, pero también la propia situación política ateniense, en la que el sistema democrático garantizaba un considerable papel a la palabra y, por ello, un notable caudal de clientela a los maestros de retórica. También hay noticias que nos relatan que viajó mucho para pronunciar discursos públicos a la manera de las modernas conferencias en lugares como Tesalia, Olimpia, Beocia o Argos, lo que lo convierte en un muy buen ejemplo de la tradición de sofistas itinerantes. Pero, aun así, Gorgias no perdió la vinculación con Atenas durante el resto de sus días (que fueron muchos si damos crédito a lo que nos cuentan los testimonios antiguos, que nos dicen que llegó a vivir más de cien años) y tuvo allí muchos seguidores y clientes que atendían a sus cursos de retórica, por los que llegó a percibir sumas muy importantes de dinero.

En lo que respecta a su obra escrita, han llegado hasta nosotros algunas muestras muy notables de su trabajo. En especial una serie de interesantísimos ejercicios ejemplares de argumentación (el *Encomio de Helena* y la *Defensa de Palamedes*) y algunos fragmentos de otros discursos (*Encomio a los eleos*, *Discurso pítico*, *Discurso olímpico* y *Epitafio*). Pero del libro que más nos interesa para el tema de este estudio, del libro más filosófico y problemático de Gorgias, no ha sobrevivido ni una sola línea. Al menos, ninguna línea literal. Se titulaba *Sobre el no ser o sobre la naturaleza (Perì toû mề óntos ề perì phýseōs).* Y ya ese título muestra hasta qué punto estamos hablando de un autor fuera de lo común. Se trata del primer libro que tiene como tema el no ser. Pero además lleva ese subtítulo, «sobre la naturaleza», que remite a los títulos con los que se conocían casi todos los trabajos de los filósofos del periodo anterior: los libros de los investigadores sobre el mundo, sobre el modo de ser del cosmos, que en el siglo VI era casi tanto como decir «todos los libros de filosofía». De este modo, casi la totalidad de lo que se había escrito con afán de explicar rigurosamente la realidad circulaba por entonces bajo el título de «sobre la naturaleza»; y Gorgias escribe su propio «sobre la naturaleza», pero uno que deja claro que tratará *sobre lo que no es.*

El libro en sí mismo, en efecto, no ha llegado hasta nosotros ni siquiera de manera fragmentaria, pero sí que se nos han conservado dos resúmenes de su contenido bastante extensos: uno de ellos en el tratado anónimo *Sobre Meliso, Jenófanes y Gorgias*, que durante un tiempo se pensó que era obra de Aristóteles, y el otro, escrito por Sexto Empírico. El problema que tenemos al utilizar estos resúmenes como fuente para conocer el pensamiento recogido en el libro original es que son muy divergentes entre sí. Si leemos ambos resúmenes, nos encontraremos con muchos problemas de interpretación, algunos de los cuales provienen de las discrepancias entre las lecturas que llevan a cabo sus dos autores, pero muchos otros producidos por la perplejidad en la que nos deja el texto mismo. ¿Qué intención llevó a Gorgias a defender lo que defiende allí? ¿Hasta qué punto es esa su posición filosófica? ¿Era su *Sobre el no ser* un tratado serio? ¿O era una gran broma? Esta perplejidad surge en nosotros en cuanto leemos las primeras líneas del resumen anónimo: «[Gorgias] dice que *nada es*, pero si es, que es *incognoscible*, y si es y es cognoscible, que no es *manifestable a los demás*»[18]. Se proponen aquí, pues, tres tesis

---

18. *De Melisso, Xenophane et Gorgia*. Traducción de Tomás Calvo Martínez incluida como «Apéndice A» a su capítulo «De Parménides a Gorgias: el mundo verdadero como fábula», en el libro *Pensar la nada: Ensayos sobre filosofía y nihilismo*. Biblioteca Nueva, Madrid, 2007, p. 189. Cursivas del traductor. Citaré en adelante esta excelente traducción del resumen anónimo, así como la traducción del pasaje de Sexto Empírico que se incluye en el mismo lugar como «Apéndice B».

sucesivas, cada una de ellas conectada con la anterior en la forma de un condicional. Esto es lo que se ha llamado con frecuencia «el trilema de Gorgias», y su radicalidad es más que clara desde el momento en que se inicia con la tesis de que *nada es*. Tomás Calvo dice con razón de este tratado que «constituye un escrito fundamental para cualquier tratamiento del tema del nihilismo en el pensamiento griego»[19]. De hecho, prácticamente se puede considerar arqueología del nihilismo, uno de los más antiguos tratamientos de la nada como tema de investigación que conocemos.

El modo en que Sexto Empírico nos transmite este *trilema* no es diferente en el contenido: «En efecto, en su escrito titulado "Del No ser o de la Naturaleza" [Gorgias] establece tres principios en orden sucesivo: uno y el primero, que nada es; segundo, que si es, es inaprehensible para el hombre; tercero, que aun siendo aprehensible, sería incomunicable e inexplicable a los demás»[20]. Como puede apreciarse, el pasaje es muy similar al del tratado pseudoaristotélico. Lo único que ha cambiado es el lenguaje, que en Sexto parece más refinado, más tecnificado, producto de una mayor evolución filosófica a causa del tiempo transcurrido. Pero en esencia nos dice lo mismo: Gorgias consideraba que si conociéra-

19. T. Calvo Martínez, «De Parménides a Gorgias: el mundo verdadero como fábula», en L. Sáez, J. de la Higuera y J. F. Zúñiga (eds.), *Pensar la nada: Ensayos sobre filosofía y nihilismo.* Biblioteca Nueva, Madrid, 2007, p. 159.
20. Sexto Empírico, *Contra los profesores*, VII, 65. Traducción de T. Calvo Martínez, ibíd.: 193.

mos algo, *no podríamos comunicarlo* (tesis 3), que *ni siquiera podemos conocer nada* (tesis 2) y, sobre todo, que *no hay nada que sea* (tesis 1). ¿Está queriendo decir Gorgias que nada existe?

Para comprender adecuadamente el alcance de las tesis de Gorgias hay que tener en cuenta que, desde su mismo título, su libro se inserta en dos tradiciones filosóficas (o en dos momentos de una gran tradición): la explicación tradicional del mundo como *phýsis*, como naturaleza, a la que aludíamos al mencionar el subtítulo, y la explicación ontológica de la realidad, el giro hacia la ontología que lleva a cabo Parménides y después continúa Zenón, entre otros. La primera de esas líneas de pensamiento partía de la presunción de que la tarea de la filosofía consistía en explicar la realidad como el brotar de un proceso que tiene su punto de partida en la o las sustancias primordiales (el *arché*). La segunda línea se ha hecho consciente de los problemas que conlleva explicarlo todo como una evolución de una única sustancia inicial o de unas pocas interactuando[21]. La primera línea, de este modo, entiende la naturaleza del mundo como atravesada por la noción de *proceso*, de *devenir*. La segunda, en cambio, plantea la noción de *ser* como el eje nuclear de la filosofía. Ese es el sentido de la expresión «sobre el

---

21. Quizá esto es más fácil de entender planteando el problema de cómo podría, por ejemplo, la tierra ser distinta del agua (y por tanto *no ser agua*) y a la vez, como pretendía Tales de Mileto, estar hecha de agua (y por tanto, en última instancia, *ser agua*). Este tipo de contradicciones son las que forzaron el replanteamiento ontológico de la primitiva física griega.

no ser» *(perì toû mè óntos)* que señala desde un punto de vista negativo el camino a investigar tanto en el título del libro como en la primera de las tres tesis.

Tratar de sostener, entonces, que la tesis gorgiana de que «nada es» significa lo mismo que la expresión en español «nada existe» es malentender el núcleo del problema. No se puede considerar que el verbo «ser» griego *(eînai)* puede leerse sin más como nuestro moderno verbo «existir». Si así fuera, la tesis de que «nada es» resultaría absurda, una declaración de acosmismo, una negación de la existencia de cualquier cosa (¡de todas las cosas!) que ni sostuvo Gorgias ni puede sostener nadie. Por mucho que Descartes aún no hubiera popularizado su famoso «pienso luego existo», ¿cómo iba Gorgias a pensar que él mismo no existía? Resulta mucho más lógico entender esa primera tesis del tratado como un rechazo del modo de uso del verbo «ser» que se estaba dando entonces en filosofía: el llamado *sentido veritativo* del verbo; un modo de decir «lo que es verdaderamente». Gorgias lo que sostiene es que ese uso, habitual desde Parménides, no se corresponde con nada. Nada es así. No hay tal «mundo verdadero». Todo lo que hay es, como sostenían muchos otros de los sofistas, relativo.

Tomás Calvo lo expresa con especial claridad:

Considerado desde el contexto histórico y filosófico que acabo de describir, el escrito de Gorgias se presenta, por tanto, como un alegato sustancialmente nihilista. Y, en mi opinión, no resulta ni extravagante ni desacertado afirmar que Gorgias fue a Parménides lo que Nietzsche sería a Platón. Parménides primero, y Platón después, fueron los más radicales defensores del «mundo verdadero», es decir, de *lo que realmente es*, más allá de la experiencia sensible y esencialmente vinculado al «pensamiento racional». Gorgias contra Parménides y Nietzsche contra Platón, denunciaron la inexistencia de esa realidad presuntamente verdadera, cuestionando ambos de forma radical la conexión entre el ser y el pensar[22].

De este modo, lo que lleva a cabo Gorgias con la primera tesis de su tratado es la puesta en cuestión de la legitimidad de llamar «verdadero» al mundo que proviene en exclusiva del pensamiento racional. En la generación anterior, Parménides había criticado con dureza la información que proviene de la experiencia sensible. No había realizado ninguna declaración explícita contra los sentidos, pero su filosofía los había dejado muy cuestionados como punto de partida del conocimiento. Ahora, Gorgias hacía lo mismo con la alternativa que Parménides había dejado en pie: la razón. Si es cierto que no podemos confiar en los datos sensoriales, también lo es que nuestros razonamientos son igualmente dudosos. Si confiamos demasiado en ellos, acabaremos creyendo en esa posición ontológica de Parménides en la que el cambio, la generación, la destrucción, el movimiento, la heterogeneidad, la diversidad, el tiempo, etcétera, se descartan por

---

22. T. Calvo Martínez, *op. cit.*, p. 166. Cursiva del autor.

supuestamente irracionales. Y que esas conclusiones sean despiadada y perfectamente racionales no implica que sean verdaderas.

De algún modo, este ataque de Gorgias contra la pretensión de fundar el conocimiento sobre el ámbito de lo racional anticipa uno de los aspectos del escepticismo más radical, complementario de la crítica a la pretensión empirista de signo opuesto. Si esta última nos dice que no podemos convertir en conocimiento los datos sensibles porque a menudo nos equivocaremos, la que realiza Gorgias nos señala que tampoco podemos afirmar que lo sea el fruto de nuestra mente. Sin embargo, el aspecto del tratado de Gorgias que más profundamente convierte a este sofista en un antecedente del escepticismo no es esta primera sino la segunda de sus tesis. Si la primera, como hemos visto, tiene una dimensión fundamentalmente ontológica, y la tercera será de carácter principalmente lingüístico, solo la segunda puede considerarse con propiedad orientada al tema del conocimiento. Y, en efecto, plantea la cuestión del conocimiento desde una perspectiva muy crítica con la posibilidad de asumirlo en los términos habituales. El objetivo del ataque de Gorgias no deja de ser Parménides, pero en este caso lo es por haber planteado la identidad del ser y el pensamiento. Para Parménides *Ser* y *Pensar* son lo mismo. Pero no pueden serlo, según Gorgias, para empezar porque hay cosas pensadas y pensables a las que el ser no les corresponde. Podemos pensar en la Quimera, el monstruo mitológico con partes de león, cabra y serpiente al que derrotó el héroe Belerofonte, pero eso no hace que haya quimeras. Nuestro pensamiento no le da ser a lo que pensamos. El producto de nuestra mente no es más que una ficción. Y si objetásemos a Gorgias que eso solo ocurre con algunas de nuestras representaciones mentales, que no hay quimeras a pesar de que pensemos en la Quimera, pero que podemos pensar en leones y sí que hay leones, Gorgias nos contestaría que el león de nuestro pensamiento no es un león. Entre el objeto real y el objeto pensado hay una diferencia radical e inevitable. Incluso si ese objeto pensado no es «quimérico», seguirá siendo una ficción del pensamiento.

Si nos fijamos bien, el objetivo del ataque de Gorgias en la segunda de sus tesis no es el conocimiento, como lo será después en la amplia mayoría de las argumentaciones de la tradición escéptica madura. O al menos no parece orientarse contra cualquier tipo de conocimiento, y desde luego no en especial contra el gran enemigo del escepticismo posterior: el conocimiento sensible. Al contrario, el ataque de Gorgias se dirige más bien contra el pensamiento en general. Gorgias no dice sencillamente que, si algo superase las objeciones de la primera tesis, sería incognoscible, sino de manera más precisa que, en el caso de que algo fuese, «sería incognoscible e inconcebible *(ágnōstón te kaì anepinóēton)* para el hombre»[23]. Esto supone que sobre ello no hay conocimiento *(gnôsis)* y el pensamiento *(nóēsis)* es incapaz de llegar a captarlo.

23. Sexto Empírico, *Adv. Math.*, VII, 77.

La radicalidad de Gorgias es, pues, una de las más extremas de entre todos los precursores de la filosofía escéptica: no niega la capacidad de conocer, sino la de concebir. Y, por si fuera poco, aún añadirá la tercera de sus tesis, la tesis final de su argumentario, que sostiene que, incluso si algo pudiera ser concebido por nuestro pensamiento, no seríamos capaces de comunicarlo mediante el lenguaje.

Sin embargo, Gorgias, como todos los demás sofistas, empleaba el lenguaje. No se nos ha transmitido sobre él ninguna noticia similar a lo que se nos cuenta del heraclitiano Crátilo, que cuando llegó a la conclusión de que las palabras no lograban apresar la realidad fluyente de las cosas, de manera extremadamente coherente con su tesis, dejó de hablar. Muy al contrario, Gorgias siguió pronunciando discursos, enseñando retórica y escribiendo ejercicios de argumentación. ¿Por qué siguió usando el lenguaje, entonces, si defendía que el lenguaje no sirve para comunicar? La respuesta es muy simple: porque sirve para otra cosa.

En su *Encomio de Helena* nos dice: «la palabra es un gran soberano que con un cuerpo pequeñísimo y totalmente invisible realiza acciones divinas. Puede, en efecto, hacer cesar el miedo, eliminar el dolor, provocar el gozo, aumentar la compasión»[24]. Creo que en este breve

---

24. Gorgias, *Encomio de Helena*, 8. Traducción de Antoni Piqué Angordans. *Sofistas: testimonios y fragmentos*. Bruguera, Barcelona, 1985, pp. 101-102.

pasaje se encuentra la clave de la interpretación sofística del lenguaje. No es una herramienta de comunicación de conocimientos, sino un medio para producir efectos en el otro. A través del discurso no transmitimos contenidos contrastables con el mundo, sino que, según la sofística, engendramos toda una pluralidad de estados en la intimidad del receptor de ese discurso. Una pluralidad de estados que van más allá de la mera intelección de proposiciones, más allá incluso de la relación de las palabras con las cosas. Entre esos estados hay emociones, sentimientos, pasiones de todo tipo, e incluso efectos físicos, corporales, como ruborizarse, palidecer, el sentimiento del ardor guerrero, la agitación del temor, la cólera... Y sobre todos esos estados hay uno que resulta esencial en el panorama político del sistema democrático griego: la convicción.

Convencer a alguien no es lo mismo que demostrarle algo. Se puede convencer con argumentos falaces desvinculados de las cosas. De hecho, el vínculo entre la convicción y la verdad es más bien endeble. Con lo que la convicción está más fuertemente conectada es con las emociones. Y el lenguaje, descubren los sofistas, es la herramienta perfecta para intervenir sobre esas emociones a distancia, desde fuera, y, como si se tratase de magia, cambiar su signo. Eso es lo que los sofistas están en condiciones de enseñar a sus clientes: cómo hablar de modo tal que las emociones del auditorio cambien y se produzca el efecto de convencerse de aquello en favor de lo que hablan. Y, por tanto, cómo hacer que voten de un modo o del contrario. Y esta forma de entender el lenguaje, en la que no hay verdad con la que contrastarlo porque la verdad se asume que es relativa a cada sujeto, y en la que lo único que tener en cuenta es la efectividad utilitaria del argumento que se pronuncia, es lo que llevó a Sócrates a reaccionar y enfrentarse con los sofistas dentro del terreno de juego que ellos mismos habían establecido. Y, al hacerlo, construyó las bases de otro de los aspectos principales del pensamiento escéptico: su metodología.

Sócrates no sabe nada

En cualquier reconstrucción seria del nacimiento del escepticismo hay que reservar siempre un espacio destacado para hablar de Sócrates. El maestro de Platón es una de las figuras más importantes del pensamiento griego por la influencia que ha tenido en la historia de la filosofía, pero, además, es un antecedente claro de los filósofos de la pregunta porque, precisamente, fue uno de los primeros en situar la pregunta en el centro de la interacción filosófica.

Sócrates es un filósofo escurridizo. Hablamos mucho de él como signo de un cambio de época en el pensamiento occidental: el instante en que la filosofía pasó «del cielo a la tierra», de la investigación sobre el cosmos a la pesquisa interior del ser humano y, por ello, de los presocráticos a los postsocráticos. Pero Sócrates es mucho más de lo que ese tópico indica. Es el gran agitador de la mentalidad griega antigua; el primero en practicar lo que luego Paul Ricoeur, hablando de otros grandes agitadores, llamará «una filosofía de la sospecha». Es, además, uno de los filósofos más conocidos de todos los tiempos, pero, también, uno de los que más eficazmente nos elude cuando tratamos de ponerlo a la luz para examinarlo. Fue, como es bien sabido, un filósofo ágrafo, que realizó su labor siempre a través del diálogo directo y nunca de la palabra escrita. Y todo su empeño tuvo que ver con algo tan sencillo como hablar con sus conciudadanos, pero hablar de una manera que añadió nuevas capas de complejidad a lo que el diálogo por sí mismo supone. El eco de la voz de Sócrates ha llegado hasta nuestros días con fuerza; sus palabras en el ágora, en las calles o en su propio juicio aún resuenan en nuestros oídos. Y, sin embargo, su discurso nos resulta aún desconcertante, ambiguo y problemático.

Hay muchos temas que tratar en la elusiva filosofía de Sócrates, y este no es ni pretende ser el lugar adecuado para agotarlos. Solo una o dos pinceladas de su compleja figura nos deben bastar, aquí, para esbozar el papel que Sócrates desempeñó como modelo de prácticamente todos los tipos de pensador escéptico de los siglos posteriores (incluso hasta nuestros días). Y la primera noción que nos reclama aparecer en ese retrato bosquejado es la noción de «ignorancia». Porque, en efecto, Sócrates es sin lugar a dudas un sabio, pero no es un sabio por lo que sabe sino por lo que ignora.

Los datos que tenemos de su juventud nos indican que Sócrates habría sido, en un primer momento, un denodado estudiante de la naturaleza del mundo. Fue, entonces, lo que hoy llamaríamos «un presocrático», por chocante que esto nos resulte. Y en esa etapa, en ese Sócrates anterior a Sócrates, ya encontramos un deseo manifiesto de abrazar la crítica. El joven filósofo se integró, probablemente, en una de las escuelas de filosofía natural que empezaban a asentarse en Atenas por entonces. Allí, Sócrates se enfrascaría con empeño en la investigación sobre cómo y de qué está compuesta la naturaleza. Tuvo por maestro a Arquelao; conoció la física de Anaxágoras; quizá estudió también las ideas de Anaxímenes y de Diógenes de Apolonia. (De estos estudios provendría la imagen del Sócrates «investigador de la atmósfera» y algo sofista que nos refleja Aristófanes en su comedia *Las nubes*). Pero no encontró en ninguno de ellos una respuesta sobre la naturaleza del mundo que fuera capaz de despejar cualquier duda sobre su propia validez.

Ese joven Sócrates que buscaba conocer la realidad, desvelar la naturaleza del mundo, se encontró con que las teorías de los físicos no suponían nada más que nuevos velos. De su frustración por no poder llegar a estar seguro de ninguna de las respuestas que encontraba a su paso habría surgido su voluntad de no ceder en la pregunta, de no cejar en el empeño inquisitivo. En la *Apología de Sócrates* que escribió Platón se nos relata esa insistencia del Sócrates interrogador de sus conciudadanos como resultado de su insatisfacción con todos los supuestos saberes. Dado que no está seguro de nada, no le queda más remedio que preguntar al experto. Para saber sobre cada cosa hay que consultar al que mejor la conoce. Y en la ciudad hay muchos que se declaran expertos en algo (en saberes cotidianos, en artes y ciencias, pero también en el poder y en la justicia). Y si el experto se resiste a contestar, habrá que perseguirle con las preguntas hasta que nos satisfaga.

Por esa tarea inquisitiva es por lo que Sócrates empezó a granjearse fama de persona incómoda para la comunidad. En gran medida será esa fama la que, con el paso del tiempo, acabará por llevarle a tener que defenderse ante un tribunal por una acusación de impiedad, y a ser finalmente condenado a muerte. Pero cuando Sócrates recorría Atenas preguntando a políticos, a sofistas y a generales, no lo hacía desde la posición del maestro que ya se sabe la respuesta correcta a la pregunta que hace en el examen; Sócrates pregunta porque no sabe, porque quiere saber y desconoce la respuesta; y no se conforma con la respuesta que le dan si no le convence. Todos los escépticos de los siglos venideros tomarán nota: solo el que sabe que no sabe busca saber. Para dotar de sentido a la pregunta hay que partir de reconocer que se ignora la respuesta.

Así, un Sócrates que no sabe nada lo único que aprende después de largos años de estudio es precisamente el hecho de que no sabe. Y encuentra ese saber liberador, porque le quita a quien lo abraza el peso de tener que justificar con malas razones el falso saber que pretendía tener y le permite zambullirse en la tarea de buscar el conocimiento. Pero en su trato con sus conciudadanos Sócrates aprende que pocos son los que están dispuestos a liberarse de su pretensión de sabiduría y aceptar públicamente su ignorancia. Por eso la tarea de Sócrates tiene que mantener una dimensión retórica: utilizar la palabra para forzar al interlocutor a reconocer que no sabe lo que pretende que sabe. Así, hace aparición en Sócrates el recurso de la ironía.

Se trata de lograr que aquel a quien se pregunta, aquel que suele hacer gala ante la ciudad de la perfección de sus respuestas, reconozca su error sin refutarlo directamente. Hace falta obligarlo a salir de su respuesta errada si se quiere llegar a aspirar a una que no lo sea. Y más aún desde que la ciudad ha abrazado la ideología de lo relativo y cada uno dormita con placidez sobre la comodidad de «su propia respuesta». Hay que usar la pregunta como un aguijón, como el tábano que azuza con su picadura al buey perezoso para hacer que se levante y camine.

Para ello, Sócrates ha encontrado un nuevo modo de dialogar. Y el primer paso es ponerse una máscara, fingir que se da la razón al interlocutor, tratar de parecer menos hábil de lo que se es y conducirle por el camino absurdo por el que le llevan sus errores hasta que no le quede más remedio que reconocerlos. La ironía es esa máscara tras la que se esconde el buen interrogador, esa apariencia de simple e ingenuo, y en ocasiones de obtuso, que oculta al dialéctico brillante que no sabe nada pero no está dispuesto a contentarse con respuestas insatisfactorias.

Después de Sócrates, nosotros, espectadores de la historia del pensamiento, ya no nos podemos fiar de las preguntas tontas. Detrás de cada aparente simpleza se puede ocultar la mayor brillantez; después de cada instante en que se da la razón a alguien sin demasiada resistencia puede llegar el momento crucial en que cae en su propio error de manera palpable y llega a ser consciente de que no sabe lo que creía que sabía. Los escépticos tomarán buena nota de esta máscara con la que Sócrates oculta su verdadero rostro. Sexto Empírico acaba su libro *Esbozos pirrónicos* enseñándonos el modo en que él mismo la ha adoptado, y por ello dedica su último capítulo a explicarnos por qué el escéptico se acomoda a plantear argumentos poco brillantes como medio de persuasión[25]. El escéptico no tiene que parecer el más sabio ni envanecerse de la imagen que proyecta ante los demás cuando interviene en el debate. No es cuestión de dudar y hacer dudar para ser admirado por ello, sino porque no hay más remedio que admitir que no sabemos.

Los filósofos del vacío

No estaría completo este recorrido por los orígenes del pensamiento escéptico sin una alusión a la importancia que tuvo en su nacimiento la escuela de Abdera. Para los primeros escépticos, tan importante o más que el papel

25. HP, III, 280-281.

de Sócrates como antecedente había sido el de Demócrito y sus seguidores. Y eso puede resultarnos inesperado a nosotros, lectores contemporáneos, que solemos vincular a los abderitas solo con sus aportaciones físicas, en especial con la formulación de la hipótesis de la existencia de átomos. ¿Por qué unos filósofos físicos como estos fueron considerados un cimiento necesario del escepticismo? ¿Qué tienen de escépticos aquellos que creyeron con firmeza que el mundo estaba compuesto por átomos y vacío?

Para comprender esta relación filosófica deberemos, por una parte, hacernos conscientes de que en el pensamiento de los abderitas hubo mucho más que física (algo que nos confirman los fragmentos conservados) y, por otra, habremos también de entender que los postulados físicos tienen consecuencias de todo tipo: epistemológicas, ontológicas e incluso éticas. De hecho, la física de los atomistas no surge como lo solían hacer la mayoría de las tesis del terreno de la física antigua, es decir, de una combinación de observación detenida del mundo y especulación creativa, sino de una reflexión cuidadosa sobre tesis metafísicas y lógicas, pues toda la filosofía de los atomistas no es otra cosa que una respuesta a Parménides.

Las dos grandes figuras fundacionales de la escuela abderita fueron Leucipo y Demócrito. A ellos dos les atribuimos la mayor parte de la originalidad de las tesis atomistas. No nos resulta fácil determinar con exactitud cuál fue el aporte de cada uno de ellos, porque las fuentes a menudo los tratan juntos y porque de Leucipo en concreto es muy poco lo que podemos decir con seguridad. Quizá fueron maestro y discípulo. Quizá trabajaron juntos. Quizá Leucipo formulase una hipótesis inicial y luego Demócrito la desarrollase en detalle. Incluso se ha llegado a postular la idea de que Leucipo nunca existiese y todo se deba solo a Demócrito. De cualquier manera, la figura y la fama de Demócrito han eclipsado en cierta medida a su supuesto maestro, y hoy nos vemos obligados a partir sobre todo de lo que sabemos de él. Pero al menos hay un elemento cuya originalidad debemos reconocerle a Leucipo, y que tendrá un gran peso como punto de partida no solo de la posición abderita sino de la filosofía occidental en general: la primera formulación del Principio de Razón Suficiente. «Ninguna cosa sucede sin razón, sino que todas suceden por una razón y por necesidad»[26]. Todo lo que ocurre parte, por lo tanto, de una razón que es causa suficiente para que ocurra eso y no otra cosa. Nada es incausado. Todo es necesario porque cada cosa es el resultado inevitable de sus causas. Lo que, en esta primera formulación histórica, Leucipo aplicaba probablemente a la manera en que los movimientos de los átomos y sus choques mutuos causan de forma inevitable los acontecimientos del mundo.

Todos los fenómenos que podamos observar están causados, según esta forma de filosofía, por solo dos «ingre-

26. DK 67 B 2.

dientes primarios»: los átomos y el vacío. Los átomos son el contenido material del mundo, mientras que el vacío es la extensión no ocupada por la que aquellos pueden desplazarse. Esta hipótesis, como decíamos, pretende responder a las aporías sobre el movimiento, la generación y la destrucción que había planteado Parménides y que habían impactado a los filósofos de forma irremisible. La solución de Leucipo y Demócrito consistiría, relatada de manera muy rápida, en admitir gran parte de las características generales que Parménides atribuía al Ser (que es ingénito, imperecedero, indivisible, homogéneo, finito, continuo y pleno) pero predicarlas de unas entidades que, a la vez, son múltiples, y rescatar la idea de los pitagóricos de admitir la existencia del vacío. Es sobre todo esta última parte la que permite a los atomistas ir más allá de las aporías de Parménides: si hay vacío, es decir, si podemos contar con lugares no ocupados, el movimiento es lógica y metafísicamente posible porque las cosas que ocupan un lugar (los átomos) pueden desplazarse a esos otros lugares no ocupados. El vacío permite comprender el movimiento. El movimiento permite concebir el cambio. El cambio permite admitir la generación y la corrupción de los objetos compuestos (que estarán compuestos, por supuesto, de átomos). El vacío es, así, la gran hipótesis metafísica que permite salvar la física.

¿Pero qué supone esta nueva manera de ver el mundo para la cuestión del conocimiento? Demócrito lo tuvo claro desde el primer momento: que no podemos confiar en lo que nos relatan los sentidos. Si el mundo está hecho de átomos moviéndose por el vacío, nuestros sentidos nos engañan cada vez que nos hablan del mundo. No podemos confiar en el conocimiento empírico porque nuestros sentidos no nos permiten ver los átomos (que son imperceptibles por su tamaño ínfimo) ni, sobre todo, el vacío (que es imperceptible por su propia naturaleza, ya que en él *no hay nada que ver*). Nuestra percepción sensible nos habla siempre de un mundo de sustancias continuas (el agua, el aire) que, si los atomistas tienen razón, no se corresponde en nada con la realidad, que es un universo de lo discreto, de lo discontinuo. Así pues, afirma Demócrito, no conocemos nada verdadero. «Pues será evidente que conocer lo que es cada cosa en realidad es imposible»[27]. Lo único que se nos da de manera sensible (y nos parece verdadero) es lo que los átomos causan, por contacto, en la materialidad de nuestros órganos de los sentidos. «Nosotros en realidad no conocemos nada verdadero, sino los cambios que se producen según la disposición del cuerpo y de lo que en él se introduce o le ofrece resistencia»[28]. Así pues, todo lo que creemos conocer del mundo cuando lo observamos con nuestros sentidos (sus cualidades, como el color, el sabor, etcétera) no tiene verdadera existencia; lo único realmente existente es, en cierto modo, cuantitativo y se reduce a la posición y estructura de la combinación de átomos en el vacío que es por naturale-

27. DK 68 B 8.
28. DK 68 B 9.

za cada objeto. Pero eso nos es siempre ajeno. Solo nos llega del mundo la ficción, la convención sensible, que es su apariencia. Respecto de la naturaleza, estamos irremisiblemente incomunicados. «Es menester que el hombre reconozca, de acuerdo con esta regla, que se halla apartado de la realidad»[29].

Esta concepción de la realidad en sí de las cosas como terreno vedado para nuestro conocimiento tiene en Demócrito una clara y radical consecuencia ética: si queremos ser felices, no podemos extralimitarnos en el alcance de nuestras pretensiones. Así lo expresa uno de sus fragmentos más reveladores:

> Quien trata de ser feliz no debe ocuparse de muchos asuntos, ni en lo público ni en lo privado, ni elegir actividades que excedan su propia capacidad y su naturaleza, sino tener la suficiente precaución como para, en caso de que la suerte se le ponga de cara y lo esté llevando, en su opinión, demasiado lejos, renunciar y no tratar de llegar más allá de sus posibilidades, pues es cosa más segura una empresa mesurada que una gran empresa[30].

Aquí se encuentra, en germen, la base de la actitud vital de los escépticos: la precaución. Dado que no conocemos el modo de ser real del mundo cuando lo vemos, tenemos que ser precavidos en nuestras pretensiones

29. DK 68 B 6.
30. DK 68 B 3.

respecto al mundo. Es preferible no tratar de llegar más lejos de lo que no es dado llegar. En el terreno epistémico esto supondrá no tratar de dar por seguras nuestras opiniones, no tratar de defenderlas con un ardor precipitado. Esta será la enseñanza principal que adoptarán como tesis democrítea más importante sus seguidores inmediatos, como Metrodoro y Anaxarco, para los cuales la física atomista, aunque importante, no supone un eje tan nuclear en su posición filosófica como esta ética de la mesura y de la precaución.

Metrodoro y Anaxarco son, además, los antecedentes más importantes de Pirrón de Elis. El primero de ellos, Metrodoro de Quíos, habría sido una de las figuras iniciales más destacadas de la escuela de Abdera. Discípulo de Demócrito o de otro democríteo llamado Nesa, compartió con los iniciadores de la escuela la idea de que la superación de Parménides solo podía producirse sustituyendo la dicotomía ser/no ser por la dupla lleno/vacío. Pero concedió mucha más importancia filosófica a las consecuencias de admitir esa nueva visión de la realidad, lo que lo indujo a dar nuevos pasos hacia la formulación de lo que consideramos «posiciones escépticas».

Al igual que Demócrito, Metrodoro también considera que las percepciones son incapaces de transmitir la verdad[31]. Pero Demócrito compensaba esa imposibilidad de acceso sensible al conocimiento concediéndole un mayor papel a la razón. El mundo no se nos muestra empírica-

31. Aecio, IV, 9, 1: DK 70 A 22.

mente tal como es, pero podemos emplear el raciocinio para deducir su naturaleza discontinua a partir de fenómenos como el del movimiento, la generación y la destrucción. Los órganos de los sentidos no son una vía de acceso válida al conocimiento, pero podemos emplear la razón, en cierto modo, como contrapeso de las engañosas sensaciones. Metrodoro, en cambio, no considera que la razón sea mucho más fiable que la experiencia. El de Quíos ya no acepta que se pueda llegar a conocer la verdadera realidad a través de un proceso de deducción racional, pues, si los sentidos no son capaces de transmitirnos información fiable, ¿a partir de qué construirá la razón su descripción del mundo? La razón no puede aspirar a ser autónoma porque toma de la experiencia sus contenidos. Y si esos contenidos son engañosos, las conclusiones racionales siempre serán cuestionables. Por lo tanto, según Metrodoro, no conocemos nada.

> Metrodoro de Quíos decía que nadie conoce nada, sino que las cosas que creemos conocer no las conocemos con exactitud, y tampoco es preciso atender a las sensaciones; en efecto, todas las cosas son según la opinión[32].

Así pues, estamos confinados en los límites de la opinión. Nuestro único horizonte es el de seguir opinando sin fundamento. Nuestra opinión es nuestra cárcel epistemológica, y jamás podremos aspirar a salir de ella. Con

---

32. Epifanio, *Adv. haer.*, III, 2, 9.

esto, Metrodoro anticipa la llegada del escepticismo, pero ningún escéptico pleno lo verá como uno de los suyos: Metrodoro es claramente un dogmático negativo que afirma con seguridad saber que no podemos saber nada.

El gran discípulo de Metrodoro fue Anaxarco de Abdera, a quien en cierto modo podemos considerar ya el primer filósofo helenístico de esta sucesión. No me refiero solo al hecho cronológico de que Anaxarco desarrolle su filosofía en vida de Alejandro e incluso después de ella, sino a la característica temática de ser el primero en entender que esta serie de cuestiones teóricas sobre qué podemos conocer implica con rotundidad una manera de vivir conducente a alcanzar el equilibrio emocional y vital y, por ende, la felicidad.

Anaxarco fue compañero de armas de Alejandro Magno; acompañó al ejército macedonio en la campaña asiática y, según testimonios como el de Plutarco y el de Valerio Máximo, enseñó a Alejandro las teorías de Demócrito[33]. Tuvo, también, por compañero en aquella campaña militar a un joven Pirrón de Elis, que se convirtió en su discípulo. De este modo, Anaxarco ejerce de puente entre el democriteísmo tardío y el inicial escepticismo helenístico. Se cuenta que en aquel viaje por Oriente ambos, Anaxarco y Pirrón, habrían tenido contacto con los gimnosofistas de la India, que les habrían

---

33. Plutarco, *De tranquilitate anima*, 4, 466; Valerio Máximo, VIII, 14, 2.

causado una profunda impresión por su capacidad de resistencia a los rigores de las privaciones y las inclemencias del tiempo, y que quizá les habrían influido para la conformación de nociones como la de «inaprehensibilidad», la de «imperturbabilidad» o la de «suspensión del juicio».

De cualquier manera, lo que caracterizaría a Anaxarco es haber sido el primero en fijar con claridad la relación entre la vida sin dogmas epistemológicos y la felicidad. Según él, no existe un criterio de verdad que nos permita distinguir las cosas realmente existentes de los errores a los que nos inducen las apariencias. Para sostener esta posición, Anaxarco habría sido uno de los pioneros en la formulación del «argumento del sueño»: la clásica argumentación para defender el escepticismo de la percepción que consiste en ponerlo todo en cuestión al comparar cuanto vemos y sentimos mientras estamos despiertos con las ensoñaciones que se nos presentan cuando estamos dormidos. Según el testimonio de Sexto Empírico, tanto Anaxarco como el cínico Mónimo de Siracusa habrían esbozado esta estrategia argumentativa cuando, comparando las percepciones con una escenografía teatral, «supusieron que estas cosas eran parecidas a las que nos asaltan en el sueño y la locura»[34]. Pero de esta forma de desconfianza hacia la sensación Anaxarco propone que hemos de sacar como enseñanza la indiferencia *(adiaphoría)* como única actitud razonable ante el mun-

---

34. Sexto Empírico, *Adv. Math.*, VII, 88.

do. Y al mostrarnos indiferentes ante cuanto nos afecta desde esa realidad insondable, llegaremos a sentirnos felices. Por ese motivo se conoció a Anaxarco con el apelativo de «el eudemonista» (es decir, el hombre feliz).

Tras él, la búsqueda de esa *eudaimonía* será ya una parte crucial de la manera antigua de entender el escepticismo, hasta tal punto que las cuestiones de teoría del conocimiento se verán, por lo general, en esta corriente como un mero medio para alcanzar los fines vitales. Dudar ya no será tanto una actitud emanada de los problemas teóricos como una herramienta orientada hacia los prácticos, algo que ya se corresponderá plenamente con el espíritu de los tiempos de la etapa helenística en la que la configuración final del escepticismo tendrá lugar.

Con todo, por lo que más firmemente quedará fijado en la historia el recuerdo de Anaxarco, más que por cualquier parte de su filosofía, como su crítica del conocimiento o su actitud vital, será por las circunstancias que rodearon su muerte. Diógenes Laercio nos cuenta que, durante un banquete con Alejandro, Anaxarco ofendió a uno de los comensales, Nicocreonte, tirano de Chipre[35]. Años más tarde, cuando la campaña de Asia había terminado y Alejandro, protector del filósofo, había muerto, Nicocreonte capturó a Anaxarco y se vengó de la ofensa sometiéndolo a tortura en un gran mortero en el que ordenó que lo golpearan con mazas de moler grano. Anaxarco, impertérrito, afrontó la muerte con

35. DL, IX, 58.

entereza y, sin mostrarse afectado por el dolor, le dijo al tirano: «machaca el envoltorio de Anaxarco, que a Anaxarco no lo alcanzas»[36]. Aún más ofendido, el sátrapa ordenó que le cortaran la lengua, ante lo que el filósofo se la cortó él mismo con los dientes y la escupió a la cara del tirano. Esta forma tan cruenta de morir, pero al tiempo tan combativa y desafiante con la tiranía y la injusticia, hizo que Anaxarco fuera considerado en adelante un ejemplo de virtudes como la honestidad, la firmeza de ánimo y la imperturbabilidad, además de un modelo de conducta valiente ante la inminencia de la muerte. Y el relato de sus últimos instantes sirvió para popularizar su tesis de que la vida ha de ser vivida con indiferencia ante los padecimientos que nos toque vivir, y que es precisamente esa indiferencia el camino que conduce a la felicidad.

36. DL, IX, 59.

3. Los grandes escépticos de la Antigüedad

Pirrón, el imperturbable

De todos los filósofos que se mencionan a lo largo de este libro, el que se identificó más claramente con el escepticismo en el pasado fue Pirrón de Elis. De hecho, el vínculo de su nombre con la posición escéptica fue tan poderoso que una gran parte de los escépticos posteriores se hicieron llamar a sí mismos «escépticos pirrónicos». El término «pirronismo» se ha utilizado durante siglos como sinónimo de «escepticismo». Grandes pensadores de la historia, como Montaigne, Descartes, Hume, Pierre Bayle, Berkeley, Malebranche, Hegel o Kant los emplean casi indistintamente o incluso prefieren la denominación de «pirrónicos» para los cuestionadores del conocimiento. Y, sin embargo, en nuestras facultades universitarias de hoy o en las historias de la filosofía y los manuales de historia del pensamiento que se publican actualmente el nombre de Pirrón casi no es ni mencionado.

Parece que hay una gran discrepancia entre la consideración hacia este filósofo en el pasado y en el presente. Hoy casi ni los expertos en historia del pensamiento lo conocen en profundidad. Pero en su tiempo fue un autor célebre; tan célebre como para que se erigiera en el centro de su ciudad natal una estatua de oro en su recuerdo, o como para que en su honor se decretase que quienes practicaban la filosofía quedaban exentos del pago de impuestos. En su propio tiempo y poco después de su tiempo parece que todo el mundo sabía quién era Pirrón de Elis, algo que quizá solo Sócrates podría reclamar con mayor grado que él. Y eso a pesar de que nadie de su tiempo había leído nada escrito por Pirrón porque, de nuevo como Sócrates, no escribió nada. Gracias a la labor de Platón y Jenofonte, entre otros, sabemos muy bien por qué alguien como Sócrates alcanzó notoriedad en vida y ha pasado a la posteridad. Su actividad filosófica, sostenida de tú a tú con su conciudadano en las calles y plazas de Atenas, puso en cuestión la ontología, la política y la ética de su tiempo. ¿Pero qué llevó a Pirrón a la celebridad? ¿Cómo llegaron a conocerlo sus contemporáneos? ¿Cómo hemos llegado a conocerlo nosotros? ¿Y en qué medida está justificada su fama de ser el primer verdadero escéptico?

Los detalles de su vida y su pensamiento serán transmitidos y divulgados, como veremos, en las obras escritas de su discípulo Timón de Fliunte, que ejercerá un papel similar al de Platón para Sócrates. Pero en lo que respecta a lo que nosotros sabemos de él, resulta inevitable partir de otras fuentes. Las obras de Timón en las que su maestro ejercía un papel principal están mayoritariamente perdidas, y solo se conservan fragmentos breves y descontextualizados. La información que conservamos, en cambio, proviene de una amalgama de fuentes caótica y desordenada que nos cuenta detalles dispersos que tenemos que tratar de relacionar. Hay, con todo, dos autores que nos han transmitido una descripción algo más completa de su pensamiento y su vida. Gracias a ellos podemos componernos una imagen compleja y llena de matices de qué pensaba y cómo actuaba este filósofo. El primero de esos dos autores es, como no podía ser de otra forma, Diógenes Laercio, el gran doxógrafo y biógrafo de los filósofos, que escribió en el siglo III. En sus *Vidas y opiniones de los filósofos ilustres* dedicó un amplio pasaje del libro IX a Pirrón y su círculo. La otra fuente principal es el peripatético del siglo I Aristocles de Mesina, autor de un largo capítulo sobre la filosofía de Pirrón y los pirronianos que el obispo Eusebio de Cesarea recoge casi íntegramente en su *Preparación evangélica*. Como puede apreciarse, ambos autores son muy tardíos, muy distantes en el tiempo respecto al propio Pirrón. Si aun así confiamos en ellos como fuente de información, es porque los dos emplean como base para su texto la biografía de Pirrón hoy perdida que escribió en su época Antígono de Caristo. Antígono no es por completo contemporáneo de Pirrón, pero está mucho más cercano en el tiempo, y es muy probable que utilizase información casi de primera mano sobre el pensamiento de este filósofo.

Con estas fuentes a nuestra disposición, introducirnos en la filosofía pirroniana con ciertas garantías ya no es imposible. Podemos leer lo que Diógenes Laercio y Aristocles de Mesina nos cuentan sabiendo que tras los retazos de biografía y las frases que se le atribuyen se encuentra, esperando nuestra lectura, la filosofía del gran predecesor de todo el pensamiento escéptico. Quizá lo primero sea darnos cuenta de lo peculiar de su formación. Diógenes Laercio nos relata que, antes de ser filósofo, Pirrón comenzó siendo pintor, y que luego aprendió filosofía escuchando las lecciones de dos maestros de orígenes muy distintos: Brisón el Aqueo y Anaxarco de Abdera[1]. La alusión a una juventud dedicada a la pintura es muy evocadora; nos puede llevar a pensar en ese rasgo común a todos los pintores de cualquier época de tener que aprender a distinguir entre cómo sabemos que las cosas son y cómo se nos muestran a la vista –para poder pintarlas como se nos muestran y no como sabemos que son–. Pero quizá es mejor no dejarse llevar demasiado por los ecos poéticos que puede tener esta imagen: bien podría ser que la noticia que nos da Diógenes no fuera más que el resultado de la confusión con otro Pirrón, en una de esas equivocaciones entre homónimos

1. DL, IX, 61.

tan frecuentes en la Antigüedad. Lo que parece más fiable, y además muy esclarecedor, es que su formación filosófica se produjera sumando dos influencias: la de Brisón y la de Anaxarco.

Brisón el Aqueo, también conocido como Brisón de Acaya o Brisón de Heraclea, fue un filósofo vinculado a la escuela de Megara, una escuela en la que destacaron pensadores como Euclides, Estilpón, Eubúlides y Diodoro Crono. En el propio pasaje de Diógenes Laercio se llama a Brisón «hijo de Estilpón», aunque es mucho más probable que fuera su discípulo o incluso su compañero de estudios. A través de sus enseñanzas Pirrón podría haber recibido una cierta «herencia de Sócrates». La escuela de Megara es una escuela originada por la interpretación que Euclides hace de la tarea y el mensaje socráticos. Y aunque los últimos megáricos fueron conduciendo la orientación de la escuela cada vez más por terrenos de pura argumentación, el peso del reconocimiento de la propia ignorancia por parte de Sócrates marcó profundamente a todos los integrantes de esta escuela. De Brisón, como también de Estilpón, sabemos que estaba muy interesado por la argumentación dialéctica. Y de Estilpón conocemos, además, una cierta proximidad con el cinismo. También hay en la orientación de esta corriente en general –y de Brisón en particular– algo de argumentación sofística. Así que la herencia de la escuela de Megara no se puede menospreciar: los argumentos más sutiles, la crítica más certera y la actitud más contestataria se unen en ella. Y haberse formado con megáricos explicará mucho de lo que llevará a Pirrón a alcanzar cotas de novedad sorprendentes en el pensamiento griego.

Por la parte que corresponde con la enseñanza de Anaxarco es por donde le habría llegado a Pirrón el otro gran ingrediente de su formación intelectual: la profunda influencia del pensamiento abderita. Y ese influjo habría marcado al joven Pirrón llevándolo a cuestionar la capacidad de los sentidos para ejercer de vía segura hacia el conocimiento, siguiendo los pasos del iniciador de esta corriente, Demócrito. Pero también por esa vía le habría llegado la radical negación de todo conocimiento racional planteada por Metrodoro y, finalmente, la estima de Anaxarco mismo por la indiferencia como única actitud propia del sabio. Gracias a los abderitas tardíos, de este modo, el joven Pirrón habría tenido las herramientas no solo para cuestionar el mundo de las apariencias sensibles, sino para empezar a componer una respuesta práctica a esa naturaleza engañosa que lo rodea. La formación intelectual de Pirrón, por tanto, explica una gran parte de lo que será su postura filosófica: proviene, por un lado, de una larga estirpe de argumentadores que se remonta a Sócrates. Esa línea le ha enseñado, con toda seguridad, a tener presente su ignorancia y a no confiar en la veracidad de lo aparente. Y al tiempo, por otro lado, también está inserto en una larga sucesión de filósofos físicos que comenzó con Demócrito, y de estos filósofos de la naturaleza ha aprendido que el modo de ser natural de las cosas puede que sea muy distinto de lo que los sentidos nos indican sobre ellas, y que la realidad no puede ser inocentemente caracterizada partiendo de nuestra experiencia sensible, pero tampoco de una confianza excesiva en lo que nos indica nuestra frágil racionalidad. Alguien que ha aprendido a pensar críticamente partiendo de estas influencias es casi inevitable que dude de todo.

Más allá de esta alusión a su formación y de unos pocos testimonios que podemos considerar más temáticos, la mayoría del resto de referencias a Pirrón que han llegado hasta nosotros no tratan demasiado su filosofía de manera directa, sino que aluden, más bien, a su vida. Muchos escritores antiguos emplearon instantes de la vida de Pirrón para ejemplificar actitudes ante el peligro, ante la muerte, ante la duda o ante la existencia en general. Las anécdotas de Pirrón se convirtieron, así, en modelo (o antimodelo) de comportamiento. Esta clase de alusiones es otro de los motivos de la antigua fama de Pirrón: se lo empleaba con tanta frecuencia para animar a seguir su ejemplo o para disuadir de actuar como él, que se convirtió en una figura idealizada por unos y ridiculizada por otros, pero siempre señalada, siempre remarcada como fuera de lo común.

Aunque, como veremos, la ética propuesta por Pirrón tiene un punto de partida mucho más anclado en la física de lo que en un primer momento pudiera parecer, el hecho es que el aspecto más conocido de su filosofía ha sido siempre su dimensión práctica. A través de las anécdotas, Pirrón fue visto ya por sus contemporáneos como un personaje extremo de comportamiento paradójico e inesperado pero coherente con su posición teórica. Un buen ejemplo de ese carácter extraño de sus actos lo podemos encontrar en la anécdota que nos relata su radicalización de la *adiaphoría* de Anaxarco. Cuenta Diógenes Laercio[2] que Pirrón acostumbraba a escapar de las multitudes y pasear en soledad o acompañado solo por quienes le agradaban. En una ocasión, en el transcurso de uno de esos paseos solitarios, en compañía solo de su maestro Anaxarco, ambos cruzaron un paraje accidentado y pantanoso. Mientras lo atravesaban, Anaxarco tropezó y cayó en algún tipo de socavón o de zanja. Y en lugar de socorrerlo, Pirrón puso en práctica el ideal de imperturbabilidad aprendido de su maestro y pasó de largo. Cuando, más tarde, otros amigos se lo recriminaron, el propio Anaxarco salió en su defensa, alabándolo por no dejarse perturbar por las circunstancias exteriores.

Aunque Anaxarco alabe los actos de Pirrón, es evidente que uno de los aspectos más destacados de la anécdota, de los que hacen que sea memorable y merecedora de ser relatada, es su discrepancia con el comportamiento «normal», es decir, con el respeto y cuidado del maestro que se espera del discípulo, o incluso con la simple atención al prójimo que se presupone en cualquier ciudadano. No ayudar a Anaxarco es un golpe repentino a la costumbre y la rutina; produce desconcierto, casi estupefacción, tanto en quien escucha comentar el aconteci-

2. DL, IX, 63.

miento en el tiempo mismo en que se produce como en quien lee el texto que lo relata siglos después. Incluso a nosotros hoy nos choca más que cualquier tesis teórica. Una parte de su sentido como anécdota es similar al que atraviesa las historias que nos han llegado sobre el comportamiento de Diógenes «el perro» o de seguidores suyos como Crates de Tebas, Hiparquia de Maronea o Mónimo de Siracusa. Hay una pantomima implícita, una representación caricaturesca del comportamiento humano cotidiano contrapuesto al comportamiento extraño e inesperado del sabio. El acto de Pirrón es un ejemplo de su postura, pero también es un ataque al hábito, a los usos corrientes en su época y a la tradición misma que dicta qué se debe hacer, cuándo y cómo. La filosofía helenística está llena de esta clase de parodias de lo tradicional y lo usual. Si el comportamiento «normal» ha llevado a la sociedad griega a sumergirse en la crisis intelectual y social que vive en esa época, quizá es necesario poner en cuestión esa supuesta normalidad. Los cínicos convertirán esa necesidad de subvertir el orden social en una de sus señas identitarias más destacadas. Al fin y al cabo, lo que buscan es la completa transformación de la sociedad vigente. Pirrón y los pirronianos, por su parte, solo emplearán la estupefacción de su auditorio para lograr una puesta en cuestión más efectiva de lo asumido, algo que con el tiempo se convertirá en casi consustancial a la mayoría de empeños escépticos.

Con todo, el acto de Pirrón de ignorar a Anaxarco caído en la zanja no es ninguna malinterpretación de la en-

señanza del de Abdera. En todo caso es una interpretación literal y extrema, pero aun así perfectamente válida.
Si Anaxarco defiende que el único camino que lleva a la
felicidad es una indiferencia absoluta, esa indiferencia
debe plasmarse en la conducta del sabio de tal modo que
se haga evidente su estado emocional. La mejor manera
de hacer ver el equilibrio que se debe alcanzar en el interior es mostrarlo en el exterior. La pregunta que nos
cabe a continuación es si se trata solo de una herramienta didáctica por parte de Pirrón o si se identifica ese
modo externo de comportarse con el equilibrio interno
que se pretende alcanzar. Dicho de otro modo: lo que
aún nos tenemos que plantear es si no se podría también
alcanzar una plena indiferencia interna a pesar de soco-
rrer externamente a Anaxarco cuando cae en la zanja; es
decir: si según Pirrón la indiferencia, o incluso lo que él
luego llamará «imperturbabilidad» *(ataraxía)*, está atada o no está atada a los actos.

El debate entre estas dos alternativas estuvo ya presente en los modos de ver a Pirrón en la propia Antigüedad.
Diógenes Laercio nos habla de dos corrientes interpreta-
tivas contrapuestas entre sí: la de aquellos que siguen a
Antígono de Caristo y la de los que siguen a Enesidemo[3]. Se refiere a la discusión sobre si el modo de actuar
del sabio de Elis era extraño e incoherente por lo des-
preocupado o si no era diferente de la de cualquiera.
Existen dos anécdotas transmitidas hasta nuestro tiem-

3. DL, IX, 62.

po que reflejan estos dos posibles modos de actuar del sabio de Elis por completo opuestos. La primera anécdota muestra a un Pirrón decidido a llevar hasta las últimas consecuencias las implicaciones sobre la acción de su indiferencia. Esta primera versión de Pirrón defendería, por tanto, que, dado que nada de lo que nos llega a través de los sentidos es seguro ni determinable con certeza, no hay que precaverse de nada. Diógenes Laercio, recurriendo al testimonio de Antígono, relata que, siguiendo esta máxima, Pirrón

> se comportaba de modo consecuente también en la vida, sin evitar nada ni precaverse de nada, haciendo frente a todo, si llegaba el caso, carros que pasaran, precipicios, perros y cualquier cosa, no hacía la menor concesión a los sentidos, sino que, ciertamente [...] los amigos que lo acompañaban lo salvaban de todo peligro[4].

En el modo de relatar la anécdota se aprecia el acento que Antígono pone en la coherencia entre la filosofía y la vida. Pirrón es, antes que nada, descrito como alguien consecuente. Tan consecuente como para caerse por el borde de un precipicio o permitirse ser atropellado por un carro antes que dejarse alterar por los sentidos. En parte esta forma de ver a Pirrón, camuflada como un elogio (siempre se ha valorado mucho que los filósofos sean consecuentes con sus ideas), acaba convertida en

4. DL, IX, 62 (Decleva Caizi, 6).

una crítica o hasta en una caricatura. Por un lado, recuerda al tópico del sabio distraído que ha acompañado a los filósofos desde que empezase a contarse que Tales de Mileto se cayó a un pozo por pasear contemplando las estrellas. Por otro lado, si no se interpreta como producto de ese carácter distraído del pensador sino como una decisión consciente y meditada, su ejemplo se nos muestra como una suerte de «pose», una actitud impostada que quizá abandona cuando no tiene un público que lo observe (y lo salve de los peligros). Resultaría difícil, si no, entender cómo llegó Pirrón a vivir nada menos que noventa años (longevidad que Diógenes Laercio menciona justo a continuación, y no por casualidad). Y el mayor problema es que si no es una pose. quizá sea aún más caricaturesco. Si Pirrón es el tipo de sabio que acabaría cayendo por un precipicio si no lo salvaran los menos sabios que él, ¿qué clase de sabiduría es la suya? El ejemplo vital que nos invita a seguir con su actitud ¿en qué consiste? ¿Es algún tipo de antepasado de las *performances* dadaístas? ¿Una crítica de alguna clase a sus contemporáneos? ¿O una invitación consciente a un comportamiento negador del sentido común que acabará con todos nosotros siendo felices mientras caemos por barrancos o somos arrollados en las carreteras?

Frente a esta primera anécdota, decíamos, hay otra que arroja una interpretación completamente opuesta de la enseñanza de Pirrón de Elis. En esta segunda historia, que Diógenes Laercio no atribuye a ninguna fuente concreta, se nos presenta a Pirrón, de nuevo, expuesto a un peligro exterior (en este caso, el ataque de un perro). Pero a diferencia de lo que encontrábamos en la primera historia, en este caso el acento no se pone sobre la falta de reacción del imperturbable filósofo, sino todo lo contrario:

> También en una ocasión se sobresaltó al ser atacado por un perro, y, al censurárselo uno, le respondió que era difícil despojarse enteramente del elemento humano[5].

El obispo Eusebio, acogiéndose también al testimonio de Antígono, nos da algunos detalles más del acontecimiento:

> Antígono de Caristo, que vivió en la misma época y que fue su biógrafo, dice que Pirrón, una vez que lo estaba persiguiendo un perro, se subió a un árbol para protegerse y que, al ver que los que lo observaban se burlaban de él, dijo que era difícil librarse de un hombre[6].

La respuesta de este Pirrón, la idea de que es difícil despojase de lo que supone ser hombre, indica que no se puede prescindir de las condiciones naturales del ser humano a la hora de plantear un modelo de comportamiento ético. No sería, de hecho, nada sabio postular

5. DL, IX, 66.
6. Antígono de Caristo *apud* Eusebio de Cesarea, *Praep. evang.*, XIV, 18, 26.

una ética que no pueda llevarse a efecto porque la propia naturaleza humana lo impida. Esta visión de la sabiduría será común, en mayor o menor medida, a casi todas las propuestas éticas de época helenística. Ni los epicúreos, ni los cínicos ni –a pesar de cómo a veces se exponen– los estoicos plantearán jamás un modo de vida y un ideal de comportamiento que no tenga presente el hecho de que hay respuestas de algún modo naturales del ser humano a su entorno[7]. Y, a juzgar por lo que se nos relata en esta anécdota, los escépticos tampoco son en esto una excepción. La imperturbabilidad del sabio no implica, desde esta óptica, ausencia de reacción ante el peligro. En todo caso podrá implicar un cierto modo interno de reacción ante ese peligro que prescinda de considerarlo más allá de como se muestra en apariencia y que, por tanto, pueda aspirar a una reacción lo menos turbada posible. Pero la reacción exterior, la que el observador del relato contempla, es la misma que tendría cualquiera ante el ataque de un perro enfurecido: subirse a un árbol.

Este Pirrón es, sin lugar a dudas, mucho menos memorable. Una anécdota en la que un filósofo famoso actúa, más o menos, como actuaría cualquiera no resulta tan suculenta de relatar. Como tema de conversación o como material para una antología funciona mucho mejor la anécdota en la que el filósofo corre absurdamente

---

7. Véase Epicteto, *El arte de vivir (en tiempos difíciles)*. Alianza Editorial, Madrid, 2023, p. 53.

el riesgo de ser atropellado por un carro que sabe que se acerca o de caerse por el borde de un precipicio que ve perfectamente. Quizá por ese motivo el retrato del Pirrón que actúa de modo paradójico fue mucho más conocido y rememorado que el que actúa de manera poco sorprendente. Pero para la corriente escéptica posterior resultará más cercano el Pirrón menos paradójico. Si leemos hoy a Sexto Empírico, nos encontraremos con que dedica muchos pasajes a explicar cómo el filósofo escéptico de su época asume en la práctica su propia filosofía. Y en todos los casos el empeño de Sexto es hacer ver al lector que no hay en el modo de actuar del escéptico nada llamativo ni estrafalario. Las diferencias con el resto de filósofos y con quienes no lo son no han de buscarse en el comportamiento cotidiano ante el mundo, sino en la intimidad interior del filósofo, en su manera de reaccionar emocionalmente ante los estímulos que recibe y, en última instancia, en la interpretación que lleva a cabo de la naturaleza de esos estímulos.

Pirrón y la física

Desde nuestra comprensión actual de lo que supone ser escéptico, quizá lo último que esperaríamos de un filósofo de este tipo es una implicación fuerte en la tarea de componer una física. Si el escéptico considera que no es posible conocer, ¿cómo va a afirmar que conoce las características de la naturaleza? Su tarea deberá limitarse al ámbito del conocimiento (para ponerlo en cuestión) y, en todo caso, al de la ética como resultado de su cuestionamiento. Sin embargo, cuando nos adentramos en la filosofía de Pirrón, lo que nos encontramos no coincide por completo con ese perfil esperable del pensador escéptico. De hecho, quizá los aportes más interesantes de su pensamiento sean los que se encuadran en el terreno de la filosofía de la naturaleza.

Ya hemos señalado que una de las bases sobre las que Pirrón edifica su propia visión del mundo es el pensamiento natural de Demócrito. En muchas ocasiones Demócrito aparece considerado como el último presocrático[8], el representante final en plena etapa clásica del pensamiento *perì phýseōs* que había sido el predominante en la filosofía de la etapa anterior. También en muchas ocasiones[9] los especialistas se han preguntado por qué Pirrón cita con frecuencia a Demócrito y lo toma como su referencia principal entre los filósofos que lo antecedieron, y no a otros que parecerían más adecuados para asentar sobre ellos un primer escepticismo, como podrían ser Jenófanes, Parménides, Zenón, Meliso, algunos de los sofistas o incluso Sócrates. Y quizá la respuesta sea más fácil de alcanzar para nosotros si comenzamos por hacernos conscientes de que «escéptico» es como llamamos a Pirrón, pero que Pirrón mismo

8. Véase A. Bernabé, *De Tales a Demócrito, fragmentos presocráticos.* Alianza Editorial, Madrid, 2016 (primera edición, 1988).
9. Cfr. M. L. Chiesara, *Historia del escepticismo griego.* Siruela, Madrid, 2007, p. 23.

no tuvo jamás conciencia de serlo ni supo nada de lo que implica esa etiqueta. Lo más probable es que él se limitase a plantear un tipo de pensamiento que tenía muchos elementos novedosos y sin precedentes, pero también muchos rasgos en común con los que habían sido desarrollados por las generaciones anteriores de filósofos. Y entre esos antecesores con cierta proximidad, para él algunos de los *peri phýseōs* estaban especialmente cercanos. De nuevo, hay una notable distancia entre cómo concebimos nosotros hoy a los antiguos y cómo pudieron ser vistos en su propio tiempo o inmediatamente después. Para nosotros Demócrito es, junto con Leucipo, el postulador del átomo, y eso lo enmarca en una tradición que vemos continuar con Epicuro y Lucrecio para después pasar por Pierre Gassendi, Dalton, Lewis, Thomson, Rutherford, Bohr... y de algún modo acabar en una contemporánea central nuclear, produciendo energía a partir del conocimiento de esa entidad física. Dicho de otro modo, para nosotros Demócrito es, en cuanto filósofo del átomo, un científico en el sentido más estricto del término. Simplemente es uno de los primeros, y si se diferencia en metodología y planteamiento de los más actuales es solo, pensamos, por el estado de desarrollo de la ciencia en su tiempo. Este modo de pensar puede tener mucho sentido hoy para que seamos capaces de enmarcar la ciencia actual en su propio pasado y su propia tradición, pero también es necesario que tengamos claro que todo ese cúmulo de connotaciones contemporáneas que proyectamos sobre la figura de

Demócrito es parte de nosotros, no de él, y que quienes conocieron su obra en la Antigüedad no tuvieron por qué conceptualizarlo con esas categorías.

En efecto, de los fragmentos conservados de Demócrito y de los testimonios antiguos sobre su pensamiento podemos deducir que su filosofía física era en algunos sentidos similar a la que hoy se enseña en las escuelas como visión contemporánea del mundo, pero también en parte diferente. Como se desprende de toda esa información, Demócrito pensaba que el mundo estaba hecho de átomos y vacío. Para ser más precisos, de infinitos átomos moviéndose por el vacío. E «infinitos» aquí hace alusión tanto a su número como a su tipo. No habría, según él, ningún motivo por el que tengamos que considerar su cantidad limitada ni ninguna razón por la que puedan tener una forma y no otra, por lo que habrían de ser ilimitados en cantidad e infinitamente diversos en su figura. Y si no llenan el mundo a pesar de ser infinitos es porque el vacío por el que se mueven también es infinito. Esta inconcebible diversidad y cantidad de entidades primigenias moviéndose por un espacio ilimitado puede dar origen, por tanto, a una nueva infinitud: infinitos mundos diferentes entre sí, unos quizá similares al nuestro, pero otros con seguridad por completo heterogéneos. Y esa pluralidad infinita de mundos dará origen, también, a una infinita variedad de fenómenos. Nuestro mundo, nuestro ambiente natural, no es, así, nada más que una de las infinitas combinaciones posibles de los átomos y, por tanto, solo una de las maneras en las que las cosas pueden organizarse y manifestarse.

Visto de este modo, Demócrito puede entenderse como el punto de partida de algo muy diferente a lo que planteábamos más arriba: en lugar de ser el padre fundador de una visión del mundo «científica» según nuestros parámetros, puede ser visto como el pensador que sentó las bases para entender el mundo como una constante y completa heterogeneidad, una diversidad infinita e irreductible en la que las leyes que describimos al observar nuestro alrededor solo son el resultado de un orden regional pequeño hasta la irrelevancia en la inmensidad de un universo infinito. Y desde esta visión, Demócrito se convierte en el antecedente perfecto de las tesis pirronianas sobre la completa falta de diferenciación de las cosas.

En Pirrón, el clásico problema escéptico –la imposibilidad de alcanzar conocimiento seguro– no es más que un problema secundario y con poco protagonismo. El tema principal es muy diferente, y deriva de puntos de partida distintos de los habituales en el escepticismo posterior. La principal problemática filosófica se origina, para él, en la cascada de consecuencias que produce esa infinita variabilidad de los fenómenos que describíamos en Demócrito. Todo lo que observamos es diverso, cambiante. Las impresiones que el mundo produce en nosotros son diferentes en distintos momentos o para distintas personas. Los objetos y las circunstancias también cambian constantemente, y la observación que realizamos de ellas también se transforma en función de nuestro estado o de nuestra perspectiva. La variabilidad lo inunda todo. Y no solo por motivos que hoy llamaríamos «subjetivos», sino también a causa de las cosas mismas, que siempre se dan de ese modo variable e inseguro. Esta irreductible variabilidad es lo que habría llevado a Pirrón a afirmar que las cosas son indiferentes, inestables e indeterminadas. Nunca se presentan ante nosotros de maneras lo suficientemente fijas y estables como para que podamos afirmar su determinación tal y como cabría esperar. Y de ello deduce Pirrón que es el mundo mismo el que es indeterminado. No se trata solo de que nosotros no tengamos la capacidad para conocerlo de modo determinista; es que no es determinista.

Esto es lo que Richard Bett ha bautizado como la «tesis de la indeterminación» de Pirrón de Elis[10]. Una de las más sorprendentes tesis físicas del mundo antiguo: la realidad carece de determinaciones. Todo se nos manifiesta de manera variable y cambiante porque nada es por sí mismo de un modo determinado que podamos considerar fijo y estable. Por eso el lema de Pirrón, su expresión más conocida, es *ou mâllon*, 'nada es más'. Porque nada es más de un modo que de otro. Nada es más de la manera en que lo percibimos que de la opuesta, y no a causa de nuestra imperfecta capacidad para percibirlo, sino a causa del indeterminista modo de ser del mundo.

10. R. Bett, *Pyrrho, his Antecedents and his Legacy*. Oxford University Press, Oxford / Nueva York, 2003, p. 114.

Si esta interpretación de Bett es correcta —cosa que cada día más especialistas admiten—, la postura filosófica de Pirrón habría sido una de las más radicales que se han propuesto: el primer indeterminismo físico en sentido pleno de la historia. Y no se trataría en realidad de escepticismo porque no estaría tratando el mismo problema del que se ocupan los escépticos. El enfoque del escéptico es centrar su atención en nosotros, seres humanos, y no en el mundo. De hecho, el mundo es en general casi ignorado por el verdadero escéptico. Como mucho, admitirá que hay algo así como una naturaleza ignota detrás de los fenómenos, un mundo desconocido detrás de las apariencias, pero no dirá nada de ese mundo ni en un sentido ni en otro porque cualquier cosa que diga podrá estar equivocada. Pero ese mundo real del que el escéptico no habla se presupone que es objetivo y determinado. Es decir, el escéptico entiende que el mundo es independiente de cómo lo percibo (en eso se diferencia del relativista) y que tiene un único modo de ser (que es lo que lo separa del indeterminista). Si no puedo admitir, siendo escéptico, cualquier afirmación sobre la naturaleza, es porque mi opinión no determina cómo la naturaleza sea por sí misma pero ella es de algún modo determinada. Por ello, cuando el escéptico se encuentra con la variabilidad de las opiniones o de las percepciones humanas, suspende el juicio. Cuando se encuentra con esa misma variabilidad, el relativista argumenta que no hay más realidad que ese modo puntual en el que ahora yo opino sobre el mundo o percibo el mundo, y por tanto ese es el único mundo para mí. Pero cuando Pirrón se encuentra con esa variabilidad, no está dispuesto a presuponer que mi percepción sea el único mundo, pero tampoco que ese mundo independiente de cómo lo percibo tenga que ser necesariamente de un modo determinado y no de ninguno de los modos alternativos. Si de verdad el mundo fuera determinista y fijo, ¿por qué iba siempre a dársenos de manera variable?

Así, la propuesta de Pirrón no consiste en la suspensión del juicio, como la del resto de los considerados escépticos que aparecerán en las siguientes generaciones. Pirrón no se mantiene en *epoché* sobre la realidad, sino que afirma de manera tajante y radical algo sobre ella: que no es determinada. La conclusión de los verdaderos escépticos será que no podemos emitir ningún juicio con seguridad; la de Pirrón será, en cambio, el juicio de que las cosas no tienen una naturaleza determinada, y que la determinación de la realidad no es más que una apariencia[11].

Esto nos muestra a Pirrón como alguien en el fondo alejado de las grandes cuestiones de la epistemología y centrado, más bien, en las de la física. De hecho, si nos esforzamos, podremos llegar a encontrar en su propuesta física evocaciones de lo que acabará siendo la física de los siglos XX y XXI. Por supuesto, aunque se trate del primer indeterminismo, poca o ninguna relación directa puede tener con las posiciones indeterministas de hoy en física.

---

11. Ibíd., p. 116.

Pero para el hilo que nosotros estamos siguiendo aquí, lo importante es que esta interpretación nos situaría a Pirrón en el terreno de juego de la física, planteando una peculiar manera de ver la naturaleza. Y por tanto no sería Demócrito el último «presocrático», sino que habría que admitir que, en todo caso, lo fue Pirrón[12]. Pero aunque se trate de un filósofo de la física y no de la epistemología, su física tendrá enormes efectos en la teorización posterior sobre el conocimiento. Es probable que los escépticos del tiempo de Enesidemo malinterpretasen a Pirrón cuando se situaron a sí mismos como sus herederos, pero incluso las malinterpretaciones tienen efectos importantes en la historia del pensamiento. Y el hecho es que, a través de Pirrón, algunos de los más importantes elementos del democriteísmo tardío llegarán a entrar en las argumentaciones de esta corriente, entre ellos esa tesis de que *nada es más* una cosa que su contraria.

Sexto Empírico realiza en los *Esbozos pirrónicos* una interpretación de la expresión pirroniana «nada es más» (o «no es más») que la convierte en uno de los lemas principales del escepticismo.

Cuando decimos «no es más» decimos implícitamente «no es más esto que esto, arriba que abajo»[13].

---

12. Así lo expone Ramón Román Alcalá en un excelente artículo (R. Román Alcalá, «El escéptico Pirrón de Élide: el último presocrático y su conexión con la escuela de Abdera», *Anales del Seminario de Historia de la Filosofía*, 36 [2], 2019, pp. 321-333).
13. HP, I, 188.

De este modo, se muestra que la expresión de Pirrón es una fórmula genérica que vale para rechazar cualquier distinción. En el terreno epistemológico, nada es más verdadero que falso; en el moral, nada es más preferible que rechazable o más loable que reprensible. La indiferenciación lo abarca todo. Por ello, Sexto continúa un poco más adelante diciendo:

> El «no es más esto que esto» deja en claro nuestra forma de sentir según la cual, en virtud de la equivalencia de los opuestos, concluimos en la neutralidad; entiendo por equivalencia la igualdad en cuanto a lo de parecernos probable y entiendo en general por opuestos las cosas que se impugnan mutuamente y por neutralidad el no asentimiento a ninguna[14].

De este modo, la manera en la que Sexto Empírico refleja a Pirrón en su obra supone una descripción esquemática de la argumentación escéptica condensada en una brevísima expresión, tajante y fácil de recordar. «Nada es más» significaría, así, «no podemos decantarnos». No se puede optar por lo probable, como habrían propuesto los escépticos moderados de la Academia, porque cualquier cosa puede parecer en ocasiones tan probable como otra, lo sea o no lo sea. Entre dos opciones opuestas no tenemos cómo determinar cuál es más verdadera, más deseable o incluso más probable. Las op-

14. HP, I, 190.

ciones que «se impugnan mutuamente» no nos dejan más camino que el no asentir a ninguna, declararnos neutrales en la cuestión y suspender el juicio.

Esta interpretación sextiana de Pirrón parece a todas luces llevar al antiguo maestro de Elis más lejos de donde él pretendía llegar en su inicial preescepticismo. Aunque Pirrón solo quisiera hacer una defensa de la indeterminación de las cosas (que no son para él ni verdaderas ni falsas), los escépticos posteriores, con Sexto a la cabeza, se centran en la consideración de que somos *nosotros* los que no sabemos si las cosas son verdaderas o falsas, es decir, que o son verdaderas o son falsas pero *nosotros* no somos capaces de determinarlo.

Para concluir su interpretación, Sexto se pone a salvo de cualquier lectura de la expresión pirroniana que pueda convertirla en un lema dogmático. Como en otras ocasiones, el autor de los *Esbozos* se adelanta a las posibles críticas que defiendan la incoherencia de sostener un lema como este sin dudar de él señalando que el verdadero escéptico no toma esta clase de expresiones como artículo de fe:

> También es preciso darse cuenta de esto: de que hacemos uso de la expresión «nada es más» sin estar seguros de que ella sea absolutamente verdadera e indudable, sino refiriéndonos también a ella según lo que nos resulta manifiesto[15].

15. HP, I, 191.

«Nada es más» no es, por tanto, algo así como una verdad; es solo un parecer, una mera consideración que alude al hecho de que ninguna defensa de una opinión le ha parecido al escéptico tan convincente que no pueda encontrarse otra opinión opuesta que la iguale en persuasión. La expresión misma, de este modo, es muy diferente en Sexto de como era en Pirrón, que sí la sostenía como algo que es verdadero del mundo (y que por ello mismo nos fuerza a dudar siempre de cómo se nos manifiesta el mundo).

Timón, el satírico

Aunque Pirrón nunca llegó a convertirse en el fundador de una escuela en un sentido tradicional, sí que fue considerado por algunos filósofos como su maestro. Sus enseñanzas, expuestas mediante el ejemplo y la conversación, atrajeron a figuras muy variadas de la época, aunque es muy difícil saber si los podemos considerar discípulos en un sentido pleno o si solo son una suerte de admiradores e imitadores, como plantea Brochard[16]. Entre esos seguidores se cuentan filósofos como Euríloco, Filón de Atenas, Hecateo de Abdera y Nausífanes, pero destaca de manera evidente la figura de Timón de Fliunte, en especial por ser el único del que las fuentes nos transmiten un retrato más completo y profundo.

16. V. Brochard, *op. cit.*, p. 90.

Timón ya era célebre cuando conoció a Pirrón. Había sido durante un tiempo coreuta, es decir, integrante de los tradicionales coros en las tragedias griegas. Es muy difícil encontrar equivalencia en el teatro moderno a la función del coreuta: no es un figurante, sino un personaje de importancia que interactúa con el resto de personajes de la obra, pero lo hace formando parte de una colectividad que representa la voz del pueblo. Es, al tiempo, un actor, un cantante y un bailarín; pero su papel en el argumento es el de un cuestionador y un detonante para la reflexión colectiva. En cierto modo, ya hay en ese trabajo de juventud de Timón algunos de los elementos de lo que será su tarea escéptica.

Abandonó su carrera en la tragedia para dedicarse por entero a la filosofía, y comenzó su preparación para ese nuevo empeño estudiando con Estilpón de Megara, uno de los integrantes destacados de la escuela de Euclides. Se dice que se topó con Pirrón por casualidad, cuando este regresaba de un viaje a Delfos, y comenzó a seguirlo de inmediato. En realidad, abandonar la influencia de la escuela de Megara por la de Pirrón no es un cambio de rumbo drástico; hay muchas afinidades y elementos comunes entre ambas formas de pensamiento. Pero, de alguna manera, puede considerarse una radicalización, ya que Pirrón lleva algunas de esas similitudes (en especial las que tienen que ver con los efectos éticos del pensamiento crítico) hasta sus máximas consecuencias.

A diferencia de Pirrón, Timón estimaba mucho la escritura. Tenía una notable erudición. Conocía con detalle los mitos, las tragedias de los grandes autores del siglo v y los ciclos épicos escritos por Homero, e incluso muchas de las obras de filosofía producidas durante el periodo clásico. Y no solo era un gran lector, sino que también tenía muy buenas dotes de escritor. Gran parte de lo que sabemos de él tiene que ver con su actividad como literato filosófico. De su obra ha sobrevivido muy poco hasta el presente, pero según parece tenía un estilo agudo y mordaz, una pluma elegante y crítica que ejercitaba con facilidad contra todos aquellos a los que consideraba oponentes intelectuales. Compuso desde tragedias hasta textos en prosa o incluso poemas épicos al estilo de los grandes ciclos mitológicos, pero las principales de sus obras, tituladas *Sílloi (Sátiras)*, fueron una colección heterogénea de poemas burlescos que tuvieron mucho éxito en su época por esa combinación afortunada de brillantez cómica y profundidad conceptual que a veces alcanzan algunos escritores cuando parodian con seriedad, y no solo con gracia. Se considera que sus *Sátiras* fueron una de las obras más leídas de época helenística, lo que explica que sea de ellas de las que más fragmentos conservamos (unos ciento cincuenta versos) de todo cuanto escribió. A juzgar por la parte que ha sobrevivido, también aquí hacía Timón un ejercicio de emulación de los ciclos mitológicos y épicos de Homero y Hesíodo, aunque con clara intención paródica, recreando entre otros argumentos un descenso a los infiernos bajo la guía de Jenófanes (único filósofo al que parece respetar de la gran tradición previa) para describir, ridiculizándolos, al resto de filósofos fallecidos[17].

También criticó y parodió con frecuencia a Arcesilao, su contemporáneo, aunque en este caso el motivo no parece tanto una discrepancia con su pensamiento como una cuestión biográfica. Timón habría seguido a Pirrón durante un amplio periodo de tiempo, pero habría abandonado su compañía en el momento en que decidió formar una familia. Para poder mantenerla con cierta estabilidad, abandonó la vida de filósofo aporético desvinculado de los bienes materiales que llevaba junto a su maestro y pasó a dedicarse, en un primer momento, a la enseñanza itinerante de retórica a cambio de una remuneración, de una manera más o menos similar a la de los antiguos sofistas. Este desempeño profesional habría contribuido también a proporcionarle cierta fama, que luego sus obras escritas acrecentarían. Posteriormente, buscando aún mayor estabilidad, se decidió a dejar de desplazarse para impartir sus enseñanzas y trató de establecerse de manera permanente en Atenas. La ciudad ática ya no era la gran potencia económica, comercial y militar del pasado, pero continuaba teniendo el mayor prestigio cultural de toda Grecia y, sin duda, era el lugar perfecto para fundar una «escuela escéptica» desde la que esparcir y consolidar la visión pirroniana del mundo y desde la que perfeccionar y difundir su propia obra satírica. Sin embargo, al intentar introducir

17. M. L. Chiesara, *op. cit.*, p. 34.

este inicial escepticismo en el debate de ideas ateniense, Timón se encontró con una dificultad inesperada: ya había por entonces en la ciudad una escuela que proponía esa clase de postura crítica, y, por añadidura, era nada menos que la Academia de Platón, la más prestigiosa y grande de todas las escuelas de filosofía. Desde el momento en que Arcesilao de Pitane había entrado a dirigir la institución platónica, esta había dejado de mantener una metafísica idealista radical de las que los escépticos consideran «dogmáticas» y había empezado a sostener una posición más refutativa y aporética. Por ese motivo, Timón trató de enfrentarse a Arcesilao en una intensa polémica y se dedicó a escribir contra él con toda la fuerza de su estilo satírico esperando –sin éxito– arrebatarle el papel de «gran escéptico del momento» en la ciudad. La fuerza de la institución platónica era demasiado grande para ser eclipsada por un individuo, aunque fuera un gran autor literario. Y, aunque lograse iniciar, quizá, una sucesión de pensadores pirronianos independiente[18], Timón terminó sus días sin conseguir establecer en Atenas una escuela en un sentido pleno

18. Diógenes Laercio (IX, 115-116) nos habla de una discrepancia sobre si Timón logró o no tener continuadores. Según nos dice, Menódoto afirmaba que la escuela de Timón se eclipsó y que no tuvo discípulos, pero Hipóboto y Soción consideraban que tuvo por seguidores a Dioscórides de Chipre, Nicóloco de Rodas, Eufranor de Seleucia y Praílo de Tróade, y que a su vez Eufranor logró establecer una sucesión estable formada por Eubulo de Alejandría, Ptolomeo de Cirene, Sarpedón y Heráclides de Tarento, que habría sido maestro de Enesidemo; pero lo cierto es que nada o casi nada sabemos de casi ninguno de ellos, por lo que son para nosotros poco más que una lista de nombres.

del término. La época del escepticismo académico había comenzado.

Escepticismo en la Academia

A diferencia de la línea de pensamiento que rodea a la figura de Pirrón, que carece de una continuidad institucional y está formada, en su lugar, por figuras independientes y en cierto sentido aisladas, la línea escéptica que se generó en la Academia se caracteriza por rasgos completamente opuestos. La Academia no solo es una institución en sentido estricto, sino que es el paradigma y modelo de todas las instituciones educativas e investigadoras de la historia. Y en ella hubo en todo momento una conciencia clara de su identidad como entidad unitaria y, por ello mismo, una fuerte conciencia de su tradición. Es algo similar a lo que ocurre en las modernas universidades, que con frecuencia casi puede decirse que *rinden culto* a sus fundadores y a las más destacadas figuras intelectuales que han pasado por sus aulas a lo largo de los años. Hoy no se puede entender el London College sin conocer su actitud de profundo recuerdo y respeto por Jeremy Bentham, ni la Universidad Complutense sin su frecuente referencia a Cisneros como fundador o a Ortega y Gasset como gran figura. De la misma manera, la Academia platónica jamás dejó de autoconcebirse como *una parte de la obra de Platón* y, por tanto, a su vez, como una consecuencia de la vida y la filosofía de Sócrates.

Sin embargo, todo recorrido transversal por la historia de la Academia tendrá que hacer referencia a la prolongada etapa en la que la institución se declaró abiertamente escéptica. De hecho, a causa de esta posición filosófica, que se defendió en la escuela fundada por Platón durante un largo periodo y que vio surgir en ella algunos de sus más finos y acabados argumentos, la historia misma de la institución ha tendido a escindirse en etapas. Así, se ha hablado a raíz de su entrada en el escepticismo de una *Academia Antigua* y una *Academia Nueva*, o de una primera Academia, seguida de una segunda y una tercera con distintos matices escépticos (o aun de una cuarta y una quinta que abandonaron en diversa forma esas posiciones). El escepticismo, sin lugar a dudas, marcó en profundidad la historia de la escuela que sirvió de modelo a todas las escuelas.

Y aun así, a nosotros hoy nos resulta en gran medida sorprendente encontrarnos con el vínculo entre la escuela de Platón y el pensamiento escéptico. A raíz del modo en que el platonismo se enseña en los colegios, lo entendemos como un modelo de pensamiento estructurado y cerrado dentro de sus propios planteamientos, es decir, como un *sistema* en sentido fuerte, como lo son las construcciones filosóficas de la Modernidad (Kant, Hegel, etcétera). La única diferencia es que Platón habría escrito su sistema filosófico en forma de diálogos en lugar de mediante tratados, y por ello ese sistema platónico a veces resulta más difícil de *reconstruir* que los demás. Pero el producto de nuestra reconstrucción nos parece incuestionablemente «dogmático» en el sentido de que está constituido por tesis fuertes que Platón sostiene sin paliativos. Nada parecido a ningún escepticismo. Nada, ni siquiera, *compatible* con ningún escepticismo. ¿Cómo es posible, entonces, que el pensamiento escéptico se instalase durante un largo tiempo en la escuela platónica? ¿Cómo llegó a adueñarse de ella sin que se produjera de inmediato una resistencia institucional contra esa filosofía extraña que nada tenía que ver con el sistema del fundador?

Para empezar, hemos de entender que esa visión sistemática moderna que proyectamos en la filosofía platónica es una interpretación nuestra como lectores contemporáneos no demasiado ajustada al contexto antiguo. Platón ni fue ni podía ser un filósofo al estilo de Hegel. Su modo de concebir su propia filosofía es profundamente diferente al de cualquier pensador de la Modernidad. Y en ese modo de concebir su pensamiento desempeña un papel insoslayable la discusión. Como la de su maestro Sócrates, la filosofía de Platón está hecha de discusiones, de conversaciones sobre temas epistemológicos, ontológicos o políticos en los que siempre hay un espacio para la pregunta, y ninguna respuesta es tal que impida la aparición de una nueva pregunta. Conversaciones que tendrían lugar tanto en las calles de Atenas, como ocurría con su maestro Sócrates, como después, en los jardines del palacio de la corte de Siracusa o en las lecciones impartidas en la escuela anexa al gimnasio del héroe Academos. Solo que, a diferencia de su maestro

Sócrates, Platón traslada esas conversaciones a texto, y no solo eso sino que crea con ellas obras literarias de ficción, es decir, imagina debates, crea personajes para que lo interpelen, inventa refutaciones y contrarrefutaciones y las deja por escrito en un género literario-filosófico que estaba ya muy en boga en su tiempo y que él llevó a las cotas más altas que nosotros conozcamos: el diálogo socrático. Por supuesto, los diálogos de Platón no son una verdadera conversación; están construidos, planificados. Si el personaje de Sócrates lleva la voz cantante en un pasaje, si consigue mostrar la ignorancia de su interlocutor en otro, es porque Platón así lo ha diseñado y realizado. Y en muchas partes lo que leemos se parece más a un discurso que a un debate, con el detalle de que, de tanto en tanto, Critón u otro discípulo interviene para decir algo como «cuánta razón tienes, Sócrates».

Sin embargo, nunca seremos suficientemente conscientes de lo importante que es ese «cuánta razón tienes, Sócrates». Esa intervención breve después de un largo pasaje expositivo del maestro y antes de otro igual de largo, ese instante en que el oponente o el discípulo toma la palabra solo un momento para decir que está de acuerdo o que sigue correctamente el razonamiento, y permite que la exposición siga adelante, es tan esencial como la exposición misma. Y lo es porque es la muestra de un modo de entender el filosofar. Incluso en los pasajes más discursivos, la filosofía platónica se expone siempre como resultado de un proceso dialogado. El pensamiento filosófico no debe ser nunca un monólogo. Y no debe serlo porque ha de estar siempre abierto a la intervención del otro. Cada vez que esa intervención es positiva, cada vez que es solo una aquiescencia a la argumentación, se muestra que podría no haberlo sido. Critón podría haber dicho que no está de acuerdo, o que no lo entiende, o que quiere una explicación más detenida, un ejemplo, una prueba de lo dicho... Cuando dice, en cambio, que está de acuerdo, el razonamiento continúa solo porque las dos razones, las dos mentes, que están colaborando en el recorrido literario de las ideas, concuerdan.

Es evidente que, al escribir el diálogo, Platón está fingiendo esa colaboración. En cuanto escritor de filosofía, Platón trabaja solo. Pero si escoge el diálogo como género es para hacer patente que ese acto de escritura no es más que la culminación de un proceso que en su parte principal, en su momento decisivo, tiene que ser siempre dialógico. Que en esos diálogos se exprese o no lo que entendemos por un sistema es hasta cierto punto secundario para nosotros. Para el tema de este libro lo principal es que nos fijemos en que el pensamiento platónico presupone siempre esa apertura a la razón del otro; que siempre está, por tanto, abierto a ser discutido.

De hecho, tan abierto está el pensamiento platónico a ser discutido que el primero en discutirlo fue el propio Platón. Toda una parte de su obra, la denominada «etapa autocrítica», consiste precisamente en la puesta en cuestión de las tesis que él mismo había sostenido en la etapa anterior. Y es en esa parte de los diálogos platónicos en la que encontramos los mejores argumentos antiplatónicos de la historia. Si Aristóteles puede, por ejemplo, poner en cuestión la existencia independiente de las ideas platónicas y el modo en que se relacionan con los objetos particulares con el famoso «argumento del tercer hombre» que expone en la *Metafísica* (990b17-1079a13) y en las *Refutaciones sofísticas* (178b36), es porque, antes de que él empezase siquiera a escribir ninguna de sus obras, el propio Platón ya había recogido la discusión antiidealista en su diálogo *Parménides* (132a). Que el argumento naciese originalmente en la conciencia crítica de Platón mientras repasaba como autor sus afirmaciones o que surgiese en el contexto del debate abierto en los pasillos de la Academia es, quizá, imposible de determinar; pero tanto una opción como la otra nos hablan de un Platón nada dogmático, muy dispuesto a revisar sus conclusiones y abierto a la discusión y refutación hasta de los elementos fundamentales de su filosofía.

Por todo ello, la Academia como institución nunca vio con malos ojos los argumentos que condujeran a la puesta en duda de cualquier tesis, incluso de las más nucleares de su propia posición. La filosofía fue siempre vista en la escuela como el resultado de una discusión abierta. Todo podía ser cuestionado en cualquier momento. Cualquiera podía poner en tela de juicio cualquier afirmación. Además, algunos de esos cuestionamientos resultaban especialmente aptos para el despliegue de la filosofía de raíz platónica. Cualquier argumento que pusiera en cuestión la veracidad de la información obtenida a través de los sentidos era percibida por los seguidores inmediatos de Platón como un apoyo más contra cualquier empirismo ingenuo y, por tanto, un nuevo sillar en la construcción del edificio filosófico que tenía por culminación la teoría de las ideas.

Así, la Academia siempre estuvo abierta a cierto grado de escepticismo en sentido amplio. Y la entrada entre sus muros de tesis escépticas radicales pudo ser un proceso vivido como un desarrollo natural de la discusión abierta y el espíritu crítico que siempre había imperado en ella.

Además, no debemos olvidar que las escuelas filosóficas de la frontera entre la etapa clásica y la helenística eran instituciones que competían entre sí[19]. Aunque en la mayoría de los casos no podamos decir que tenían una entidad jurídica clara, y aunque el mercado en un sentido moderno todavía no estuviera conformado como tal en el terreno de la educación superior, las diversas escuelas filosóficas vivían sus enfrentamientos mutuos como algo que rebasaba la mera discusión temática y que abarcaba también una confrontación por el prestigio. Cada escuela luchaba por mostrarse superior a sus rivales. Y a lo largo del tiempo los rivales cambiaban. Si en el final de la etapa clásica los competidores de la Academia eran el Liceo de Aristóteles (al fin y al cabo una escuela hermana) y la escuela de retórica de Isócrates (orientada de

---

19. Véase S. Mas Torres, *Escépticos y dogmáticos: estudios sobre la Academia Nueva*. UNED, Madrid, 2023, p. 9.

manera mucho menos filosófica y más vinculada con la tradición argumentativa de los sofistas), una vez rebasado el final de esa etapa surgieron nuevos rivales más vigorosos por el enfoque de sus planteamientos. Y entre esos nuevos rivales el que más podía hacer peligrar el estatus de la Academia como escuela más prestigiosa era la pujante *Stoa* de Zenón, Cleantes y Crisipo.

Para enfrentarse a los estoicos con solvencia, la Academia debía abrirse a nuevas formas de argumentación. Las preguntas y dudas más extremas podían tener un papel de importancia en este nuevo contexto. Pero, además, para lograr mantener su imagen de gran centro de discusión y aprendizaje frente a la novedosa escuela que se reunía en el pórtico pintado, la Academia también tenía que reafirmarse en su propia tradición. Los estoicos, especialmente Zenón, reclamaban su proximidad con Sócrates (a través de la enseñanza del cínico Crates, maestro de Zenón). Como Sócrates, ellos eran filósofos de la austeridad y la moderación. Como Sócrates, exponían sus tesis en las calles, sin encerrarse en un edificio aislado de la ciudad. Como Sócrates, practicaban la virtud y no solo la explicaban. Ante esto, los discípulos de Platón reaccionaron reclamando para sí la herencia socrática. A nadie correspondía mejor que a ellos el adjetivo de «socráticos» dado que eran en cierto modo los nietos intelectuales del propio Sócrates.

Dice Salvador Mas que si los estoicos y los académicos podían declararse ambos socráticos es porque hay al menos dos Sócrates: el de la tradición cínico-estoica y el de la escéptico-aporética[20]. El primero de esos Sócrates, el que los cínicos habían popularizado a través de su interpretación extrema y cruda de la enseñanza socrática, era principalmente un crítico social. Su interés primordial era cambiar el modo de convivir de los atenienses. El segundo sería el que aparece como personaje en los primeros diálogos de Platón, el Sócrates centrado en la refutación de sus interlocutores y en la exposición de la ignorancia (propia y ajena). Este segundo Sócrates podía pasar a ser el eje de una cosmovisión escéptica en el seno de la Academia sin provocar la sensación de un abandono de la propia tradición. Al fin y al cabo, este Sócrates reclamaba que solo sabía que no sabía nada y, además, trataba de hacer ver a sus interlocutores que ellos *no sabían nada más* y *ni siquiera sabían eso*.

Así, en el paso hacia la etapa helenística, se produce un cambio en el seno de la Academia en la interpretación de su propia herencia. Si los integrantes principales de la etapa anterior (Espeusipo, Jenócrates y Polemón) entienden su vínculo con Platón a través de un desarrollo de las teorías metafísicas del maestro, los de la nueva etapa (Arcesilao y Carnéades) van a defender la recuperación de las preguntas por encima de las respuestas. Si los primeros conceden gran importancia a la matemática, los segundos se la van a dar, más bien, a la dialéctica. Si los primeros se conciben, sobre todo, como platónicos, los segundos equiparan ese ser platónicos con ser socráticos.

20. Ibíd., p. 12.

En ocasiones se explica esta transformación como si fuese el único cambio acontecido en el seno de la Academia: la entrada de tesis escépticas habría causado, de esta manera, el paso de la Academia Antigua a la Academia Nueva. En la Academia Antigua se encuadrarían los seguidores inmediatos de Platón: Espeusipo, Jenócrates, Polemón, Crates de Triasio y Cróntor de Solos, que, según Cicerón, mantuvieron «diligentemente las doctrinas que habían recibido de sus predecesores»[21]. En la Academia Nueva se incluirían todos los escolarcas de la institución a partir de Arcesilao durante los siguientes siglos. Y es este segundo grupo de pensadores el que habría que concebir como el que se desvió de la doctrina original de la escuela. Sin embargo, esta visión resulta demasiado simplista por varios motivos. En primer lugar, dado que la Academia siempre fue, como hemos dicho, una institución abierta a la discusión, no puede concebirse como forzada a mantener una ortodoxia. La variación en la orientación filosófica es parte esencial de esa libertad que se encontraba inscrita en su ADN. Y más aún si se trata de una variación justificada por elementos de la propia tradición académica, como los diálogos de juventud de Platón. En segundo lugar, resulta muy cuestionable que las enseñanzas de Platón aspirasen a convertirse en una ortodoxia de cualquier tipo. Autores como Harold Cherniss, Thomas A. Szlezák o Giovanni Reale nos han hecho replantearnos esa visión

21. Cicerón, *Acad.*, I, 33-34.

tradicional del platonismo como sistema cerrado. Quizá no debamos entender la filosofía platónica como un ejercicio de transmisión de conocimientos, sino más bien como una actitud crítica alejada de todo dogmatismo y puesta en práctica más en el aula que en el texto[22]. Y si esto es así, la reinterpretación más aporética de la enseñanza platónica no habría desviado a la Academia de su posición original, sino que la habría devuelto a su primera senda. Y en tercer lugar, transmitir la idea de que el cambio entre el academicismo original y el escéptico fue definitivo y unitario falsea la realidad. Nunca hubo una unidad fuerte en las tesis de los escépticos académicos. Son más una diversidad de pensadores independientes que una tradición unificada. Y por ello quizá responda mejor a la historia de la institución después de Arcesilao una enumeración detallada de los cambios que una descripción general de los rasgos comunes.

Muchas fuentes distintas nos hablan de esa sucesión de cambios y los agrupan y describen de maneras diferentes. Una forma habitual de comprender estas transformaciones es a través de distintos «momentos» del academicismo helenístico: un primer momento radical, que casi siempre se vincula con Arcesilao, en el que la seña de identidad de la filosofía académica fue su oposición a todo dogmatismo; un segundo momento más

22. Cfr. Th. A. Szlezák, *Leer a Platón*. Alianza Editorial, Madrid, 1997; *Platon und die Schriftlichkeit der Philosophie*. De Gruyter, Berlín / Nueva York, 1985; H. Cherniss, *The Riddle of the early Academy*. Berkeley, 1945.

moderado y también más dado a las polémicas internas entre distintas formas de escepticismo, y, finalmente, un tercer momento en el que se produce el regreso al dogmatismo, aunque no sea ya el mismo tipo de dogmatismo del que la escuela habría partido[23]. De esta manera, resulta razonable decir que no hubo simplemente una primera y una segunda Academias, sino una sucesión de Academias distintas, a menudo enfrentadas entre sí y que merecen tratamientos diferenciados. Muchos especialistas, de este modo, han tratado de catalogar esta diversidad de cambios de posición ya desde la propia Antigüedad. En algunos casos nos encontramos con que todas las variantes formuladas en la institución se agrupan distinguiendo únicamente una Academia Antigua, una Academia Media y una Academia Nueva. En otros casos, ante la proliferación de diferencias, los autores optan por numerarlas postulando una cuarta Academia, una quinta, una sexta, una séptima... Entre nuestras fuentes antiguas las opiniones también son muy variadas. Diógenes Laercio atribuye a Arcesilao la fundación de la Academia Media, y a su discípulo Lácides de Tarento, el inicio de la Nueva[24]. El *Index Academicorum* trata de explicar esta diferencia entre Lácides y Arcesilao interpretando que Lácides pretendía conciliar la primera Academia con la segunda, y de esa conciliación nació la tercera[25]. Cicerón, Sexto Empírico y Clemente de Ale-

---

23. Cfr. S. Mas Torres, *op. cit.*, p. 13.
24. DL, I, 19.
25. XXI, 37-42. Véase S. Mas Torres, *op. cit.*, p. 14.

jandría, en cambio, no señalan diferencia alguna entre Lácides y Arcesilao[26]. Cicerón dice, de hecho, que solo Lácides siguió perfectamente el método de Arcesilao. Sexto sitúa la frontera entre la Academia Media y la Nueva algún tiempo después, en el escolarcado de Carnéades. La Academia Nueva abarcaría, de este modo, las etapas al frente de la institución de Carnéades y su discípulo Clitómaco de Cartago. En este punto estaría de acuerdo también Eusebio de Cesarea, que en su *Preparación evangélica* señala las clases de escepticismo que se dieron entre los paganos. Eusebio, en efecto, separa también las posiciones de Arcesilao y Carnéades[27] como dos escepticismos distintos. Y el Pseudo-Galeno, a su vez, también confiere a Carnéades el suficiente grado de novedad como para considerarlo punto de partida de la Academia Nueva[28].

De este modo, aunque hay muchos matices que diferencian lo que las fuentes nos relatan, parece razonable extraer algunas conclusiones. La mayoría de los autores que nos han transmitido información consideran que hubo diferentes escepticismos académicos. Todos, sin excepción, entienden que el punto de partida de las tesis escépticas académicas fue Arcesilao. Muchos de ellos, aunque no todos, asumen que la posición de Arcesilao la mantuvieron también sus sucesores hasta Carnéades

---

26. Cicerón, *Luc.* 16; Sexto Empírico, HP, I, 220; Clemente de Alejandría, *Strom.*, I, 14, 63-64.
27. Eusebio de Cesarea, *Praep. evang.*, XIV, 4, 16.
28. Pseudo-Galeno, *Hist. Phil.*, 3.

(es decir, Lácides, Telecles, Evandro y Hegesino). Casi todas las fuentes (al menos Sexto Empírico, Clemente de Alejandría, Eusebio de Cesarea y el Pseudo-Galeno) nos inducen a pensar que hubo una diferencia importante entre la etapa de Hegesino y la de Carnéades. Y de nuevo una mayoría consideran a Carnéades y a Clitómaco integrados en la misma etapa. Después de Clitómaco empezaría ese último momento de la tradición académica escéptica que consiste en el regreso (paulatino según algunos, repentino según otros) a posiciones dogmáticas. A este último periodo corresponderían las etapas de los dos dirigentes de la Academia con los que acabaría el periodo escéptico, Filón de Larisa y Antíoco de Ascalón.

A la vista de este panorama, al menos hay dos escepticismos académicos de los que es inevitable dar cuenta, ya que todo indica que habrían sido novedosos respecto de las posiciones anteriores y, además, diferenciados entre sí: el de Arcesilao y el de Carnéades.

Arcesilao, el filósofo-quimera

La Academia Media o Segunda Academia habría comenzado, según hemos visto, con la llegada a la dirección de la institución de Arcesilao de Pitane, que será el representante más destacado de esta etapa. Arcesilao, hijo de Seuto –o de Escito–, nació en el año 315 a. n. e. en la ciudad eolia de Pitane, en la costa de Asia Menor, cerca de la actual ciudad turca de Çandralı, y murió setenta y cinco años después, en el 240. En su Eolia natal había estudiado con el matemático Autólico de Pitane, que había escrito sobre las cualidades geométricas y físicas de la esfera. No sabemos exactamente cuándo llegó a Atenas, pero sí que emigró allí con la intención de aprender retórica. Ya en la ciudad de Ática, habría tenido por primer maestro a Janto de Atenas, un músico, y finalmente a Teofrasto de Lesbos, el más célebre y destacado filósofo del momento, que había sido el discípulo y sucesor de Aristóteles al frente del Liceo. Apasionado por la filosofía, frecuentó las clases de los académicos Crántor y Polemón, lo que lo llevó a dejar el Liceo e integrarse en la Academia. Teofrasto lamentó perder al joven y prometedor filósofo, según nos cuenta Diógenes Laercio, diciendo: «¡Qué muchacho tan bien dotado y hábil ha abandonado nuestro trato!»[29]. En la Academia se encontró rodeado por la más profunda tradición clásica, y aprendió de maestros a los que consideraba «como unos dioses, o unas reliquias de los héroes de la Edad de Oro»[30]. Tras la muerte de Polemón, se hizo discípulo de Crates de Triasio (al que no hay que confundir con el filósofo cínico Crates de Tebas), que había asumido la dirección de la escuela. Y al morir este, alrededor del año 260 o 265, se convirtió en el nuevo director de la Academia. Se cuenta que Arcesilao no era el principal candidato para asumir la jefatura de la institu-

29. DL, IV, 30.
30. DL, IV, 22.

ción, y que llegó a convertirse en escolarca porque el
otro candidato, llamado Socrátides, se retiró para favore-
cerlo al reconocer la superioridad de su rival[31]. Socrátides habría sido, de este modo, el candidato considerado
«continuista» y que aseguraba la pervivencia de la tradición de la Academia Antigua, mientras que una cierta
pulsión renovadora se habría intuido ya en Arcesilao.
Pero esto no debe entenderse como señal de un conflicto soterrado en el seno de la escuela. Nada nos indica
que la transición de un escolarca a otro en esta etapa se
viviese dentro de la institución académica como un problema; ni siquiera se percibe una sensación de cambio
profundo en lo que sabemos de sus integrantes de ese
momento. No hay nada similar a una lucha por el poder, ni tampoco una colisión entre dos formas opuestas
de hacer filosofía. Al contrario, si Socrátides cede la dirección de la escuela a Arcesilao es porque lo considera
más apto, más capaz, quizá mejor preparado, y porque
no lo ve como esencialmente distinto a sí mismo y a su
propia tradición en el terreno filosófico.

Desde luego, Arcesilao no se muestra jamás como algo
diferente de un platónico. Se nos cuenta que profesaba
una gran admiración por Platón y que leía con cuidado
sus textos. De hecho, Diógenes Laercio señala que adquirió los libros de Platón para sí mismo[32], lo que para
nosotros parece un hecho obvio en alguien que debía di-

31. DL, IV, 32.
32. DL, IV, 31 y 37.

rigir una escuela platónica, pero que en la Antigüedad no lo era tanto. En aquel momento la herramienta principal en la transmisión de la filosofía continuaba siendo la enseñanza oral directa. Los textos publicados se veían más como una fuente secundaria dirigida al público general. Por entonces, los diálogos platónicos quizá no eran considerados tan esenciales en la Academia como cabría pensar. Los principales escolarcas de la Academia Antigua, Espeusipo y Jenócrates, habían aprendido la filosofía platónica de las mismas clases de Platón. Y sus sucesores continuaron formándose de un modo similar mientras la enseñanza del maestro fundador de la escuela pudo seguir considerándose más o menos cercana. Pero para el momento en que Arcesilao asciende a la dirección de la institución no solo no quedaba nadie que hubiera conocido a Platón en persona, sino que incluso la enseñanza del maestro resultaba ya algo remoto, casi mítico. En ese sentido debemos interpretar la alusión a esa visión de sus maestros como *dioses* o *héroes* que veíamos antes, como si Arcesilao los hubiera sentido como el último vestigio superviviente de una época excepcional ya desaparecida. Por ese motivo tiene importancia el acto del filósofo de Pitane de volver sobre los textos. En la escuela de Platón ya no se puede seguir pensando en aprender de Platón. Los discípulos que aprenden de discípulos que aprendieron de discípulos deformarán su filosofía y pervertirán el espíritu investigador de la escuela. La manera en la que la enseñanza de Platón puede volver a las clases de la Academia parece haber sido vista con claridad por Arcesilao: estudiar los diálogos, leer la palabra escrita del propio Platón. Y al recuperar los diálogos como eje de la enseñanza, como referente de la discusión, allí aparece Sócrates, el Sócrates ficticio al que Platón hace protagonista de sus textos, como la gran figura intelectual a la que atender. Platón mismo no aparece en sus diálogos. Nunca se convierte en personaje de la discusión, y solo en muy raras ocasiones se refiere a sí mismo. Pero Sócrates es casi omnipresente en ellos.

Tomar a Sócrates por referente de la enseñanza en una institución educativa como la Academia supone notables cambios de enfoque respecto de qué es enseñar y qué es aprender. En primer lugar, Sócrates jamás se declara maestro. Puede que sus seguidores sí lo llamen maestro, pero él insiste en que no lo es. Sócrates no sabe nada, y por tanto no tiene nada que enseñar. Maestros eran, en todo caso, los sofistas. Ellos eran los que afirmaban poder tomar un discípulo y enseñarle cualquier saber. Sócrates, muy al contrario, solo dice ser capaz de enseñar ignorancia: enseñar a reconocer que se ignora, lo que resulta, quizá, la enseñanza más provechosa y más imprescindible para un investigador. En segundo lugar, Sócrates aparece en los diálogos de Platón como alguien capaz de enseñar esa ignorancia incluso contra la voluntad del que aprende. Sócrates es un refutador, y emplea toda clase de herramientas retóricas para llevar a cabo su tarea. La retórica, que había sido el objetivo inicial de Arcesilao en su viaje a Atenas, cumple un papel en ese nuevo modo de entender el enseñar: es la herramienta de la polémica contra quien no quiere admitir que no sabe. En tercer lugar, el Sócrates que aparece en algunos de los diálogos de Platón –nosotros hoy sabemos que son los diálogos que escribió en su juventud– asume que un final muy posible de cualquier conversación, de cualquier discusión filosófica y, por tanto, de cualquier investigación es el no-final, la *aporía*, el no poder concluir nada. Este grupo de diálogos suele terminar así, sin conclusiones. Su valía no está en los resultados. Y, por último, una de las cosas que con más seguridad sabemos de Sócrates es que no escribió nada. Su filosofía se puso en práctica en su interacción oral con sus contemporáneos. Del mismo modo, Arcesilao tampoco escribió nunca ningún libro. Igual que la filosofía de Sócrates quedó reflejada para la posteridad en los escritos de sus discípulos, especialmente Platón, la de Arcesilao pudo ser conocida después de su muerte a través de los libros de su alumno Lácides. No dejar escritos tras de sí es uno de los mejores modos de garantizar que no se va a convertir uno en autoridad dogmática. Los textos filosóficos siempre corren peligro de leerse como dogmas en lugar de con espíritu crítico. Incluso un libro escéptico puede ser leído por sus lectores con una actitud que acabe siendo «dogmáticamente escéptica». Al no escribir, Arcesilao se asegura, al menos, de que la enseñanza que se haga de su pensamiento tendrá que estar construida mediante la discusión y no con la mera lectura acrítica.

La transformación que Arcesilao va a producir en la Academia es, de este modo, una cierta institucionalización de la manera socrática de entender el aprendizaje y la investigación. Las tesis fuertes, las doctrinas, ceden su protagonismo a las preguntas inquisitivas; el conocimiento seguro se cuestiona como algo quizá inalcanzable; la capacidad retórica para refutar se convierte en la habilidad nuclear del filósofo. Este proceso se da, como decíamos, en el seno de una lucha por el prestigio entre las distintas escuelas de la época helenística. Estoicos y epicúreos han aparecido en escena en el debate intelectual con mucha fuerza, acaparando gran parte del protagonismo en todas las discusiones. La *Stoa*, en especial, parece haber dado con la tecla correcta al interpretar el espíritu de su época y logra suscitar una gran atención a pesar de su relativa juventud. La Academia platónica, institución venerable, no puede quedarse atrás. Por ello, una gran parte de la tarea filosófica de Arcesilao puede leerse con razón en clave antiestoica.

Para lograr rebatir las tesis del pujante estoicismo es de crucial importancia cuestionar su manera de comprender el conocimiento. Zenón había asentado su ética sobre una lógica y una concepción física de la realidad sin las cuales toda esa filosofía no sería más que una serie de máximas morales injustificadas. Por ese motivo Arcesilao se fija en la noción estoica de conocimiento, consciente de que, si logra que se tambalee ese punto concreto de su edificio teórico, si consigue que pierda firmeza ese sillar, todo el resto de esa nueva forma de filosofía asentada sobre él se vendrá abajo. Si no es posible comprender qué es saber y distinguirlo de cualquier otra cosa (la opinión, la mentira, el error), entonces no podrán sustentarse las visiones de la física y la lógica que aspiran a fundamentar y sostener la ética estoica. Todo depende de que se pueda dar razón de la capacidad para alcanzar conocimiento.

La filosofía estoica considera que el conocimiento tiene que tener siempre una raíz sensorial. La razón tiene, por supuesto, un papel importantísimo en su pensamiento, pero ese papel no es el de ejercer de inicio del proceso cognoscitivo. El desencadenante de todo conocimiento siempre está, según ellos, en los órganos de los sentidos. La información que nos llega por los sentidos es la que produce la percepción, y es la percepción sensible la que nos habla de los objetos que la han causado. La razón puede juzgar sobre todo ello, pero necesita de la aparición de la percepción para tener algo sobre lo que juzgar. Dicho de otro modo, la razón no puede actuar independientemente de la experiencia. Por ese motivo, si tenemos que encontrar la herramienta que nos permita saber que algo es conocimiento y no error, saber que conocemos algo, esa herramienta no puede provenir de la razón. El criterio de verdad estoico no puede ser racional, sino que tiene que ser empírico, sensorial. En concreto, cualquier candidato a criterio que aspire a cumplir el papel de garantizar el conocimiento verdadero en el sistema filosófico estoico tiene que estar vinculado con eso que queda en nosotros tras ser afectados por los órganos de los sentidos. Y a eso los estoicos lo llaman *phantasíai*.

Para Zenón el punto de partida de todo proceso de conocimiento se encuentra en las *phantasíai*, las «representaciones» de los objetos sensibles percibidos. En algunas ocasiones este término griego también se ha traducido al español como «impresiones» o incluso, en una versión más literalista, «fantasías». Por esta última alternativa es por la que opta Ortega y Gasset cuando hace referencia a la teoría del conocimiento estoica en su libro *La idea de principio en Leibniz*[33]. Traducir el término de este modo permite alejarse mucho menos del término original griego, pero creo que se entiende mucho peor que el resto de opciones al introducir equívocos y posibles malinterpretaciones causadas por el sentido actual de la palabra «fantasía» en español. «Impresiones» es una traducción mucho más frecuente, y tiene la ventaja de reflejar de manera muy palpable el carácter de «huella en nosotros» que tienen las *phantasíai* como efectos en nuestra mente o nuestro ánimo de las causas que son los objetos. Con todo, prefiero la traducción por «representaciones» porque eso es justo lo que las *phantasíai* hacen según los estoicos: representar. Representar es ocupar el lugar de la realidad, servir como su sustituto. Una representación teatral es la puesta en escena de un mundo ficticio que ejerce de sustituto del mundo real. Una representación diplomática es una delegación que sustituye y hace las veces de todo un país real ante otro. La naturale-

33. J. Ortega y Gasset, *Obras Completas*, vol. VIII, Madrid, 1983, pp. 247-257.

za de la representación es ese ocupar el lugar de lo real. Por su propia definición, toda representación es una imagen, una idea o una figura que sustituye a la realidad y asume su papel. Del mismo modo, las representaciones estoicas son lo que queda en nosotros cumpliendo el papel de la realidad para que podamos guiarnos y actuar conforme a ellas. Según Zenón, las sensaciones envían sus señales a la mente, y es la mente la que crea a partir de ellas una representación de los objetos percibidos. Esa representación mental puede ser aceptada o rechazada por el entendimiento. Para aceptarla o rechazarla se crea un juicio (a favor de ella o en su contra). Si nuestro juicio es favorable a la representación y la representación refleja bien el objeto al que representa, habremos acertado. De lo contrario, habremos errado. El conocimiento, por tanto, depende de la relación entre las representaciones y los objetos a los que representan. Para expresar esta relación Zenón y su discípulo Cleantes crearon una de las imágenes más sugestivas de la historia de la filosofía: la mente es como un pedazo de cera capaz de recibir la impresión de los objetos del mundo externo. Cuando los objetos nos afectan a través de nuestros órganos de los sentidos, sus cualidades, su «forma», se imprimen en esa cera de nuestra mente dejando una huella. Esa huella es la representación. Pero el objeto puede imprimirse en ella bien (reflejando lo que realmente es) o mal, de manera inadecuada, como si al imprimir sobre la cera un sello la impresión quedase movida o solo se imprimiese en parte. Por ello existe la posibilidad del error.

Tal y como acabo de explicarlo, parece que me he quitado la razón a mí mismo y debería haber dicho que la traducción por «impresiones» es preferible a la de «representaciones» a la hora de verter al castellano la noción de *phantasíai*. Después de todo, Zenón y Cleantes utilizan la metáfora de la impresión para aclarar su sentido. Sin embargo, la historia del estoicismo no será unánime sobre si esta metáfora es pertinente o no. Muy poco después de que Zenón y Cleantes la formulen, Crisipo de Solos ya la considerará desafortunada[34] por la manera inadecuada en que nos lleva a concebir la mente. Según Crisipo, si nos tomamos demasiado en serio la metáfora de la cera, pensaremos que la mente humana es una entidad pasiva, una especie de materia inerte que se limita a recibir y reflejar la capacidad activa de los objetos a través de las sensaciones. La mente, el alma humana, dice Crisipo, es más bien una entidad activa capaz de reaccionar por sí misma al mundo. Por eso Crisipo prefiere relacionarla con el fuego, siempre en movimiento, antes que con la pasividad de la cera.

De cualquier manera, sea el alma parte activa en la creación de las *phantasíai* o mera receptora pasiva, sigue estando presente el problema de que esas representaciones pueden reflejar el objeto representado bien o mal, y por tanto sigue presente la posibilidad del error. ¿Cómo sabe el estoico, preguntará Arcesilao, que las representa-

---

34. SVF II, 56.

ciones que se ha formado del mundo y sobre las que ha asentado su filosofía son aciertos y no errores? La propuesta estoica consiste en distinguir cierto tipo de representación y elevarla a la categoría de criterio de conocimiento. Esa representación es la *kataleptikē phantasía*, que se suele traducir como «representación comprehensiva» o «aprehensiva», aunque bien podría haberse volcado al español como «representación convincente» o «representación captadora». Se trata, dicen los estoicos, del tipo de representación que se imprime en nuestra alma de tal modo que no puede inducir a error. Esta clase de impresiones describen los objetos de manera evidente tal y como realmente son; toda la información que obtengamos de ellas será, pues, inequívoca. Si somos capaces de distinguir este tipo de impresiones de las que no mantienen ese nivel de seguridad, habremos encontrado el modo de fundamentar nuestro saber. Pero ¿cuándo una representación será de este tipo? La definición inicial de representación comprehensiva, según nos la transmite Diógenes Laercio[35], indica que solo se tratará de una representación de esta categoría especial si cumple tres requisitos:

a) Haber sido causada por un objeto real.
b) Representar con precisión ese objeto.
c) Haber sido impresa en nosotros a través de los órganos de los sentidos.

35. DL, VII, 46.

Probablemente, esta definición, que Diógenes Laercio recoge, es la que originalmente aportó el propio Zenón cuando postuló por primera vez la existencia de esta especial categoría de representaciones. Refleja adecuadamente la exigencia de que el conocimiento, para ser considerado como tal, ha de ser firme, inequívoco. No podremos afirmar que conocemos si tenemos que dudar siempre de nuestras impresiones sobre el mundo. Si el conocimiento no es seguro, no será tal conocimiento sino mera opinión. El problema de la fundamentación del conocimiento se encuentra expresado aquí con toda claridad. Pero para resolver dicho problema Zenón ha postulado la existencia de representaciones de las que *sabemos* que su causa es un objeto real y *sabemos* que reflejan fielmente su objeto. La crítica de Arcesilao contra esta propuesta de criterio epistemológico es sencilla pero devastadora. Basta con preguntar: ¿cómo sabemos que sabemos eso? Cualquier representación que nos hayamos hecho del mundo puede haber sido causada por un objeto real o no. Las alucinaciones, por ejemplo, no se perciben de tal modo que el que las tiene *ya sabe* que son alucinaciones. Y, de igual manera, tampoco la falta de precisión en el modo de reflejar el mundo es autoevidente. No podemos saber cuándo una representación cumple las condiciones a) y b). Solo la condición c), la menos útil para poder llamar «conocimiento» a algo, es más o menos segura.

La definición inicial de Zenón, de este modo, no era capaz de garantizar el saber. En cierto modo podemos considerar que fue un intento muy inocente de dar por seguro el conocimiento. El ataque escéptico de Arcesilao dejó claramente expuesta su inutilidad, y por ello la definición tuvo que ser reformulada. La nueva versión, que nos atestiguan tanto Sexto Empírico como Cicerón, establece que la representación solo será comprensiva si es real y no puede fallar en cuanto a ser real, es decir, si ha sido causada por un objeto real y no puede haber sido causada de otro modo[36]. Para garantizar esta cualidad, los estoicos añadieron a las tres condiciones precedentes una cuarta condición en la definición de la fantasía cataléptica:

d) La representación ha de ser tal que no pueda provenir de algo que no exista.

Esta cuarta condición aparece una y otra vez en las sucesivas formulaciones del criterio de conocimiento estoico que se nos han conservado. Cicerón la expone en el *Lúculo*, donde se define la representación cataléptica como aquella que *ha sido impresa y compuesta a partir del objeto del que procede y que no puede ser formada partiendo del objeto del que no procede*[37]. También Sexto Empírico nos atestigua la misma visión del conocimiento por parte de los estoicos: la representación cataléptica es, según ellos, la que *se da en la realidad, ha sido impresa*

36. Sexto Empírico, *Adv. Math.*, VII, 152; Cicerón, *Acad.*, II, 77.
37. Cicerón, *Luc.* 18.

por el objeto real que le corresponde y no puede surgir de lo que no es real[38]. Todas las fuentes concuerdan, de este modo: el estoicismo solo admite como conocimiento el conocimiento seguro. Solo será conocimiento si no podemos equivocarnos. Solo podremos llamarlo «saber» si, además de saber algo, sabemos que lo sabemos. Con toda probabilidad, el responsable de esta modificación en las tesis estoicas fue Crisipo de Solos reaccionando, precisamente, a la crítica de Arcesilao y sus seguidores. La nueva condición exige que una representación, para poder ser considerada cataléptica, debe ser clara y evidentemente producto de su objeto; dicho de otra forma: ha de ser claro y evidente el hecho de que la representación solo puede proceder del objeto que representa. La evidencia aparece, aquí, como el requisito indispensable, la condición de posibilidad de construcción de una visión empirista del mundo. Los estoicos antiguos aludían a ella con el término *enárgeia*. Cicerón la denominará *perspicuitas*, tomando el término del campo de la retórica. En esa disciplina, la *perspicuitas* es la cualidad que tienen aquellos discursos capaces de poner a la vista aquello sobre lo que discurren; capaces, por tanto, de arrojar luz y poner ante nuestros ojos su objeto. Lo contrario de aquello de lo que adolecen los discursos dotados de *obscuritas*.

No cualquier representación que se haya generado desde el objeto que representa y que, además, lo repro-

---

38. Sexto Empírico, HP, II, 4.

duzca de la manera adecuada estará automáticamente dotada de esta cualidad de la evidencia. Solo algunas, según los estoicos, añaden a esa correcta relación con el objeto representado la capacidad casi milagrosa de obligarnos a asentir a la información que nos transmiten. Eso es lo que expresa ese nombre de «catalépticas» que intentamos reflejar en nuestro idioma como «comprehensivas» o «aprehensivas». Son representaciones que nos agarran (*katalambánō* significa precisamente eso: 'sujetar', 'sostener', 'echar mano de algo'). Y no ha de interpretarse aquí que esto indica que son las representaciones en las que, a través de la percepción, nosotros agarramos o sujetamos los objetos representados; la relación de ese «echar mano» es justo la opuesta: son los objetos los que, representación mediante, nos agarran a nosotros. Sexto Empírico nos transmite la imagen perfecta para entenderlo cuando nos dice que, según el estoicismo, estas representaciones «nos cogen de los pelos»[39].

Ortega y Gasset analiza de una forma muy interesante esta relación de la representación con el sujeto. En su trato con el mundo, al formarse en él las representaciones de las cosas, los estoicos habrían optado como criterio de verdad y, al tiempo, como acto mental en el que se funda el conocimiento por aquellas representaciones capaces de producir esa aquiescencia impuesta. Sin embargo, en su debate con los escépticos, «hubieron de reconocer los estoicos que las fantasías catalépticas yerran no

39. Sexto Empírico, *Adv. Math.,* VII, 257.

pocas veces»[40], con lo que su fuerza persuasiva «no podía proceder de ellas mismas, esto es, de su contenido, puesto que este tanto era certero como errado»[41]. Pero si las representaciones de esta clase no nos captan por su contenido, ¿en virtud de qué nos vemos impelidos a aceptarlas? La propuesta de Ortega es provocadora al tiempo que clarificadora:

> Mi idea es que el carácter «convincente» o impositivo –cataléptico– de las sensaciones y de ciertas proposiciones máximas venía a ellos y a estas de que era «opinión reinante», «lugar común», creer en los sentidos y creer en el principio de contradicción. Eran estas dos «verdades tradicionales», dos usos colectivos. De aquí que se aceptasen como «evidentes» precisamente porque nadie se hacía cuestión de ellos. Eran «pensar ciego y mecánico», generado por sugestión o hipnotización colectivas; es decir, literalmente lo que hoy, como entonces, se entiende por *catalepsia*[42].

El criterio estoico no se habría basado, de interpretarse así su fundamento, sobre el suelo firme de la naturaleza incuestionable de ciertas evidencias, sino sobre el automatismo por el que el ser humano tiende a dar por seguras ciertas partes de su vivencia. Si esta clase de representaciones se da de modo tal que nos obliga a admitirlas, es

40. J. Ortega y Gasset, *La idea de principio en Leibniz*. Revista de Occidente, Buenos Aires, 1958, p. 293.
41. Ídem.
42. Íbid., pp. 293-294.

por algo por completo ajeno a su pretensión de verdad: algo que tiene que ver más con la relación que mantiene cada ser humano con el suelo en el que asienta su vivir en el mundo, esto es, con lo que al comienzo de este libro vimos que Ortega llamaba *creencias*.

> La relación del hombre con su creencia y ante ella no es de libertad. Es un «no poder menos» de creerla. La creencia penetra en nosotros y se apodera de nuestra subjetividad antes de que el contenido de la creencia sea visto o entendido. No lo creemos, pues, *porque* nos es patente, perspicuo, entendido, sino, al revés, nos parece patente, diáfano y con absoluto sentido, *porque* ya éramos sus prisioneros[43].

Esta crítica orteguiana contra el criterio estoico se basa en última instancia en algo que ya señalaron con insistencia los antiguos escépticos, con Arcesilao a la cabeza: se exponga la definición que se exponga de ella, su resultado será siempre una representación falible de la realidad. Siempre seguirá siendo posible que una impresión aparentemente clara e incuestionable sea producto de un error; siempre tendré que tener presente, aunque sea algo con lo que no necesite contar en mi vida cotidiana, que mi imagen del mundo puede no corresponderse en absoluto con la realidad del mundo, no ser precisa en los detalles o, incluso, proceder de algo que no es el mundo en absoluto, de algo que no existe en modo alguno y que

43. Ibíd., p. 295.

genera en mí una creencia irreconciliable con el mundo. Y si esa falibilidad persiste, no podré atribuir a la fuerza de la evidencia mi creencia en esa representación.

Por ese motivo fue, desde el inicio del estoicismo como postura epistemológica, de vital importancia insistir en la incompatibilidad entre aquello a lo que ellos denominaban «criterio» y el origen en lo no-real. Así, en su desesperada lucha por mantener con vida su propuesta frente a los ataques escépticos, los integrantes del estoicismo trataban de excluir *por definición* del horizonte de la representación comprehensiva todas las impresiones que se puedan producir en nosotros *a causa de lo inexistente*, que en este contexto quiere decir *como resultado de algo que no sea un objeto real y esté afectando a nuestra mente a través de los sentidos*. Los sueños, las alucinaciones, los espejismos y tantos otros contraejemplos clásicos que los escépticos traen a colación cuando sus oponentes tratan de fijar las condiciones del saber quedarían, así, excluidos de partida. La representación sería comprehensiva si no puede ser resultado de ninguna de esas anomalías. El nuevo problema será hasta qué punto esta nueva condición puede satisfacerse. ¿Hay alguna representación que no pueda proceder de algo falso? ¿Es posible garantizar de algún modo que existen impresiones que no pueden ser confundidas con sueños o espejismos? E incluso si fuera así, ¿cómo se distingue exactamente una representación que cumple esta nueva condición de una que no la cumple?

Para Arcesilao, como después para buena parte de los escépticos académicos, no existe ninguna representación capaz de satisfacer este requisito. No hay ninguna representación verdadera que no se pueda confundir con una falsa. No hay ninguna impresión en nosotros que tenga que proceder necesariamente de algo real. Nada es seguro de este modo. Tanto las sensaciones como la experiencia cotidiana nos llevan a pensar que nada puede aprehenderse, captarse o conocerse con certeza. La seguridad está fuera de nuestro horizonte epistémico. Esta tesis, conocida como «tesis de la *akatalepsía*» o «de la inaprehensibilidad», llegará a tener tanta importancia en la Academia Media que, para muchos, será la que sirva para definir qué es un escéptico de este tipo[44]. Para probar esta tesis, para demostrar que nada puede ser aprehendido, los académicos, encabezados por Arcesilao, postularon cuatro principios básicos[45].

1) Hay representaciones falsas.

2) Una representación solo es válida (solo puede ser considerada representación del objeto que representa) si lo refleja de manera correcta. O, lo que es lo mismo, no se puede *captar* una representación falsa. Las representaciones falsas no tienen valor cognoscitivo, no permiten conocer.

---

44. Como veremos, según la mayoría de los testimonios conservados, lo que diferencia a un escéptico académico del resto de tipos de escéptico es que el primero sostiene firmemente esta tesis de la inaprehensibilidad, mientras que el pirrónico, por ejemplo, ni siquiera con una tesis como esta estaría dispuesto a comprometerse.
45. Cicerón, *Luc.* 83. Véase también la exposición que realiza de estos principios S. Mas Torres, *op. cit.*, pp. 22-23.

3) De dos representaciones iguales no puede ocurrir que una pueda aprehenderse y otra no.

4) Para toda representación verdadera existe la posibilidad de plantear una igual pero falsa. Es decir, no hay ninguna representación verdadera que no pueda confundirse con una falsa. Para toda impresión real hay otra, indistinguible de ella, que no lo es.

Este cuarto principio, conocido como «argumento de los indiscernibles» o «de la indiscernibilidad» *(aparallaxía)*, será uno de los grandes campos de batalla entre estoicos y académicos durante mucho tiempo. Su peso en el debate será mucho mayor que el de los otros tres puntos de la enumeración. Salvador Mas lo explica con mucha claridad:

> Todos conceden las premisas segunda y tercera; Cicerón lo remarca de manera expresa en *Lúculo* 84. Y pues la primera es irrelevante en la polémica entre estoicos y académicos, ya que solo Epicuro defiende que todas las representaciones son verdaderas, el núcleo de la cuestión se encuentra en la cuarta *(omnis pugna de quarto est)*[46].

Este argumento puede plantearse de distintas formas. Hay al menos tres tipos distintos de exposición, relacionados con tres clases de ejemplos: los que provienen de los engaños de los sentidos (como el remo que parece es-

---

46. S. Mas Torres, *op. cit.*, p. 23.

tar quebrado cuando se mete en el agua), los que se originan de los sueños o de la locura (como las alucinaciones vívidas que no se pueden distinguir por sí mismas de
las vivencias reales) y los que provienen de la indiscernibilidad misma de las cosas, de la similitud extrema entre
objetos. De todos ellos echaron mano los académicos
para hacer ver que cualquier representación que el estoico quiera elevar a la categoría de incuestionable tiene la
posibilidad, aunque sea escasa, de engañarnos.

Un científico observa la estrecha entrada de una madriguera de serpientes. Hace un rato ha visto asomar un
ejemplar por la abertura durante unos segundos, antes
de que volviera a meterse dentro. Ahora, varios minutos
más tarde, vuelve a observar el mismo hecho. Quizá,
ante esa observación, apunta en su cuaderno de campo:
«cuando la serpiente va a abandonar su madriguera, se
cerciora de que no hay peligro, regresa a la protección de
su escondrijo y finalmente sale al exterior». Parece una
observación etológicamente relevante, pero ¿ha acertado el científico en su anotación? No podemos saberlo.
Quizá hay más de una serpiente dentro de la guarida y la
segunda en salir no era la misma que la primera. Por supuesto, el científico es un experto en su campo y puede
distinguir una serpiente de una especie de una de otra
especie, o un ejemplar macho de uno hembra dentro de
la misma especie, o incluso dos ejemplares del mismo
sexo pero de diferente edad, tamaño o con características distintivas. Pero no todos los ejemplares de serpiente
tienen características distintivas lo bastante evidentes

como para que haya podido observarlas. Hay ejemplares que son indistinguibles en la práctica. Y dado que no sabe lo que hay dentro de la madriguera, el científico no sabe si su anotación es correcta. Si anota que dos serpientes han asomado en momentos distintos, también puede estar equivocándose. Solo acertará si describe lo que ha visto sin emitir un juicio sobre si hay una, dos o más serpientes. Es decir, solo acertará si se abstiene de juzgar.

Este ejemplo, poco más o menos, lo plantea Sexto Empírico como parte de una batería de argumentos contra la representación comprehensiva de los estoicos[47]. Hay toda una serie de objetos perceptibles que son indistinguibles entre sí, nos dice el filósofo escéptico. Un huevo es muy difícil de diferenciar de otro en ciertas condiciones. Un gemelo a veces es indistinguible de su hermano idéntico incluso por parte de sus padres. Si vemos a uno de ambos gemelos, ¿podemos estar seguros de que no es el otro? La representación del gemelo que vemos ha sido impresa en nosotros por nuestro sentido de la vista, proviene de un objeto que realmente existe, refleja de manera correcta cada una de las características sensibles que esa persona tiene... y aun así no podemos estar seguros de que vemos al gemelo A y no al gemelo B.

En ocasiones ni siquiera es necesario que los objetos sean indiscernibles entre sí, basta que lo sean las representaciones que tenemos de ellos. En 1946 el oftalmólogo

---

47. Sexto Empírico, *Adv. Math.*, VII, 409-410.

estadounidense Adelbert Ames concibió una habitación con las dimensiones de sus paredes diseñadas para distorsionar nuestra percepción de los espacios. Tal y como está construida, una habitación de este tipo aparenta, si se observa de frente, ser una habitación ordinaria. Las paredes de los lados parecen paralelas entre sí, y la del fondo, perpendicular a ambas. Sin embargo, esa apariencia es falsa, basada en las leyes de la perspectiva, y en realidad la habitación es trapezoidal. Todo consiste en un engaño a nuestra vista. En una habitación de Ames pueden colocarse, por ejemplo, dos sillas o dos mesas de dimensiones por completo diferentes en ambos lados de la habitación y nosotros las juzgaremos como del mismo tamaño. La representación que tendremos de la de la izquierda será indistinguible de la de la derecha aunque ambos objetos no sean por sí mismos indistinguibles. También podría hacerse lo contrario: situar en un lado a uno de los dos gemelos del ejemplo anterior y en el otro lado a su hermano idéntico, y lo que percibiríamos sería a uno de ellos como un gigante mientras que al otro lo veríamos diminuto. Dada esa clase de engaños a nuestros sentidos, si se quiere mantener ciertas representaciones sensibles como criterio de verdad, resulta complicado responder a la pregunta de qué nos permite asegurar que dichas representaciones pueden ejercer de criterio. ¿Qué las pone a salvo de todo engaño? La respuesta académica es que nada puede hacer que queden salvaguardadas.

No hay, según Arcesilao y sus seguidores, ninguna representación «especial»; toda representación que provenga de lo verdadero es imposible de distinguir de aquellas que provienen de lo falso[48]. Y esa imposibilidad de distinguir es la que provoca que ningún candidato a criterio de conocimiento sea capaz de cumplir su función con eficacia. Esto no significa que los seguidores de Arcesilao sostengan que todas las representaciones sean falsas, solo que no es posible distinguir entre las verdaderas y las falsas. Pero este ya es un tipo de escepticismo muy radical. De hecho, aunque no afirma la falsedad de toda percepción, como postura epistemológica es tan extrema que resulta cuestionable incluso que se pueda llamar «escepticismo». Algunas de nuestras fuentes antiguas ya señalan este problema: la posición académica tal y como se desprende de la filosofía de Arcesilao, dicen, rebasa los límites del escepticismo porque *afirma* que no es posible distinguir lo verdadero de lo falso. Es, por tanto, una forma de dogmatismo –afirma algo dogmáticamente–, si bien es opuesta a la amplia mayoría de dogmatismos, pues afirma el no saber en lugar de afirmar el conocimiento. El primer testimonio que tenemos que nos habla de este dogmatismo académico es el de Aulo Gelio, que en sus *Noches Áticas* (XI, 5) nos relata que la polémica sobre la diferencia entre los académicos y los demás escépticos ya era en su tiempo, en pleno siglo II, un debate antiguo. Según Aulo Gelio, lo que diferencia ambas ramas del escepticismo es el compromiso de los académicos con la inaprehensibilidad, con lo que

48. Cicerón, *Luc*. 41.

3. Los grandes escépticos de la Antigüedad

se convierte no solo en el primer testigo que tenemos de esta controversia sino, además, en el primer partidario de interpretar que esta tesis implica una contradicción: los académicos, así, afirmarían como verdadero el hecho de que nada puede afirmarse como verdadero. La más clara exposición de la filosofía académica como dogmatismo negativo la encontramos, sin embargo, en Sexto Empírico. En el primer capítulo de sus *Esbozos pirrónicos* Sexto realiza una rápida clasificación inicial de los tipos de filosofía. Allí distingue Sexto tres clases de posición epistemológica: la de aquellos que afirman que se puede hallar lo verdadero (y, normalmente, que ellos ya lo han encontrado), la de los que sostienen que hallar lo verdadero es imposible y la de los que no se pronuncian sobre si es posible o imposible y continúan investigando[49]. Los verdaderos escépticos no serían, según él, los segundos sino los terceros. Más adelante, cuando tratemos sobre Sexto Empírico de manera específica, veremos cómo plantea que ese límite del no afirmar ni negar debe llevarse a cabo para no dejar de ser escéptico. En cambio, los segundos son, según el autor de los *Esbozos*, los académicos, caracterizados como dogmáticos del desconocimiento frente al primer tipo de filósofos, que serían los dogmáticos más tradicionales.

Pero si no es posible alcanzar ningún conocimiento seguro, si la única alternativa que nos queda es la suspensión del juicio, dicen los estoicos, entonces no es posible

49. Sexto Empírico, HP, I, 1-4.

llevar a cabo ninguna acción en absoluto. Suspender el juicio conduce, según ellos, a una inevitable e insuperable inacción. Es la conocida como objeción de la *apraxía*. El asentimiento, para los filósofos de la *Stoa*, es imprescindible para la toma de decisión que implica una acción. El escéptico que deje ese asentimiento entre paréntesis no tendrá motivos para preferir llevar a cabo un acto concreto antes que su contrario, y por lo tanto no podrá llevar a cabo ninguno en absoluto. Dicho de otra forma, dado que todos los filósofos escépticos que han existido en la historia han hecho cosas (se han levantado por la mañana de sus camas, han decidido escribir o no escribir un libro, se han mudado de una ciudad a otra o han tomado cualquier otra decisión cotidiana del tipo que sea), todos ellos se han mostrado incongruentes con su propia filosofía, que lo que les habría demandado es no optar por nada y, por tanto, no hacer nada en absoluto.

La intención de este argumento estoico es llevar la discusión del terreno teórico al vital (o, para ser más precisos, sacarla de la epistemología para insertarla en la praxeología) y con ello demostrar la supuesta hipocresía del escéptico. La tesis en sí misma pretende ser una gran reducción al absurdo, una refutación completa de todo escepticismo con una argumentación dirigida contra el comportamiento de estos filósofos que evite tener que discutir sus posturas teóricas. Después de haber sido extensamente empleada por los estoicos, ha sido retomada muchas veces en la historia por filósofos defensores de doctrinas muy distintas que veían el escepticismo como

un peligro. Y pocas veces se ha hecho alusión al plantear-
la a las diversas formas en las que los escépticos antiguos
respondieron ya en su momento a esta objeción. Porque, aunque se trate de una argumentación que no reba-
te las tesis escépticas sino que solo cuestiona la honestidad o la coherencia de quienes las expresan, aun así tiene
mucha fuerza persuasiva y no puede dejar de ser contes-
tada. Conocemos respuestas formuladas por algunos de
los escépticos más destacados, como Carnéades o Sexto
Empírico, y también Arcesilao formula una respuesta
propia. Y las características de las respuestas a esta cuestión nos ayudan a menudo a precisar los distintos tipos
de escepticismo planteados por estos autores.

En el caso de Arcesilao, su respuesta a la *apraxía* es la
formulación de todo un candidato a criterio, pero no a
criterio de verdad o criterio teórico, sino a criterio de acción o criterio práctico. Ese criterio arcesiliano recibe el
nombre de «lo razonable» *(tò eúlogon)*. Dado que el filósofo de Pitane, en su argumentación contra el primer
estoicismo, ha negado la posibilidad de distinguir con
plena certeza entre impresiones verdaderas y falsas, el
criterio teórico se ha mostrado, para él, inalcanzable.
Pero eso no implica que niegue la idea de que, entre dos
acciones posibles, cada vez que optamos por una y no
por otra lo hacemos siguiendo un criterio. Sencillamente, ese criterio no tiene nada que ver con la verdad o la
falsedad. O al menos no tiene la relación con esas nociones que los escépticos demandan para considerar justificada una decisión. Lo que justifica la conducta humana

no es el conocimiento de la verdadera preferibilidad de la opción elegida, sino meramente su razonabilidad. Cada vez que tomo el camino hacia mi facultad cuando voy a dar clase, y no una dirección distinta, no es, según esto, porque sepa que por allí llegaré a mi clase, sino simplemente porque me parece lo más razonable. Podría, sin embargo, encontrarme la calle cortada. Y si eso ocurre, tendré que volver a pensar qué es más razonable hacer para alcanzar mi objetivo.

La noción de «lo razonable» ya estaba presente en el pensamiento estoico. De allí es de donde Arcesilao la toma y la incorpora a su propia filosofía. Cuando el rey egipcio Tolomeo Filopátor engañó al estoico Esfero haciéndole creer que unas granadas de cera eran de verdad, Esfero se defendió de las burlas del rey diciendo que no había asentido a la representación falsa que indicaba que aquello eran verdaderas frutas, sino solo a que «sería muy razonable que lo fueran»[50]. Lo que hará Arcesilao es tomar esa distinción entre la verdad o falsedad de las representaciones y su razonabilidad y afirmar que es en esta última en la que reside la clave de la acción. Hay una cierta sabiduría práctica, una prudencia *(phrónesis)* implícita en toda toma de decisiones racional, pero no es la sabiduría pretendidamente incuestionable, científica y rigurosa que postula el estoicismo, sino solo una prudencia tentativa y provisional basada en lo que la razón indica sin garantía de acierto. Al ser humano, desde la

50. DL, VII, 177.

perspectiva de Arcesilao, no le queda otra que contentarse con eso.

Esa sabiduría práctica conduce a la felicidad porque nos lleva a realizar las acciones correctas. Pero dichas acciones no son correctas por ser verdaderas o estar basadas en juicios verdaderos, sino por ser justificables. La acción correcta es aquella de la que, después de realizarla, podemos aducir una «justificación razonable» *(eúlogos apología)*. El camino a la felicidad se encuentra, por tanto, en atender a lo razonable y no en pretender alcanzar lo verdadero[51].

Muchos especialistas han considerado que esta argumentación de Arcesilao no expone su propia filosofía, sino solo una respuesta a la teoría de la acción estoica. No se trataría, según esta interpretación, de la doctrina positiva de la Academia Media, sino solo de una argumentación puntual en un contexto polémico que el propio Arcesilao no se compromete a asumir y emplear como criterio de acción. Yo mismo sostuve esta interpretación hace tiempo[52], pensando que se trataba únicamente de un modo de desmontar la necesidad del conocimiento seguro para la acción, y que por tanto solo se planteaba lo razonable como criterio en el contexto de una refutación de la *apraxía*, pero que Arcesilao nunca pretendió que se aplicase. Sin embargo, esa manera de ver la argumentación arcesiliana cada día me convence

---

51. Sexto Empírico, *Adv. Math.,* VII, 158.
52. I. Pajón Leyra, *Los supuestos fundamentales del escepticismo griego.* Escolar y Mayo, Madrid, 2013, p. 77.

menos. Aunque el filósofo de Pitane seguro que era consciente de que sus posiciones escépticas no le impedían obrar, eso no significa que la tesis de la *apraxía* no le afectase más que en el plano teórico. Es muy posible que esta objeción estoica le llevase a atender al hecho de que la decisión nunca es incausada. Si el punto de partida de la elección entre acciones no es un criterio de conocimiento, tiene que ser un criterio de otro tipo, uno práctico en lugar de teórico. Y postular como criterio de ese tipo la atención a lo razonable es muy coherente con una vida sin dogmas férreos. De hecho, todas las grandes figuras del escepticismo antiguo postularán de un modo u otro un criterio de acción (Carnéades hablará de «lo convincente»; Sexto Empírico, de «los fenómenos» o del «*páthos*»). Y, de nuevo, la elección de un elemento u otro como guía vital y criterio de elección determinará en gran medida el tipo de escepticismo que cada uno de ellos sostiene.

De cualquier manera, precisar con exactitud cuáles eran las tesis propias de Arcesilao, las que realmente sostenía, y cuáles no eran más que argumentos empleados para un fin dialéctico en la batalla de argumentos contra sus adversarios resulta una tarea muy compleja, si no imposible. Arcesilao es un filósofo inevitablemente envuelto en nieblas para nosotros. Gran parte de su terminología parece proceder de sus escuelas rivales, en especial del estoicismo, lo que genera una poderosa sensación de que sus argumentos no pueden entenderse fuera de la polémica de la época. Además, el hecho de que sea un filósofo ágrafo todavía incrementa más la niebla que lo envuelve. Al no haber dejado nunca por escrito su filosofía, no tenemos textos directos que analizar, sino solo interpretaciones de otros pensadores sobre cuáles fueron sus verdaderas intenciones filosóficas. De hecho, los antiguos ya tuvieron dudas de cuáles habían sido sus doctrinas positivas, si es que las tuvo. Su trabajo puede ser entendido como aporético, como escéptico, como negador del conocimiento, como socrático radical, como una nueva interpretación del platonismo o como un antiestoicismo dialéctico sin contenido positivo. Casi todas esas alternativas se han ensayado alguna vez. Sexto Empírico lo considera casi idéntico a Pirrón[53]. Timón de Fliunte lo ve más relacionado con la dialéctica de Diodoro Crono y la erística de Menedemo de Eretria[54]. Pero la más interesante de esas visiones antiguas de la brumosa naturaleza de Arcesilao nos la ofrece Aristón de Quíos. Aristón, en tono satírico, duda de que Arcesilao pueda considerarse un ser humano. Al menos no en lo que cada ser humano tiene de unitario, de dotado de una sola naturaleza. Para él, Arcesilao es más bien un monstruo mitológico de la fi-

---

53. Sexto Empírico, HP, I, 232.
54. Diodoro Crono es uno de los grandes representantes de la argumentación dialéctica en la escuela de Megara. Menedemo, por su parte, es un socrático de la escuela de Eretria considerado a menudo un maestro de la argumentación falaz. Las dos comparaciones de Timón, por tanto, son descalificaciones contra Arcesilao, y no solo interpretaciones de su pensamiento. Implican que los argumentos de Arcesilao le parecen al autor de las *Sátiras* meras trampas erísticas y no filosofía sincera.

losofía, uno de esos monstruos híbridos que pueblan los relatos de los poetas antiguos. En concreto, dice que es como una Quimera, monstruo mixto, producto de la juxtaposición de varias naturalezas animales. Recordemos que Homero había descrito a la Quimera diciendo que era *león por delante, serpiente por detrás y cabra por en medio*. Aristón emplea en su verso paródico la misma fórmula describiendo a Arcesilao como *Platón por delante, Pirrón por detrás y Diodoro por en medio*[55]. La función de cada uno de los tres retales de filósofo que componen la imagen, sin embargo, no es igual para todos los intérpretes. Muchos, con Sexto Empírico a la cabeza, han pensado que lo principal de este monstruo es su cabeza platónica, y por ello lo que Aristón afirma es que Arcesilao era antes que nada un defensor de Platón con apariencia de pirrónico. Otros han sostenido que el núcleo de la quimera era el gran argumentador Diodoro por encontrarse en el medio, y que por tanto Arcesilao era más dialéctico que platónico o pirrónico[56]. David Sedley ha defendido que la descripción que se hace en el verso alude a Arcesilao como un recuperador de la dialéctica antidogmática que caracterizaba a la Academia en vida de Platón[57]. Pero me

55. El verso está conservado en Sexto Empírico, HP, I, 234.
56. R. Soto Rivera, *Ensayos de filosofía arcesiliana*. Puerto Rico, 1999, p. 18.
57. D. Sedley, «The Protagonist», en M. Schofield, M. Burnyeat y J. Barnes (eds.), *Doubt and Dogmatism*. Oxford, Clarendon Press, 1980, p. 11.

parece que aciertan más quienes, como Victor Brochard o R. J. Hankinson, entienden de otra manera el sentido de la burla de Aristón: como una crítica a su inserción de ideas escépticas en la institución platónica. La crítica implícita en el verso sería la sospecha de que el platonismo de este escolarca de la Academia no sería más que una imagen superficial bajo la que subyace una trastienda escéptica oculta[58]. El «Frankenstein» filosófico estaría, así, compuesto de *Platón por delante* –entendido como fachada o como máscara–, *Pirrón por detrás* –entendido como trasfondo, como verdadero fondo filosófico– y, por último, *Diodoro Crono*, el argumentador megárico considerado casi un sofista, ejerciendo de *medio* para hacer pasar lo segundo por lo primero[59]. Aristón, por tanto, acusaría con este verso burlesco a Arcesilao de haber engañado a la Academia, de haber fingido interés en recuperar el espíritu del platonismo original solo para poder hacer pasar por platónicas las tesis escépticas radicales que realmente defendía. Arcesilao sería, entonces, un gran farsante responsable de que durante varios siglos la Academia pasase a ser una institución escéptica abandonando su línea de pensamiento y su doctrina original.

Digo que estoy de acuerdo con esta interpretación, y tengo que matizar que me refiero a que concuerdo

---

58. Véase V. Brochard, *Les Sceptiques grecs*. Librairie Générale Française, París, 2002, p. 131; R. J. Hankinson, *The Sceptics*. Routledge, Londres, 1999, p. 75.
59. Sobre todo ello, véase I. Pajón Leyra, *op. cit.*, pp. 72-75.

con que eso es lo que Aristón quería decir, pero no por ello concuerdo con que Aristón tuviera razón. Arcesilao, como lector de los diálogos de Platón, bien pudo haber sostenido con sinceridad plena que Platón era un autor prácticamente escéptico. Todo depende del orden de lectura de los diálogos. Hoy nosotros construimos una narrativa de la filosofía platónica en función de su obra cuando consideramos –y creemos que acertadamente– que los diálogos aporéticos son de su juventud, los doctrinales son de su madurez y los autocríticos son de una etapa de crisis final en la que Platón puso en cuestión muchos de sus postulados anteriores. Pero basta con leer los diálogos aporéticos como núcleo y culminación de la obra platónica para que los pasajes más doctrinales del resto de diálogos puedan entenderse como tesis iniciales muy aventuradas que Platón mismo descartó en su etapa autocrítica para terminar sosteniendo que nada puede concluirse, que no se puede afirmar nada con seguridad y que, por tanto, solo sabemos que no sabemos nada. La posibilidad de leer a Platón como escéptico con sinceridad en la época de Arcesilao es más que evidente. La interpretación que habría hecho Aristón de su trabajo como producto de hipocresía y malas intenciones no sería, entonces, nada justa con el filósofo de Pitane y estaría, más bien, motivada por el interés de muchos filósofos posteriores en alejar la institución académica (con todo su prestigio secular) de nuevas veleidades escépticas.

Carnéades: un escéptico ante el Senado romano

Tras la muerte de Arcesilao, varios nombres aparecen en nuestros listados de escolarcas de la Academia platónica –Lácides, Telecles, Evandro, Hegesino– pero pocas innovaciones, si es que hubo alguna, podemos asociar con esos nombres. Puede que el problema sea nuestra falta de fuentes o, con más probabilidad, su poca relevancia filosófica. Por lo general se entiende que se trató de un grupo de continuadores de la posición arcesiliana sin demasiado afán reformador ni iniciativa propia. Pero algo muy diferente es lo que puede decirse del filósofo que sucedió a Hegesino en la dirección de la Academia: Carnéades de Cirene.

Carnéades llegó a la dirección de la escuela en algún momento entre el 180 y el 170 a. n. e., en un periodo en que la Academia atravesaba, quizá por esa escasa iniciativa de sus antecesores en el cargo, por una crisis en su vigor y actividad. Pese a las críticas lanzadas contra sus rivales estoicos, la *Stoa* no parecía sentir el golpe con demasiada intensidad. Y el tipo de argumentos empleados para sustentar el escepticismo estaba algo estancado. La llegada de Carnéades supuso, desde este punto de vista, una innegable bocanada de aire fresco entre las venerables paredes de la escuela de Platón, pero quizá también una variación que podría ser concebida como un nuevo desvío respecto de su curso original. Había nacido alrededor del año 214 en la ciudad de Cirene, ciudad griega en el norte de África, antaño patria y sede de la escuela socrática fundada por Aristipo. Seguramente emigró a Atenas siendo aún muy joven, y allí pudo comenzar su proceso de aprendizaje asistiendo precisamente a conferencias públicas de los estoicos, leyendo a Crisipo y atendiendo a las lecciones de Diógenes de Babilonia, uno de los grandes teóricos del lenguaje del estoicismo del momento. Desde muy pronto dio muestras de gran capacidad de argumentación y de una exquisita elocuencia que le procuraría considerable fama. No parece haber hecho ningún intento de integrarse en la *Stoa*, sino que más bien aprendió de esta escuela como pensador independiente, y en algún momento decidió asistir a las clases que impartía Hegesino en la Academia, convirtiéndose en miembro de dicha institución. Se lo puede considerar, por tanto, un académico con profunda formación estoica. Y ese conocimiento detallado, junto con su retórica brillante y su capacidad para encontrar argumentos nuevos, será uno de los grandes tormentos de los estoicos durante las siguientes décadas. Ya hemos mencionado que muchas de las fuentes antiguas que conservamos consideran a Carnéades el iniciador de una nueva etapa del escepticismo académico, a menudo conocida como «Academia Nueva» o «Tercera Academia». Y esta caracterización parece muy justa, ya que la posición de Carnéades guarda con la de Arcesilao muchas diferencias de importancia. Sin embargo, si algo une con claridad el trabajo de las dos grandes figuras del escepticismo académico es que los dos construyeron sus posiciones en el fragor de la polémica con el estoicismo y pueden con justicia considerarse dos de los mayores «antiestoicos» de la historia. Como Arcesilao, también Carnéades cuestiona la pretensión estoica de acceder a la verdad con inmediatez. Y la mayoría de sus argumentos, como veremos, también se orientan a mostrar que dicha pretensión es injustificada.

Parece haber sido Carnéades, por otra parte, uno de esos pensadores entregados por entero al estudio de su disciplina. Su compromiso con su propia formación fue reseñable. Y en algunos sentidos podría llegar a ser visto como una obsesión. Diógenes Laercio señala que se encontraba tan centrado en el estudio de la filosofía que «no tenía tiempo para cortarse los cabellos y se dejaba crecer las uñas»[60], lo que supone ir un paso más allá de la clásica imagen del sabio despistado que no atiende a lo superfluo, como tan a menudo han sido caracterizados pensadores como Tales de Mileto o Sócrates. Pero la imagen que nos surge en la mente cuando leemos la noticia del desaliño de Carnéades no debe hacérnoslo ver como desconectado de la realidad cotidiana de su época. No se trata del tipo de estudioso que podemos imaginar encerrado en su escuela y centrado en sus libros mientras se desentiende de cuanto ocurre más allá de los límites de los escritos que tiene delante. Más bien al contrario: al igual que Arcesilao, Carnéades tampoco escribió nada. Su trabajo se compuso en el contexto de su polémica con sus rivales y se encarnó en discursos, debates y

60. DL, IV, 62.

lecciones orales. De este modo, fue, además de un gran estudioso de la filosofía, un cierto tipo de hombre práctico, amante de la retórica, la oratoria y la dialéctica, y llegó a ejercer de embajador de Atenas ante el Senado romano. Este interesante acontecimiento de su vida tuvo lugar en el año 155, cuando fue elegido junto con el ya mencionado Diógenes de Babilonia y el aristotélico Critolao para representar a la ciudad ante Roma con motivo de una disputa sobre una multa. El Senado, en efecto, exigía a la ciudad de Atenas el pago de quinientos talentos por haber saqueado Oropo, ciudad situada en la frontera entre Ática y Beocia. Y antes de que el pago tuviera que hacerse efectivo, la ciudad solicitó que sus razones fueran escuchadas a través de esos tres representantes. Con ocasión de aquella embajada, Carnéades pronunció dos discursos ante el Senado en dos días sucesivos. Estaba presente en la sala Catón «el Censor», viejo senador por entonces, famoso por su firme oposición a todo relativismo y por sus posiciones a favor de una estricta moral tradicional, y también estaban allí otros excelentes oradores romanos de la época, como Galba. Los tres filósofos elegidos por Atenas, el estoico, el peripatético y el académico, habían sido enviados por ser tres de los más grandes maestros de la palabra[61], con

---

61. Es interesante que la ciudad de Atenas decidiera enviar a Roma una delegación diplomática compuesta por completo por filósofos a pesar de que no hacía mucho que Roma había decretado la expulsión de los practicantes de la filosofía. Aunque esto pueda parecer un desafío, quizá sea más certero interpretarlo como una muestra de la confianza que todavía en la época Atenas depositaba en los filósofos.

la esperanza de que sus intervenciones fueran *persuasivas*, lo que en este contexto supone decir que sirvieran para disuadir al Senado de exigir el pago de la multa. Pero Carnéades aprovechó la ocasión que le brindaron sus dos turnos de intervención para llevar a cabo algo más, aparte de la defensa de su ciudad: tratar de mostrar a los presentes, Catón y Galba incluidos, que la firmeza de sus convicciones podría no estar justificada.

En el primero de sus discursos Carnéades centró sus argumentos en la idea de «justicia». La alabó, según parece, afirmando que es uno de los principales bienes sociales. Probablemente vinculó la justicia con la noción de altruismo, señalándola como una virtud que se ejerce por el bien del otro, algo que ya había defendido Aristóteles[62]. El discurso dejó fascinado a todo el auditorio. El aplauso fue unánime y entusiasta. En el segundo, en cambio, el enfoque del tema fue muy distinto. Donde antes había habido elogios de la justicia ahora aparecieron los ataques[63]. En un discurso tan fascinante para el auditorio como el primero, pero mucho más perturbador, Carnéades puso en cuestión una de las ideas morales centrales de la cultura romana. Y lo hizo delante de todo el Senado, incluidos los senadores más jóvenes, entre los que los viejos políticos como Catón temían que se produjese una caída en el relativismo moral. Este segundo turno de palabra fue el que más escándalo suscitó

---

62. Aristóteles, *Ét. Nic.* 1130 a 3.
63. Cicerón, *República*, V, 14, 3-4.

y, por ello, el más recordado por los autores posteriores. Aunque no lo conservemos de manera completa, han quedado rastros importantes en Cicerón, que se muestra impactado, y en Lactancio. Aunque sea imposible estar seguros de qué fue lo que sostuvo Carnéades con exactitud, parece que podemos entrever que una parte de sus argumentos cuestionaba que la aplicación sistemática de la justicia fuese buena para la ciudad. Quizá el buen gobierno de una ciudad no requiere la mera presencia de la justicia en sus instituciones, sino que en ocasiones necesita también la injusticia. De hecho, lo considerado «injusticia» no sería aquí otra cosa que la defensa del interés propio, que Carnéades habría contrapuesto con la visión de la justicia como entrega altruista al interés del otro o de la mayoría, que en última instancia no sería otra cosa que la entrega a los intereses ajenos. Reclamar la práctica de esta virtud «justa» acabaría redundando en una flagrante injusticia para quien la abrazase. Expuesto de este modo, el posible contenido del discurso nos recuerda otras famosas tesis político-morales controvertidas, como las que Calicles defiende en el *Gorgias* de Platón, las de Trasímaco en la *República* o, ya en la Modernidad, las de pensadores como Maquiavelo o Hobbes. Pero no debemos incluir a Carnéades entre quienes defienden convencidos esta clase de posturas, sino que hemos de recordar en todo momento que él es un escéptico, y que si pronuncia un discurso a favor de la valía de la injusticia es porque el día anterior lo dedicó a pronunciar otro igual de convincente a favor de la justicia *ante el mismo auditorio*, y lo que busca no es convencer al Senado de una cosa o de la contraria, sino forzarlo a no quedar convencido en ninguna dirección. La lógica de los discursos enfrentados, de los *dissoì lógoi*, dicta que esa es la mejor manera de acabar con las convicciones arraigadas del auditorio.

Aun así, el segundo discurso fue vivido como un terremoto. Carnéades se basaba, quizá, en la tesis de que el derecho natural no existe, sino que solo hay derecho por convención. Si el derecho fuese cuestión de naturaleza, siempre sería igual, para todos los pueblos y en todas las épocas, pero en realidad lo que encontramos en el terreno jurídico-político es la más absoluta diversidad. La exposición de esta tesis, a juzgar por las alusiones al discurso en la *República* de Cicerón, habría estado basada en la acumulación de los ejemplos (ejemplos históricos y políticos) más que en la argumentación racional; y, como explica Salvador Mas, «el *exemplum* convence de manera diferente a como lo hace la *ratio*»[64]. No se trata de aducir mediante el uso de la razón, mediante argumentaciones, que los seres humanos establecen las leyes en función de la utilidad práctica de estas (y que esa utilidad cambia con el tiempo y es diferente en cada contexto); se trata de hacer ver que no hay algo así como una justicia universal natural, sino que lo único que hay son usos y costumbres considerados socialmente justos. Si es así,

64. S. Mas Torres, «La embajada del 155 a. C.: Carnéades, Cicerón y Lactancio sobre la justicia y la injusticia», *Anales del Seminario de Historia de la Filosofía*, 37 (3), 2020, pp. 341-368.

puede que lo que la sociedad toma por injusto sea en ocasiones más conveniente y mejor que lo concebido como justo. Y entonces puede que lo mejor para la propia ciudad y para quienes la conforman sea el fomento de aquello que la convención social rechaza. Contemplado desde este punto de vista, el discurso suena peligrosamente crítico, casi subversivo por lo contracultural, como puede sonar el discurso de un cínico como Diógenes o como Crates de Tebas, siempre dispuestos a destruir las convenciones para erigir la sociedad de nuevo desde sus ruinas; pero también, al mismo tiempo, suena peligroso por poder interpretarse como relativista o, incluso, como lo que hoy denominaríamos «populista». El miedo de Catón ante el efecto del discurso en los jóvenes habría estado relacionado, quizá, con esta última posibilidad: el riesgo de que los menos expertos en la práctica de la política se dejaran arrastrar por la fascinación de las palabras en lugar de permanecer apegados a los hechos (que, para el viejo Censor, siempre se muestran como apoyo seguro de las tradiciones y las instituciones de Roma).

Algunos especialistas, al tratar de reconstruir el segundo discurso de Carnéades con la información que nos queda, han interpretado que su núcleo no era esa puesta en cuestión del derecho natural sino más bien una audaz crítica contra el imperialismo romano[65]. La justicia, esa bella palabra que con tanta frecuencia es mencionada en

65. Véase S. Mas Torres, *op. cit.*, *2020, p.* 361.

el terreno de la ética, no tendría verdadera aplicación en las relaciones entre los pueblos, en las que lo único que tiene validez es la defensa del interés propio. Afirmar algo como esto respecto de las relaciones de Roma con los pueblos con los que interactúa (es decir, somete) supone poner en cuestión la justicia de Roma misma, lo que también sería motivo suficiente para que se desatase el escándalo tras la intervención de Carnéades. De hecho, esta posibilidad haría de la intervención escéptica en la embajada algo muy poco diplomático. Sería, en efecto, casi una ofensa contra el carácter de Roma, o al menos contra su política, expuesta en la sede misma de la que emana su poder. Pero no necesariamente sería algo mal visto por todos los miembros del auditorio. Algunas voces (incluida la del propio Catón) ya se alzaban por entonces contra la insaciabilidad de las conquistas militares romanas, reclamando un regreso a la austeridad y frugalidad que habían formado parte del carácter romano en sus orígenes.

De cualquier manera, a pesar del recuerdo imborrable que dejó el segundo discurso de Carnéades en la ciudad, la embajada en sí misma resultó razonablemente exitosa, ya que se logró el objetivo primordial: que el Senado aprobase una sustancial rebaja de la multa contra Atenas. Y, de paso, el filósofo académico consiguió también el que parece haber sido su objetivo propio: que algunas de las mentes romanas más destacadas tuvieran que reflexionar sobre algo tan dado por sobreentendido en general como la valía de la justicia.

Gran parte del trabajo intelectual de Carnéades, decíamos, se compuso en el seno de su propia polémica con el estoicismo. Esta polémica hereda parte de los contenidos y enfoques que había tenido la que sostuvo Arcesilao con el primer planteamiento estoico. Pero además, en la de Carnéades encontraremos el inicio de nuevos problemas y nuevos roces entre las dos escuelas. El principal contrincante que Carnéades tiene en mente durante este enfrentamiento es Crisipo de Solos, que defendía un estoicismo más maduro y técnico que el de sus antecesores. Arcesilao había concentrado su empeño en argumentar contra la representación cataléptica del estoicismo inicial. La respuesta de los estoicos fue que sin ella, sin esa herramienta capaz de diferenciar de manera inequívoca lo verdadero de lo falso, ninguna vida puede ser vivida coherentemente. Sin asentimiento, según ellos, la acción carece de base, de manera que la vida sin dogmas propuesta por los escépticos nos llevaría a tener que conformarnos con actos absurdos o con la completa parálisis. Frente a esta clase de objeciones estoicas reacciona Carnéades proponiendo algo que puede verse como la formulación del primer verdadero «escepticismo moderado» de la historia. No concede la premisa estoica de que la ausencia de asentimiento nos lleve a la *apraxía*, pero sí admite que la acción, la vida coherente, requiere algún tipo más o menos fuerte de criterio. Eso no significa, para él, que ese criterio tenga que partir del dar asentimiento a nuestras representaciones. Ni siquiera que tenga que ser un criterio incuestionable sobre la verdad y la falsedad. Basta con que se trate de un criterio suficiente para preferir una acción sobre otra. Algo más concreto que la vaga alusión de Arcesilao a una noción tan evanescente como la de «lo razonable», pero menos vinculado con verdades absolutas que los criterios propuestos por las escuelas helenísticas rivales. Por ese motivo, Carnéades propone la adopción como criterio de *tò pithanón*, «lo persuasivo», «lo convincente», a veces incluso traducido como «lo probable».

El término griego deriva del verbo *peíthō*, que significa 'persuadir', 'argumentar de manera que convenzamos'. Es un verbo que había resultado nuclear en el vocabulario conceptual de los sofistas. De hecho, en el siglo v, en la etapa de apogeo de la sofística y en pleno proceso de fundamentación de la democracia ateniense, el concepto había llegado a ser divinizado. La diosa Persuasión había comenzado a recibir culto. El mágico proceso de argumentar y convencer, de hablar y transformar con ello la intimidad del que nos escucha se había convertido en elemento sagrado del joven contexto democrático. Pero no es en ese sentido en el que Carnéades concibe el término. No se trata, para él, de tomar por criterio de acción la persuasión que emerge del lenguaje, del discurso pronunciado por el orador político; se trata de atender a la capacidad persuasiva que tienen las cosas por sí mismas.

Esta postura supone, en el fondo, una suerte de consecuencia natural e inevitable de la crítica arcesiliana. Si no podemos contar con impresiones que garanticen su propia verdad, si ninguna representación verdadera tiene una cualidad intrínseca que la señale como tal y la diferencie de una que no lo es, entonces no nos cabe otra opción que regirnos de tal manera que, entre los caminos que nos salen al paso en la vida, optemos por *aquellos que nos convenzan más*. Aunque, por supuesto, eso no implique que estos sean siempre los mejores. El criterio de Carnéades, de este modo, se diferencia del criterio estoico en muchos sentidos, pero quizá el más importante es que asume de partida la posibilidad de errar. No es ni aspira a ser un criterio infalible. Y por ese mismo motivo no exige asentimiento (no es necesario que yo me diga interiormente «esta es la mejor opción que tengo»), sino solo aprobación (que supone algo así como decirse uno mismo «voy a hacer esto porque ninguna otra opción me convence más, aunque sé que es posible que no sea lo mejor»). No hace falta asentir a las cosas antes de optar por ellas. Asentir, de algún modo, supone apostar, comprometerse con algo. Carnéades propone como guía de la acción algo menos firme, menos definitivo: dado que las cosas son inaprehensibles, no aspiremos a captarlas con seguridad, pero tampoco nos desentendamos de ellas; atendamos a su manera de afectarnos, y en concreto a la inclinación que generan en nosotros hacia ellas o contra ellas. Cuando contemplo algo, aunque no pueda estar seguro de que es tal cual lo observo, puedo darme cuenta de que algunas veces me resulta más creíble que otras. Como si el mundo fuese un orador que a veces argumenta de manera que nos convence más y a veces de manera que nos convence menos. Nos guiaremos, entonces, por sus argumentaciones más convincentes, pero sabiendo siempre que, aun así, puede habernos engañado.

En algunas ocasiones se ha planteado esta postura filosófica como si fuese el primer probabilismo de la historia. El problema para aceptar esta interpretación es que el término «probable» está muy cargado de connotaciones en nuestra tradición científica y cultural. En nuestra tendencia a concebir la matematización como culminación de todo proceso de conocimiento, identificamos la noción de probabilidad en este contexto con la «teoría de la probabilidad» que estudia los fenómenos aleatorios asignando un número a cada posible resultado de esa aleatoriedad. Pero esta rama de la matemática nació como pronto en el siglo XVII. Y permitir que sus connotaciones modernas entren en la descripción de un filósofo antiguo es engañoso e incluso peligroso. Cuando decimos de un filósofo antiguo que es un «probabilista», quien nos escucha tiende a imaginárselo calculando con ecuaciones la probabilidad de que algo sea verdadero, tratando de determinar la «probabilidad de error» y escogiendo aquello que tenga la probabilidad numéricamente más baja. Pues bien, nada de esto tiene, que sepamos, nada que ver con Carnéades. Ninguna fuente nos habla de que emplease en su filosofía ninguna clase de operación matemática. Si decidimos emplear la palabra «probable» para describir su propuesta de criterio, tiene que ser siempre porque seamos muy conscientes de que la empleamos como se emplea en la vida cotidiana cuando alguien nos pregunta si es verdad algo, nosotros no lo sabemos pero lo consideramos bastante convincente, no nos queremos comprometer con ello pero sí manifestarnos a favor, y contestamos con un lacónico «es probable». Esa es, de algún modo, la actitud que nos propone Carnéades ante las elecciones de la vida.

No sabemos hasta qué punto el propio Carnéades fue coherente con esa propuesta, porque casi nada de su vida nos es conocido. Diógenes Laercio nos cuenta que cuando llegó a anciano quedó ciego por cataratas y que tuvo que recurrir a sus criados para que le leyeran los libros a los que él ya no podía acceder[66]. Su muerte se produjo a una edad muy avanzada, en algún momento del año 129 a. n. e. Y algunos relatos antiguos aluden a que el día de su muerte se produjo un eclipse de luna, uno de los clásicos signos para la Antigüedad de la muerte de un gran hombre. De ser cierto, su muerte habría tenido lugar el cinco de noviembre de aquel año, fecha del único eclipse lunar que se produjo por entonces.

El final de una época: Clitómaco de Cartago

De Clitómaco podemos señalar algunas cosas interesantes. En primer lugar, no era griego de nacimiento, sino cartaginés. Según Diógenes Laercio[67], su verdadero nom-

66. DL, IV, 66.
67. DL, IV, 67.

bre era Asdrúbal (como el del célebre general hijo de Amílcar y hermano de Aníbal). Llegó a Atenas a la edad de veinticuatro años e ingresó en la Academia como discípulo de Carnéades, de quien pasó diecinueve años aprendiendo. Aun así, no fue el heredero directo de su maestro en la dirección de la escuela. Carnéades cedió el escolarcado estando aún vivo a otro filósofo también llamado Carnéades, hijo de Polemarco, que, para evitar confusiones con el primero, fue conocido como Carnéades «el joven». Este segundo Carnéades ocupó el puesto pocos años: llegó al cargo alrededor de 137 o 135 y murió sobre el año 131 o 130. Clitómaco por esa época no continuó en la Academia, sino que fundó su propia escuela, probablemente una suerte de sede secundaria de la escuela platónica, y la dirigió durante unos diez años[68]. No por ello dejó de considerarse discípulo del primer Carnéades, al que admiraba sobremanera hasta llegar a compararlo con el semidiós Heracles[69]. Pasada esa etapa de ausencia de la institución académica, su vínculo con la venerable escuela volvió a recuperarse. Aquel segundo Carnéades había muerto, y le había sucedido un filósofo llamado Crates de Tarso del que no sabemos gran cosa. Tampoco Crates estuvo mucho tiempo al frente de la institución: solo desde la muerte de Carnéades «el joven» hasta la suya propia, en el año 127 o 126. Con la desaparición de este último director, Clitómaco

68. Filodemo, *Acad. Ind.*, XXIV, 35-37.
69. Cicerón, *Luc.* 16, 98.

fue llamado de vuelta para tomar las riendas de la escuela. Regresó a ella, probablemente acompañado por los principales alumnos que había tenido durante esos últimos años, y ejerció de escolarca desde entonces hasta su propia muerte, unos dieciséis años después, hacia el año 110 o 109 a. n. e. Llegó a escribir unos cuatrocientos libros, de los que ninguno se ha conservado. Pero su influencia en la filosofía occidental continúa siendo palpable. De esos libros es de donde creemos que procede casi todo lo que las propias fuentes antiguas sabían de este periodo de la Academia. Aunque Carnéades no había escrito nada, Clitómaco parece que se encargó de dejar su posición claramente expuesta por escrito. Y esos libros es probable que tuvieran oportunidad de leerlos muchos de los grandes filósofos de los siguientes años. Al menos tuvieron influencia en autores como Cicerón, Plutarco, quizá Enesidemo y el propio Sexto Empírico, que le concede a Clitómaco bastante importancia[70]. Entre sus libros se cuenta un tratado *Sobre la suspensión del asentimiento* que fue uno de los primeros estudios pormenorizados de la *epoché* y que influyó notablemente en Cicerón. El propio Cicerón nos cuenta que, además, Clitómaco escribió unas *Consolaciones* en las que trataba sobre la destrucción de su Cartago natal por parte de Roma en la tercera guerra púnica. Sexto hace incluso algunas reflexiones sobre su modo de escribir y menciona su tendencia a insertar anécdotas en sus textos. Por desgracia, no han llegado

---

70. Sexto Empírico, HP, I, 220.

hasta nosotros ni siquiera fragmentos textuales breves con los que podamos hacernos una idea por nosotros mismos y con los que, de paso, podamos reconstruir mejor su papel en la historia del pensamiento. Pero aun así podemos afirmar que la historia del escepticismo es probable que fuera muy distinta sin esas obras.

De cualquier manera, tras la muerte de Clitómaco todo estaba a punto de cambiar radicalmente en la vieja escuela fundada por Platón. La Tercera Academia, la que seguía las ideas de Carnéades, no tuvo continuación, y dio comienzo el periodo en que los caminos del escepticismo y el platonismo se separarían de manera definitiva.

La expulsión de los escépticos

Clitómaco dirigió la Academia hasta el año 109 a. n. e. Es, quizá, el último de los «escépticos puros» que ocuparon ese cargo. Lo que ocurre tras su muerte es la historia del abandono del escepticismo por parte de la más importante escuela de filosofía de la Antigüedad. Pero no es una historia de declive paulatino y gradual. Es, más bien, el relato de una ruptura súbita. Solo dos momentos tienen lugar en este cambio de orientación: el escolarcado de Filón de Larisa y el de Antíoco de Ascalón. De ellos, el primero es el único que puede interpretarse como un paso intermedio entre el claro escepticismo de la Segunda y la Tercera Academias y la radical desaparición de toda tesis escéptica de la escuela. Sexto Empírico llama a esta etapa «Cuarta Academia», y todavía considerará que la de Antíoco es una «Quinta»[71].

Filón de Larisa nació alrededor del año 159/158 a. n. e. Desde muy joven se interesó por la filosofía. Según Filodemo, ya había oído hablar de Carnéades en su propia ciudad de origen escuchando las lecciones de Calicles de Larisa, un antiguo alumno de la Academia que por entonces había regresado a su Tesalia natal[72]. Seducido por lo que aprendió en aquellas clases, Filón decidió acudir por sí mismo a Atenas para aprender de manera directa de Carnéades. Rondaba por entonces los veinticuatro o veinticinco años de edad. Cuando llegó a la ciudad ática, sin embargo, se encontró con que Carnéades había abandonado la dirección de la escuela, por lo que decidió no integrarse en la Academia y en su lugar asistir a la escuela que, como escisión de aquella, había fundado Clitómaco. Como también habían hecho antes Arcesilao y Carnéades, añadió a su propia formación un intenso estudio de la filosofía de los estoicos. Tras el regreso de Clitómaco a la escuela madre, se convirtió en uno de sus discípulos más destacados, y terminó por sucederle en el año 110 o 109. A partir de ese punto comienza su etapa como filósofo independiente, en la que tendrá un recorrido interesante que permite entender muy bien el curso que seguía la discusión filosófica en

---

71. Sexto Empírico, HP, I, 220.
72. Filodemo, *Index Academicorum*, XXXIII, 12-15.

Atenas en ese momento. Inicialmente fue un defensor fiel de la interpretación de Carnéades que Clitómaco había enseñado en sus clases. Fue, por tanto, un escéptico en toda la extensión de la palabra, y enseñó a sus alumnos que las cosas son inaprehensibles y no cabe otra opción que suspender el juicio. Desde este punto, con el paso de los años, empezó a girar hacia una visión ligeramente distinta del proceso de conocimiento. Eusebio de Cesarea nos ha transmitido la lectura que hizo Numenio de ese cambio[73], que habría estado originada por la impresión de «evidencia y armonía de las sensaciones». Según esta nueva posición, las cosas son inaprehensibles por sí mismas, sí, pero eso no implica la necesidad de suspender el juicio sobre ellas. Es posible y coherente sostener opiniones. Basta con sostenerlas con la conciencia de poder estar en un error. Todo depende, aquí, de un cambio sutil pero determinante en la interpretación del alcance de las tesis de Carnéades. Clitómaco había sostenido que el escepticismo de Carnéades era claro y explícito, y si decía que, mediante el criterio de lo persuasivo, se podía llegar a sostener opiniones, era solo para poder emplear dicha tesis como herramienta a la hora de rebatir las posturas de sus oponentes dialécticos de la escuela estoica. Pero en la época había surgido otra interpretación, la de otro discípulo de Carnéades llamado Metrodoro de Estratonicea (que no debe ser confundido con el democríteo Metrodoro de Quíos),

---

73. Eusebio, *Praep. evang.*, XIV, 9.

que afirmaba que Carnéades realmente sostenía que las opiniones son algo que el sabio puede llegar a tener en plenitud, siempre que sepa que pueden ser erradas. Maria Lorenza Chiesara ha defendido que la evolución inicial del pensamiento de Filón consiste en pasar de una defensa sin paliativos de la interpretación de Clitómaco, su maestro, a una gradual adhesión a la interpretación de Metrodoro[74]. Esto supone una primera mitigación del alcance escéptico de la crítica contra los estoicos. Seguir a Metrodoro supone admitir que el sabio puede emitir juicios que sean objetivos, aunque tengan que ser siempre, también, provisionales. Algo parecido a lo que podría sostener un epistemólogo contemporáneo como Karl Popper. Las opiniones del sabio, según esta interpretación, de algún modo están fundadas: fundadas sobre la armonía y evidencia de las sensaciones. Y poner como límite a su admisión la característica de que son provisionales no cambia el hecho de que, dentro de esa provisionalidad, mientras son admitidas, son consideradas opiniones fundadas a las que es posible y legítimo dar pleno asentimiento. Lo persuasivo, de este modo, da un paso más allá de la mera justificación de las acciones y adquiere un claro alcance epistemológico: lo que es persuasivo lo es porque se asienta en las sensaciones mismas, en su evidencia y armonía, y por ello ha de ser admitido mientras no se demuestre errado. Y no solo eso: también resulta justificado tomar como producto de esa admi-

74. M. L. Chiesara, *op. cit.*, pp. 84-85.

sión el surgimiento en nosotros de la felicidad. Llegaremos a ser felices si admitimos lo que es persuasivo, y no, como sostenían los escépticos partidarios de la suspensión del juicio, si nos abstenemos de admitir una cosa o la contraria.

Las dos interpretaciones difieren, de este modo, más por el alcance de las tesis que atribuyen a Carnéades que por las tesis mismas. Los partidarios de Clitómaco entendían que Carnéades había recomendado la suspensión del juicio en todos los aspectos que no fueran de carácter práctico. En cambio, los de Metrodoro consideraban que en todos los aspectos, prácticos o no, Carnéades aceptaba cualquier asentimiento que no se tomase como plena certeza[75]. Al pasar de las filas de los seguidores de Clitómaco a las de los partidarios de Metrodoro, Filón estaba dando un primer y determinante paso «hacia afuera» del escepticismo pleno.

Al estallar la primera guerra mitridática –es decir, en el 88 a. n. e.– Filón abandona Atenas con algunos de sus discípulos y se instala en Roma. En aquella ciudad, a salvo de la inseguridad generada por la guerra y rodeado por sus fieles, enseña con gran éxito durante los siguientes años. Brochard conjetura que, probablemente, pasó en aquella ciudad el resto de su vida. De cualquier modo, nunca regresó a Atenas ni volvió a la Academia. Se nos dice que tuvo mucho éxito entre los ciudadanos de Roma, a los que encandiló tanto por su talento como

75. Véase V. Brochard, *op. cit.*, pp. 222-223.

por su carácter[76]. Tuvo allí como discípulos a miembros destacados de la sociedad romana, entre los que se cuenta Cicerón, que siempre le tuvo una gran estima. Parece que durante el tiempo en que residió en Roma no solo se mantuvo activo en cuanto a lecciones orales se refiere, sino que también escribió y publicó libros nuevos, y que en ese periodo su filosofía volvió a cambiar. Los detalles del cambio son difíciles de reconstruir, pero debieron de ser importantes, ya que Antíoco, su antiguo discípulo y sucesor, se indignó cuando los leyó en uno de aquellos nuevos libros, que llegó a sus manos. En su enfado, preguntó a sus antiguos compañeros de estudios si alguno de ellos recordaba haber escuchado a Filón defender cosas semejantes alguna vez en la Academia, y tras esa consulta decidió escribir un tratado propio para refutar a su viejo maestro.

Cicerón nos cuenta que las críticas de su antiguo discípulo molestaron mucho a Filón[77]. Entre ambos se abrió un agrio debate que tenía como fondo qué implica exactamente decir que hay representaciones verdaderas y representaciones falsas pero no somos capaces de distinguir las verdaderas de las falsas. Los libros que Filón escribió estando en Roma no se han conservado, de manera que hoy es casi imposible determinar con seguridad en qué consistió con exactitud el cambio de opinión de Filón que desató el enfrentamiento. Lo más que pode-

76. Ibíd., p. 224.
77. Cicerón, *Luc.* 111.

mos llegar a decir, basándonos en lo que nos cuentan Cicerón y Sexto Empírico, es que quizá en aquellos libros Filón esbozó una definición nueva de representación cataléptica con la que intentó sustituir la definición estoica creada por Zenón. En concreto, según deducimos de lo que relatan nuestras fuentes, puede que Filón tratase de eliminar la condición de la infalibilidad para esa clase de representaciones, lo que habría llevado a Antíoco a considerar que esa modificación debilitaba y destruía el criterio mismo. No requerir que estas representaciones sean infalibles aproximaría de manera inquietante el conocimiento y la opinión. Si algo distingue al conocimiento, a lo que Platón llamaba *epistémē*, es que no puede ser falso. Lo que puede ser a veces falso y a veces no es la opinión. Y si la opinión y el conocimiento no son diferentes, la puerta al relativismo sofístico vuelve a quedar abierta. Mientras que la primera posición de Filón habría sido negar la posibilidad del conocimiento seguro y, por ello, tomar por necesaria la suspensión del juicio, en un segundo momento habría evolucionado hacia la postulación de un conocimiento provisional, transitorio, que a pesar de su fragilidad permite no tener que no juzgar. Finalmente, en su etapa romana, habría vuelto a cambiar de posición para sostener que el conocimiento no necesita ser infalible para ser conocimiento, y que no solo no hace falta suspender el juicio porque podamos dar por válido un saber provisionalmente y actuar en función de esa provisionalidad, sino que podemos de algún modo darlo por seguro aun-

que la posibilidad del error permanezca. Este último Filón, por tanto, pretendería que existe para nosotros conocimiento verdadero y exacto aunque falible, algo que
Antíoco habría considerado absurdo[78]. No nos queda
nada claro cómo funcionaría esa propuesta final de Filón, pero lo que podemos decir sin temor es que, fuese
como fuese en sus detalles, ya no sería escepticismo. Brochard sostiene que la crítica de Filón se habría dirigido
solo contra el dogmatismo estoico, pero que, una vez su-
primida esa doctrina, habría acabado generando un
dogmatismo nuevo[79]. Ese dogmatismo filoniano no sería hoy plenamente reconstruible para nosotros; lo único que podría hacerse es conjeturar –continúa Brochard– que quizá fuese un simple regreso al dogmatismo
platónico. Sería sin duda, en ese caso, una nueva versión
del platonismo en la que se admite que las cosas no pueden ser conocidas por los sentidos (como los estoicos
pretendían) porque las representaciones que tenemos de
ellas pueden fallar, pero aun así podemos conocer la naturaleza de esas cosas con exactitud mediante la razón
por algún proceso que tenga más que ver con lo innato
o con la intuición que con lo empírico[80].

La dirección que, después de este enfrentamiento con
su maestro, Antíoco imprimió a la Academia terminó
de alejarla del escepticismo. La polémica con Filón había
logrado convencerlo de que sostener que el criterio de

78. M. L. Chiesara, *op. cit.*, p. 88.
79. V. Brochard, *op. cit.*, pp. 226-227.
80. Ibíd.: 227-229; M. L. Chiesara, *op. cit.*, pp. 88-91.

conocimiento estoico está equivocado era un callejón sin salida. Por ello, Antíoco ya no será un defensor de ninguna versión de la tesis de la inaprehensibilidad del conocimiento ni de la necesidad de la suspensión del juicio. Y este distanciamiento de la posición escéptica lo llevó a abrirse a la influencia de otras escuelas y corrientes filosóficas para conformar un eclecticismo que revitalizase la institución. Así, asumió tesis aristotélicas y estoicas que fuesen compatibles con las platónicas y conformó con ellas un eclecticismo dogmático que sería, a partir de entonces, la nueva doctrina de la Academia. Y con esto quedó definitivamente cerrada la etapa escéptica de la escuela fundada por Platón.

4. El escepticismo renacido

Los desconocidos filósofos-médicos

La reaparición del escepticismo fuera de la Academia ha sido siempre un tema muy controvertido. La institución educativa e investigadora fundada por Platón tuvo tanto prestigio en la Antigüedad que eclipsaba en parte cualquier otro foro para la filosofía y el pensamiento. Y, como siempre, la información que ha llegado hasta nosotros ha sido muy mal tratada por el tiempo, de manera que sobre este periodo de la historia del escepticismo teníamos más preguntas que respuestas. ¿Qué ocurrió exactamente cuando la Academia dejó de ser escéptica? Los escépticos académicos ¿se marcharon, se extinguieron o fueron expulsados? ¿Cómo reapareció la corriente escéptica tras esa etapa? ¿Quiénes fueron los maestros de los siguientes escépticos? Es más, ¿convivió el escepticismo académico con una línea escéptica no académica simultánea? ¿Hubo dos sucesiones paralelas de pensadores escépticos? Y si las hubo, ¿qué relación mantenían? ¿Qué diferencias los separaban? ¿Dónde se ubicaron y qué hicieron los que no se encontraban en la Academia? Las dudas sobre casi cualquier detalle de este momento de la historia sobrepasaban tanto los aspectos conocidos que lo que los especialistas se arriesgaban a decir de esta etapa era solo un planteamiento general, rodeado por mares de incertidumbre como un pequeño islote.

En el siglo XIX, que fue la época dorada de los trabajos filológicos de rescate de las partes más desconocidas del mundo antiguo, pocos grandes estudiosos se fijaron en este detalle minúsculo de la historia del pensamiento. El problema de que apenas supiéramos nada de una corriente filosófica considerada menor no inquietaba demasiado a los profesores de filosofía griega de las universidades. Y más aún teniendo en cuenta que la mayoría de ellos tomaban a los escépticos como un ejemplo de la decadencia tardía del otrora brillante y original pensamiento griego. Si los escépticos solo eran vástagos menores de la filosofía griega, que había empezado su ocaso tras alcanzar su zénit con Platón y Aristóteles, dedicarle esfuerzo a los problemas de detalle en su sucesión histórica era, pensaban la mayoría de estudiosos, un empeño inútil. Esta situación de menosprecio casi no cambió hasta 1887. En ese año salió publicada la obra *Los escépticos griegos* de Victor Brochard, que ya hemos mencionado muchas veces. Este libro fue uno de los primeros en tratar el escepticismo clásico como un tema merecedor de un estudio amplio, exhaustivo y sistemático. Y además lo hizo con un tipo de lenguaje y de argumentación que era tan atractivo para el lector especializado como para el no especializado, con lo que logró situar a los antiguos escépticos en el mapa del pensamiento casi por sí solo. Una parte importante de ese éxito reposó sobre el prestigio que tenía el propio Brochard, considerado uno de los historiadores del pensamiento más insignes de Francia y uno de los mejores profesores de la Sorbonne. Brochard ya había publicado obras muy notables, como su estudio *Sobre el error* de 1879 o su edición del *Discurso del método* de Descartes de 1883. Pero al salir a la luz, su tratado *Los escépticos griegos* se convirtió en su obra más importante y más leída. Friedrich Nietzsche, por ejemplo, la tomó como su obra de referencia para conocer una parte del pensamiento griego que resulta muy importante para su propio proyecto filosófico[1]. Y muchos filósofos de inicios del nuevo siglo tomaron a Nietzsche como modelo y leyeron compulsivamente el tratado de Brochard.

Allí se encontró el público la que podemos considerar la primera exposición de la sucesión de filósofos griegos externa a la Academia de Platón. Brochard, en efecto, tomó este vacío de información al que nos referíamos como un tema de envergadura que merecía una explicación coherente y trató de responder a partir de las escasas

1. Andreas Urs Sommer, «Nihilism and Skepticism in Nietzsche», en K. A. Pearse (ed.), *A Companion to Nietzsche*. Oxford, 2006, pp. 250-269.

fuentes conservadas a tantas de las preguntas que mencionábamos antes como fuera posible. En los capítulos del libro que dedica a estas cuestiones, Brochard caracteriza a los filósofos de esta corriente próximos a Enesidemo de Cnosos como «escépticos dialécticos», mientras que a Sexto y sus antecesores directos los llama «escépticos empíricos». Es decir, para el profesor Brochard la filosofía escéptica posterior a la etapa académica siguió dos caminos sucesivos. En el primero de ellos su interés principal fue retórico, argumentativo. En el segundo, en cambio, aunque mantuvo parte de esos intereses, se aproximó a la medicina de la época y se introdujo en los problemas relativos al ejercicio de artes y ciencias. Las dos etapas se corresponderían con un listado de nombres de dirigentes de la escuela escéptica que Diógenes Laercio nos transmite en un texto de sus *Vidas y opiniones de los filósofos ilustres*, listado que ejercería de puente entre Timón de Fliunte y los últimos escépticos griegos:

Según afirman Hipóboto y Soción, fueron discípulos suyos [de Timón] Dioscórides de Chipre, Nicóloco de Rodas, Eufranor de Seleucia y Prailo de Tróade, quien fue persona de tal bravura que, según cuenta Filarco en su relato histórico, soportó ser castigado injustamente por delito de traición sin dignarse dirigir la palabra a sus conciudadanos.

De Eufranor fue discípulo Eubulo de Alejandría; de este, Ptolomeo; de este, Sarpedón y Heráclides; de Heráclides, Enesidemo de Cnosos, quien compuso los ocho libros de sus *Argumenos pirrónicos*. De él fue discípulo Zeuxipo «el ciudadano»; de este, Zeuxis «pie torcido»; de este, Antíoco de Laodicea del Licos; de este, Menódoto de Nicomedia, médico empírico, y Teodas de Laodicea. De Menódoto lo fue Heródoto, hijo de Arieo de Tarso. De Heródoto fue discípulo Sexto Empírico, autor de diez libros sobre de los escépticos y otras obras excelentes. De Sexto lo fue Saturnino «citénada», también médico empírico[2].

Sobre el inicio de esta sucesión ya hemos mencionado algo al tratar sobre lo que ocurrió tras la muerte de Timón de Fliunte, pero al ver ahora el texto en su conjunto, podemos hacernos una mejor idea de lo que supone para la historia de esta corriente. Brochard plantea que este listado de filósofos antiguos contiene muchos problemas. Para empezar, hay en él muy pocos nombres para el largo periodo de tiempo que pretende cubrir. La muerte de Timón de Fliunte se habría producido alrededor del año 235 a. n. e., y sería difícil situar la aparición de Sexto Empírico antes del año 180. Son cuatrocientos quince años los que median entre un filósofo y otro. Más de cuatro siglos en los que sabemos muy poco de lo que ocurre en este ramal del escepticismo excepto lo que este listado atestigua y unos pocos detalles más. Y para llenar ese lapso tan amplio, la lista solo nos transmite doce nombres. Puede que en un principio doce filósofos nos parezcan suficientes para atravesar ese intervalo de tiempo. Contempladas con ojos contemporáneos, doce gene-

2. DL, IX, 115-116.

4. El escepticismo renacido

raciones de pensadores dan para mucho. Pero admitir que esas doce figuras de las que nos habla Diógenes Laercio fueron los cabecillas de la corriente escéptica durante todo ese periodo supondría sostener que, de media, cada uno de ellos habría ejercido el papel de «líder de la escuela escéptica» nada menos que treinta y cinco años. Y eso es una eternidad en lo que se refiere a escolarcados[3]. Por supuesto, se puede vivir tres o cuatro décadas filosóficamente activo. Pero ser la cabeza visible de un movimiento filosófico dinámico como el escepticismo durante tanto tiempo es muy difícil. Pensemos en una facultad universitaria de nuestros tiempos que tuviera durante cuatro siglos decanos que ocupasen el cargo treinta y cinco años seguidos. Tendrían que empezar a ser decanos muy jóvenes y abandonar el cargo solo cuando fueran muy ancianos. La comparación, evidentemente, es muy imperfecta porque nuestra metodología de elección de cargos directivos y todas las circunstancias que la rodean es muy diferente de la antigua, pero nos vale para ilustrar por qué Brochard considera que la lista es demasiado breve para ser verosímil. Lo más que podemos hacer es compararla con lo que sabemos del ritmo de aparición de nuevos escolarcas en otras escuelas antiguas, que a menudo tampoco es demasiado, pero todo parece indicar que

---

3. Los directores de las escuelas filosóficas, llamados «escolarcas», habían aparecido en la historia al institucionalizarse sus funciones en la Academia de Platón. Como hemos podido ver al hablar de los académicos, con frecuencia (aunque no siempre) ostentaban su cargo hasta su muerte, pero solían empezar a ejercerlo a menudo a edades relativamente avanzadas.

lo más normal era que los periodos de dirección de la institución fueran mucho más cortos. Por este motivo plantea Brochard que el listado debe estar incompleto. «Es necesario que exista una laguna en la sucesión de los filósofos escépticos. ¿Dónde está esa laguna?»[4]. Esa es la primera pregunta que se hace el autor francés.

Siguiendo a Brochard, muchos especialistas han entendido este listado como equivalente a los que se nos han conservado, por ejemplo, de los escolarcas de la Academia tras la muerte de Platón o de los filósofos que dirigieron la escuela neoplatónica de Atenas. Listas de directores de una institución. Sucesiones de mandatarios filosóficos similares, como planteábamos antes, a nuestros contemporáneos decanos. Pero quizá, antes de lanzarnos a buscar a los escépticos perdidos que completen la lista, y por supuesto antes de lanzar otras hipótesis que expliquen la longevidad anormal en el cargo, debemos recordar primero que el escepticismo no es como las demás escuelas de filosofía. La Academia, el Liceo, la escuela neoplatónica de Atenas y la mayoría de las escuelas filosóficas de este tipo son instituciones en un sentido, si se me permite, casi moderno. Se alojan en un edificio, tienen un funcionamiento reglado, mantienen un orden interno para sus estudios y, sobre todo, enseñan y transmiten unas tesis que las identifican como escuela, y otorgan a alguien el papel de «director» en salvaguarda de ese cometido de formación y transmisión. Pero el

4. V. Brochard, *op. cit.*, p. 269.

escepticismo no funciona así; el escepticismo de esta época no fue ni deseó ser una escuela en ese sentido. Y el primer motivo por el que no lo fue es porque el escepticismo no tiene tesis que enseñar ni que transmitir.

Recordemos que Sexto Empírico, al inicio de sus *Esbozos pirrónicos*, describe el escepticismo de esta manera:

> Y el escepticismo es la capacidad de establecer antítesis en los fenómenos y en las consideraciones teóricas, según cualquiera de los tropos; gracias a la cual nos encaminamos –en virtud de la equivalencia entre las cosas y las proposiciones contrapuestas– [...] hacia la suspensión del juicio[5].

La palabra que emplea para aludir al escepticismo es «capacidad» *(dýnamis)*, no «escuela», ni «teoría» ni «tesis». Ser escéptico no es sostener ninguna teoría sobre la realidad, ni siquiera la teoría de que no se puede sostener ninguna teoría. Ser escéptico solo es tener entrenada una cierta capacidad que conduce a la suspensión del juicio. Y para hacer eso no hace falta una institución. Una escuela institucionalizada tiene otra clase de fines, como formar a futuros gobernantes en el conocimiento del bien, como Platón pretende hacer en la Academia, o sistematizar un árbol completo de saberes que abarque desde los más concretos casos particulares hasta la ciencia más abstracta, como Aristóteles intenta en el Liceo. Pero los fines del escepticismo, igual que pasó

5. HP, I, 8.

con los del cinismo o en cierta medida con los del estoicismo, no requieren esa clase de marco formal.

Si abandonamos el marco referencial de la sucesión de dirigentes, lo que el texto nos parece transmitir es una mera lista de pensadores escépticos destacados, tomados individualmente, cada uno de los cuales tiene una deuda intelectual con el anterior porque ha aprendido de él. No se trataría tanto de una herencia institucional al estilo de la de los filósofos académicos (pero fuera de la Academia) como de un ejercicio de rastreo de influencias entre diversos pensadores que Diógenes Laercio (o más bien sus fuentes) consideraba de signo escéptico. Y lo que de verdad nos atestigua claramente es el vínculo profundo de esta línea de pensadores con la medicina. El texto menciona de manera expresa a Menódoto de Nicomedia, a Sexto y a Saturnino como médicos empíricos; también alude, como padre de Heródoto, a Arieo de Tarso, que puede identificarse con el médico Lecanio Arieo de Tarso. Y de alguna que otra figura más del listado tenemos sospechas de que fueron médicos de la época. Por eso parece que quizá este misterioso pasaje hace alusión a un ramal de la corriente escéptica que se habría dado en intensa relación con las escuelas médicas del momento, y los «escépticos empíricos» de los que habla Brochard habrían sido médicos empíricos que, además, escribieron o enseñaron filosofía escéptica o filósofos escépticos que, además, practicaron la medicina empírica o alguna otra de las nuevas formas de ciencia médica que en la época estaban empezando a proliferar. Con todo, poco más es lo que se puede decir de ellos. De todo el listado, solo de los pocos de los que nos han llegado alusiones temáticas más consistentes (en especial Enesidemo y Sexto) se puede aspirar a exponer su aportación a la historia del pensamiento.

Aprender a argumentar: Enesidemo y los tropos

En el proceso de «renacimiento» del pirronismo tras la etapa escéptica de la Academia se suele considerar que la figura más destacada es la de Enesidemo. Él habría sido el responsable principal del cambio de rumbo de la corriente escéptica al inicio de esta nueva época, y también sería el más original de los escépticos de nuevo cuño que van a surgir tras el abandono de la institución platónica de las posturas de signo escéptico. Se suele interpretar que estuvo muy vinculado a la Academia inicialmente, tal vez formándose en su seno en la etapa en la que estaba regida por Filón, y que la abandonó en tiempos de Antíoco para establecer por su cuenta una corriente filosófica escéptica autónoma que siguiera la inspiración de Pirrón de Elis más que la heredera de Sócrates y Platón. Y es posible que una gran parte de todo ello sea cierto, pero no podemos dejar de señalar que casi todo lo que tiene que ver con este filósofo del siglo I a. n. e., podría decirse, está envuelto en niebla densa.

Para empezar, hasta ahora nos hemos referido a Enesidemo en este libro con el nombre «Enesidemo de Cnosos», pero no estamos seguros de que fuera realmente

en dicha ciudad cretense donde se produjese su nacimiento. Algunos textos antiguos nos hablan de él como
«Enesidemo de Egas»[6]. Quizá esto pueda explicarse
porque Enesidemo naciese en una de las dos ciudades y
trabajase un tiempo en la otra. También se nos relata, y
parece muy razonable que así fuera, que al menos por
un tiempo su lugar de actividad fue Alejandría, el gran
centro cultural de nuevo cuño de la época helenística y
romana, mejor surtida de libros que ningún otro lugar
por entonces. Su biografía, por lo demás, nos es casi
completamente desconocida. Podemos conjeturar que
tuvo amistad con Lucio Elio Tuberón, padre del político, militar e historiador romano Quinto Elio Tuberón,
ya que le dedicó uno de sus libros. Y de esa misma dedi-
catoria podemos aventurar que quizá ambos coincidie-
ron al ser por un tiempo integrantes de la Academia (o
al menos estuvieron próximos a dicha institución).

Su filosofía tampoco se libra de una buena dosis de
nebulosa. Según en qué testimonios nos fijemos, Enesidemo se nos aparecerá como un escéptico maduro que
da un paso adelante desde las tentativas preescépticas
previas o como un filósofo cercano al escepticismo pero
comprometido con tesis dogmáticas procedentes de la
filosofía del presocrático Heráclito.

Vimos páginas atrás que Heráclito podía ser contemplado como un cierto tipo de antecedente del escepticismo a causa de su posición sobre el papel de la contradic-

6. Focio, *Biblioteca*, 169 b 18 - 170 b 3.

ción y de la contraposición de los opuestos en el mundo. Todo lo que existe, decíamos entonces, consta para Heráclito de partes enfrentadas que a su vez son, dentro de su enfrentamiento, armónicas. Esa polaridad interna de las cosas provoca que cada entidad del mundo sea lo que es y no otra cosa. Todo se compone desde sus contradicciones, desde sus conflictos, lo que obliga a contemplar la oposición como algo propio de la naturaleza de cada realidad. Los sofistas habían tomado en cierto sentido esta manera de concebir la oposición como fundamento del hecho de que todo pueda ser afrontado desde puntos de vista contrapuestos y, por ello, todo pueda ser sujeto de discusión, todo pueda ser argumentado de varias maneras y de todo haya la posibilidad de exponerlo desde otro ángulo. Tomando la contraposición de Heráclito como un constitutivo inevitable de la realidad, esa posibilidad de contraponer argumentos sobre cualquier cosa se basa en la manera de ser del mundo: los elementos contrapuestos se encuentran formando parte de la base natural de cualquier objeto, y por tanto es inevitable que estén presentes en cualquier discusión, como los sofistas pretenden, pero también que ejerzan un papel insoslayable en cualquier pretensión de conocimiento. Por eso es razonable ver en Heráclito uno de los puntos de partida del modo de concebir el mundo que acabaría llevando al escepticismo: nada puede ser entendido de manera simple porque todo tiene constitutivamente facetas enfrentadas de manera interna. Todo es conflictivo y complejo. No se puede optar dogmáticamente por uno de los polos de un asunto olvidando esa complejidad. Sin embargo, esta manera de ver los objetos, por mucho que sirviera de apoyo y de desencadenante de la tradición que generará el escepticismo, fue vista después por los propios escépticos en general como innegablemente dogmática: Heráclito no dice que no conozca el modo de ser de las cosas; dice que conoce que son conflictivas, contradictorias y tensionales por naturaleza. Por ese motivo supone un importante problema que algunos de nuestros testimonios nos digan que Enesidemo, más que un escéptico en sentido estricto, era un heraclitiano.

Nuestra mejor fuente para el conocimiento de Enesidemo es, sin duda, Sexto Empírico. Es el autor que se encuentra al final del hilo tradicional de filósofos neopirrónicos en el que Enesidemo consta como primera figura y fundador. Es bastante razonable pensar que conocía muy bien y de primera mano el trabajo de Enesidemo. Además, no hay motivos en principio para postular diferencias de peso en la posición de ambos autores que generasen conflictos temáticos o doctrinales de importancia entre ellos. Y en muchos pasajes, como veremos, Sexto es el autor que nos muestra a Enesidemo como el gran escéptico coherente y maduro de la Antigüedad. Pero en otros pasajes nos encontramos con que el retrato que Sexto hace de su antecesor es muy diferente. Por ejemplo, en HP, I, 210-211, encontramos lo siguiente:

Pues bien, es evidente que ella [la filosofía de Heráclito] difiere de nuestra orientación. Heráclito, en efecto, se pronuncia dogmáticamente sobre muchas cosas no manifiestas y nosotros no, como se ha dicho.

Pero ya que los de en torno a Enesidemo decían que la orientación escéptica es un camino hacia la filosofía de Heráclito –porque el hecho de que la contradicción en una misma cosa se dé como fenómeno prepara lo de que la contradicción en una misma cosa se da en la realidad [...]–, decimos contra ellos lo siguiente:

El que la contradicción en una misma cosa se dé como fenómeno, eso no es un dogma de los escépticos; antes bien, es una cuestión que se ofrece no solo a los escépticos sino también a los demás filósofos y a todos los hombres. Así, nadie se atrevería a decir o que la miel no endulza a los sanos o que no amarga a los ictéricos. [...]

Pues bien, si el que la contradicción en una misma cosa se da objetivamente lo tomaran de alguno de los enunciados escépticos –por ejemplo, del «todo es inaprehensible» o del «nada determino» o de algunos análogos– seguramente tendrían razón en lo que dicen. Pero ya que parten de principios que se ofrecen no solo a nosotros sino también a los otros filósofos e incluso a la gente normal, ¿por qué habría de decir alguien que nuestra orientación es un camino hacia la filosofía de Heráclito, más de lo que lo es cada uno de los otros sistemas filosóficos o el propio vulgo, cuando todos hemos utilizado materiales comunes?

La visión de los seguidores de Enesidemo que se ofrece aquí no parece casar en nada con la de un filósofo formado en la Academia escéptica que decide distanciarse de ella a causa de la deriva de la institución hacia las tesis dogmáticas, que es la imagen que se nos muestra en Diógenes Laercio y en otros autores, a partir de la cual vemos a Enesidemo como un escéptico radical, coherente y novedoso. En el pasaje previo, por el contrario, lo que vemos es la representación de un iniciador de una manera de tomar el escepticismo «como camino hacia la filosofía de Heráclito», es decir, como un mero medio argumentativo que permita alcanzar un fin filosófico que consistiría en la defensa de tesis fuertes sobre la presencia de la contradicción en las cosas mismas. No se trata, por tanto, según el testimonio de Sexto, de un uso de Heráclito como punto de partida para llegar a la suspensión del juicio, como planteábamos más arriba, sino al revés: un uso de los argumentos escépticos para alcanzar una visión dogmática sobre la realidad como intrínsecamente contradictoria o, al menos, naturalmente tensional y conflictiva. Aunque es cierto que aquí Sexto no parece estar hablando de Enesidemo tanto como de algún tipo de secta de seguidores, un grupo de «enesidemianos» de los que no tenemos otra noticia.

No es esta la única ocasión en la que Sexto vincula el pensamiento de Enesidemo con el de Heráclito[7]. Más de una vez alude a cuestiones físicas de algún tipo en las

7. Podemos encontrar diferentes versiones de este vínculo en distintas ocasiones a lo largo de los tratados que componen el *Adversus mathematicos* (en concreto en *Adv. Math.*, III, 337; IV, 216, y IV, 233). Al margen de Sexto Empírico, también Tertuliano relaciona a ambos filósofos, en una ocasión (*De anima*, 14, 4-5) tratando sobre la tesis de la unidad del alma, y en otra (*De anima*, 9, 5) tratando sobre su corporalidad.

que Enesidemo mismo, y no solamente sus supuestos seguidores, habría tomado tesis del filósofo de Éfeso. Y también emplea una expresión que se ha solido traducir como «Enesidemo siguiendo a Heráclito» *(Ainesídēmos katà tòn Hērákleiton)*[8]. Las cuestiones en las que el iniciador del pirronismo habría seguido al presocrático de Éfeso, además, son muy sorprendentes: en una de esas ocasiones Sexto afirma que Enesidemo habría seguido a Heráclito al situar el pensamiento fuera del cuerpo, indicando que Enesidemo estaría de acuerdo en la concepción heraclitiana del *lógos* universal; en otra ocasión, de manera si cabe aún más chocante, Sexto atribuye a Enesidemo haber seguido a Heráclito en la tesis de que el tiempo es corpóreo[9]. Esto no es sorprendente solo porque no sea una tesis que casa con un supuesto escéptico como Enesidemo, sino también porque no conocemos ningún fragmento de Heráclito que la sostenga. Los clásicos seguidores helenísticos de Heráclito, los estoicos, habían interpretado más bien lo opuesto: que el tiempo es un «incorporal», lo que nos lleva a pensar que tal vez Enesidemo no estaba comprometido filosóficamente con esta clase de tesis, sino que las apoyaba en el contexto de una polémica con los estoicos, tratando, quizá, de refutar sus posiciones al tiempo que mostraba que estas no se seguían de Heráclito mismo, como ellos pretendían.

8. *Adv. Math.,* I, 349; X, 216.
9. *Adv. Math.,* X, 216-217.

La cuestión de si Enesidemo fue un heraclitiano (tal vez durante un periodo de tiempo) o si solo empleó el heracliteísmo en el transcurso de una discusión, pero en realidad fue escéptico en sentido pleno, o si empleó el heracliteísmo para llegar al escepticismo o el escepticismo para llegar al heracliteísmo, o incluso si llegó a formular una posición de algún modo híbrida entre ambas formas de filosofía, es extraordinariamente compleja de contestar y ha mantenido a los especialistas discutiendo al respecto desde hace mucho tiempo. Quizá nunca sea posible llegar a una conclusión plenamente satisfactoria, en especial a causa de la falta de textos con los que trabajar de manera rigurosa. Ninguna obra de Enesidemo ha llegado hasta nosotros en un estado (aunque sea fragmentario) lo bastante bueno como para ejercer de elemento de contraste de los distintos testimonios y sacarnos de dudas. Pero, de alguna manera, lo poco que conocemos de sus textos nos indica que debe ser incluido en cualquier tratamiento que se haga del escepticismo antiguo. Aunque fuera un escéptico tendente al heracliteísmo, o solo fuera escéptico por un tiempo (antes o después de hacerse heraclitiano), o incluso aunque su escepticismo no fuera completamente coherente, es innegable que mucha de nuestra información sobre él tiene que ver con el rumbo que el escepticismo empezó a tomar tras la salida de esta clase de filosofía de la Academia platónica. Por lo tanto, ha de tenerse a Enesidemo presente como figura imprescindible de la filosofía escéptica posterior a Arcesilao y Carnéades y anterior a

Agripa y Sexto Empírico. Y esta atención imprescindible debe centrarse en sus escritos si queremos que resulte informativa para nuestro tema.

Sabemos que Enesidemo escribió varios tratados, entre ellos uno titulado *Argumentos pirrónicos*, dividido en ocho libros, que el erudito bizantino Focio habría llegado a leer[10]. Esta sería la obra que habría dedicado a Tuberón, y probablemente su texto de más importancia. Sexto Empírico la cita de manera explícita en *Adv. Math.*, VIII, 215, y es probable que la emplee como fuente muchas otras veces. Y también Diógenes Laercio alude a ella[11]. Pero quien más información nos aporta sobre su contenido es el mencionado Focio, que nos relata que el objetivo principal del libro sería mostrar que no hay ninguna base firme para el conocimiento, ni tomando como punto de partida las percepciones sensibles ni empleando para ello el pensamiento. El texto sería, de este modo, una incuestionable defensa del escepticismo total. Focio resume la estructura del tratado agrupándola en ocho lecciones:

- La primera, dedicada a señalar las diferencias entre la Academia y la filosofía heredada de Pirrón.
- La segunda, centrada en el análisis de las nociones de «causalidad» y «cambio».
- La tercera, dedicada al estudio de las sensaciones y la razón.

10. Focio, *Biblioteca*, 169b 18-31.
11. DL, IX, 115.

- La cuarta, centrada en el análisis y la refutación de la teoría estoica de los signos.
- La quinta, en la que se exponían ocho tropos o argumentos contra los defensores de la causalidad.
- La sexta, dedicada al análisis crítico de las nociones de «bien» y «mal».
- La séptima, en la que se rechazaban las diversas teorías acerca de la virtud.
- Y la octava, que se ocupaba del tema de la finalidad de la vida humana.

Sin embargo, de casi ninguna de estas lecciones podemos decir mucho más que esta breve alusión genérica a su contenido. La única que aparece reflejada de manera evidente en la obra de Sexto Empírico es la quinta, que Sexto resume de la siguiente manera:

Y así, Enesidemo añade ocho tropos según los cuales estima que toda la teoría dogmática de la causalidad se muestra carente de fundamento. De los cuales, dice que el primero es aquel tropo según el cual el origen de la causalidad, al residir en cosas no manifiestas, no tiene una confirmación unánime en los fenómenos. El segundo, aquel según el cual a pesar de que muchas veces hay abundantes posibilidades para asignar causas de muy diversas maneras a lo que se investiga, algunos asignan causas a eso de una única forma. El tercero, aquel según el cual de cosas que se forman ordenadamente dan causas que no muestran ningún orden. El cuarto, aquel según el cual cuando han comprendido cómo suceden las cosas que son manifiestas creen que también han comprendido cómo sucede lo que no es manifiesto, cuando lo no manifiesto tal vez tenga lugar de forma parecida a lo manifiesto o tal vez no de esa forma sino de otra especial. El quinto, aquel según el cual todos asignan –por así decir– causas, según sus hipótesis personales sobre los elementos y no según unos métodos generales y aceptados. El sexto, aquel según el cual muchas veces admiten lo que concuerda con sus propias hipótesis y rechazan lo que choca, incluso siendo igual de probable. El séptimo, aquel según el cual muchas veces proponen causas que contradicen no solo a los fenómenos sino incluso a sus propias hipótesis. El octavo, aquel según el cual, al ser tan absurdas las cosas que se dan por evidentes como las que se investigan, construyen sus teorías a partir de cosas absurdas y sobre cosas no menos absurdas. Afirma además que no es imposible que mediante ciertos tropos compuestos construidos a partir de los citados queden ridiculizados unos cuantos en sus teorías sobre la causalidad[12].

Como puede apreciarse, el objetivo principal de la crítica anticausalista de Enesidemo, tal y como Sexto la refleja, es el supuesto vínculo entre la causa y el efecto, siempre relacionados mentalmente por los seres humanos pero nunca expuestos de tal manera que esa relación se demuestre de forma evidente. Los ocho argumentos buscan refutar dialécticamente a quien defienda que

12. HP, I, 180-185.

hay causas y efectos incuestionables, no demostrar a todas luces que no hay tal tipo de causas y efectos, algo que iría más allá de las pretensiones de un escéptico. La meta última de su argumentación es, por tanto, hacer ver a todo posible interlocutor dogmático que no hay fundamento alguno de su creencia firme en la relación causa-efecto. Es, más bien, una inercia en nuestro modo de pensar la que nos lleva a creer con firmeza que algo de lo que observamos que sucede es causa de otra observación que sucede después. Y, en opinión de Enesidemo, tanto puede ocurrir que realmente lo primero sea causa de lo segundo como que no lo sea, pero no podemos saberlo. Parece razonable, por tanto, que Enesidemo esté proponiendo aquí como única actitud razonable la suspensión del juicio sobre las relaciones de causalidad. De algún modo esto puede considerarse un antecedente remoto de la crítica contra la concepción tradicional de la relación causa-efecto como «conexión necesaria» que realizará en la Modernidad David Hume, aunque el alcance de la propuesta crítica de Hume sea muy diferente[13].

El conjunto de estrategias argumentativas que hemos denominado «los ocho tropos contra los defensores de la causalidad» no son la única aportación de Enesidemo a las baterías de argumentación escépticas. De hecho, ha tenido más peso histórico otro conjunto de argumentos

---

13. Véase G. López Sastre, *Hume: saber ser escéptico*. Shackleton Books, Madrid, 2024, pp. 50-62.

que se suele llamar «los diez tropos de Enesidemo para la suspensión del juicio». Este conjunto de argumentos fue formulado originalmente en otro de los libros de este autor, titulado *Esbozo del pirronismo (Hypotýpōsis eis tà Pyrróneia)*. Resulta muy evidente que este título influyó en el nombre que Sexto Empírico dio a su propio libro introductorio al escepticismo: *Esbozos pirrónicos (Pyrróneiai hypotypóseis)*. Además de Sexto Empírico, también Diógenes Laercio nos da una breve noticia de este libro de Enesidemo[14]. Aun así, es difícil hacernos una idea de su contenido completo. La parte que mejor podemos exponer es la que se dedicaba precisamente a la enumeración de esos argumentos, que estaban orientados a sistematizar las maneras efectivas de responder a quienes pretenden haber alcanzado conocimiento sobre cosas no manifiestas. Sexto dedica una parte sustancial del libro primero de sus *Esbozos* a exponer estos argumentos y ponerlos en práctica, pero en ningún momento los relaciona con Enesidemo; se limita a decir que sus autores fueron «los primeros escépticos»[15] dejando la cuestión de su autoría, en cierto modo, sumida en el misterio del anonimato (algo que también hará con los tropos de Agripa que veremos a continuación). Pero otros autores antiguos sí que los relacionan inequívocamente con el nombre de Enesidemo. Aparte de Sexto, tenemos información de estos tropos en breves pasajes de Diógenes

14. DL, IX, 78.
15. HP, I, 36.

Laercio, Focio, Aristocles de Mesina y Filón de Alejandría, lo que nos permite completar una panorámica bastante diversa sobre su naturaleza y su modo de ponerlos en práctica, pero al tiempo los pequeños detalles en los que estos informes divergen convierten el asunto en un rompecabezas de compleja solución. Para empezar, no hay acuerdo unánime sobre su número y orden. Sexto Empírico nos dice que son diez, Aristocles sostiene que son nueve, Diógenes Laercio también nos dice que son diez, pero su listado no coincide con el de Sexto, mientras que Filón de Alejandría reproduce ocho en su *De ebrietate*[16]. Una explicación posible a esta discrepancia es que el listado fuera en gran medida variable. Es muy propio del carácter escéptico no dejar cerrada por completo una enumeración para no dogmatizar sobre que necesariamente tenga que ser ese el listado exhaustivo de sus elementos, y algo similar ocurre con el orden.

La enumeración más detallada es la que realiza Sexto Empírico, que nos dice que los tropos son los siguientes:

1. «Según la diversidad de los animales».
2. «Según la diferencia entre los hombres».
3. «Según las diferentes constituciones de los sentidos».
4. «Según las circunstancias».

16. Sobre la compleja relación entre estos diversos listados, véase el trabajo de Ramón Román Alcalá «Enesidemo: la recuperación de la tradición escéptica griega», *Anales del Seminario de Historia de la Filosofía* (1996), extra 1, pp. 79-96.

5. «Según las posiciones, distancias y lugares».
6. «Según las mezclas».
7. «Según las cantidades y composiciones de los objetos».
8. «Según la relación».
9. «Según los sucesos frecuentes o los raros».
10. «Según las formas de pensar, costumbres, leyes, creencias míticas y opiniones dogmáticas».

Cada uno de estos tipos de argumento habría servido para mostrar la raíz de una discrepancia que nos obliga a no convencernos dogmáticamente de ninguna de las alternativas en ningún tema en disputa. No debemos depositar nuestra creencia firme en ninguna de las posiciones de la discusión porque, por convincente que nos parezca, siempre habrá motivos para no estar tan convencidos a causa de la diferente manera de percibir el mundo que tienen las distintas especies animales (tropo primero), o por las diferencias entre los diversos seres humanos (tropo segundo), etcétera. Por ese motivo, la única respuesta razonable a la discusión será la *epoché*, es decir, suspender el juicio no afirmando ni negando.

Esa manera de concebir la argumentación marcará de manera irremisible a los siguientes integrantes de la corriente escéptica. La forma de hacer filosofía de los pirrónicos consistirá, en adelante, en poner en práctica conjuntos de tropos, argumentos predefinidos, que impidan al interlocutor dogmático mantenerse en su creencia pero al tiempo no lo conduzcan a la creencia opuesta, dejando como única opción la suspensión completa del juicio. De manera que, con independencia de que Enesidemo sostuviera temáticamente (o no) tesis dogmáticas procedentes de Heráclito, en lo que este filósofo dejará un legado más profundo es en su manera de argumentar y de concebir el papel mismo de la argumentación. En adelante, el escepticismo pirrónico consistirá en la habilidad para contraponer argumentos de tal modo que su efecto sea la imposibilidad para optar entre ellos racionalmente, algo que podemos constatar tanto en Agripa como en Sexto Empírico.

El trilema de Agripa

Agripa es un filósofo del que sabemos muy poco, pero lo poco que sabemos es excepcionalmente interesante. Probablemente vivió a finales del siglo I de nuestra era, y debió de ser uno de los integrantes destacados del neopirronismo, aunque las pocas fuentes que tenemos sobre este periodo no lo cuentan entre los dirigentes de la secta. De su vida no sabemos nada en absoluto. Ningún dato, ninguna anécdota o acontecimiento vital ha llegado hasta nosotros. No se le conocen discípulos, y tampoco tenemos claro quién o quiénes fueron sus maestros. Lo importante que podemos decir sobre él no tiene que ver con su biografía, su época o su contexto, sino con su filosofía.

Se atribuye a Agripa la formulación más acabada de uno de los grandes argumentos escépticos de la historia: el problema de la justificación de las proposiciones, también conocido como «trilema de Münchhausen» o «trilema de Agripa». El nombre «trilema de Münchhausen», que se le ha dado a esta cuestión en la contemporaneidad, es muy ilustrativo del tipo de problemática que se encuentra en la base de este conjunto de argumentos. El barón de Münchhausen es un personaje cómico inspirado en un aristócrata alemán del siglo XVIII. Aparece como personaje en multitud de cuentecitos e historietas que cumplen casi la función de chistes y en los que vive aventuras alocadas de las que sale siempre airoso mediante soluciones absurdas. Se supone que estas narraciones, iniciadas por el escritor Rudolf Raspe, estarían inspiradas en las historias exageradas que el barón real contó a su vuelta a casa después de participar en la guerra contra los turcos. Las narraciones abarcan todo tipo de escenarios, desde viajes a la Luna para conocer a los selenitas hasta estancias en el estómago de una ballena o en el infierno con Vulcano. Pero para lo que nos interesa, hay una en concreto que debe ser relatada brevemente. Se trata, de hecho, de una de las historias que más difusión tradicional ha recibido. En cierta ocasión, durante uno de sus viajes, el barón se queda atascado en el lodo con su caballo al atravesar un cenagal. Como no puede llegar a tierra firme y tampoco alcanza a aferrarse a ninguna rama de árbol, su problema parece no tener solución. Pero entonces encuentra de manera repentina el modo de resolver su cuita: agarra su propia coleta y tirando hacia arriba con su colosal fuerza se saca a sí mismo (y a su caballo, al que sujeta con sus piernas) fuera del barro, y se transporta por el aire hasta lugar seguro.

La historieta cumple con su papel cómico ligero por la evidente ruptura de las leyes de la física. Pero si se aplica sobre la justificación de las proposiciones en epistemología, sirve para hacer notar el problema de que nuestra pretensión de justificar lo que afirmamos también se queda siempre «en el aire». En su formulación clásica, el argumento del trilema tiene más o menos la siguiente forma: supongamos que decido afirmar algo (da igual lo que sea) en el transcurso de una discusión con un interlocutor. Podría, incluso, ocurrir durante una discusión conmigo mismo, pero para el ejemplo pensemos que lo hago mientras hablo con un amigo. Y mi amigo, muy razonablemente, no está dispuesto a dar por aceptada mi afirmación si no la justifico sobre algo. Me pide, pues, alguna razón, algún argumento, que sirva de base a mi afirmación. Una prueba de su veracidad. Y supongamos también que yo encuentro dicha prueba, es decir, que expongo una nueva afirmación que cumple bien con esa función de servir de base a mi afirmación anterior. Mi amigo puede, ahora, preguntarme por qué considero que esta nueva afirmación es verdadera. Dicho de otro modo, puede pedirme que *justifique* la prueba que he aportado de la veracidad de mi afirmación primera. Y el único modo que tendré de hacerlo es encontrar una nueva afirmación que cumpla respecto de esta segunda el mismo papel que la segunda cumple respecto de la primera. Y si lo hago, mi amigo podrá reclamarme de nuevo que justifique esta última aportando una nueva prueba. Este problema solo puede seguir, según lo planteó Agripa, tres caminos posibles:

a) Continuar infinitamente aportando razones nuevas para justificar las anteriores, y necesitando infinitamente nuevas pruebas de la veracidad de estas, de modo que jamás ninguna esté plenamente justificada porque continúa demandando más y más razones hasta el infinito.

b) Considerar que alguna de estas razones aportadas es de tal naturaleza que no necesita ser justificada. Afirmar, por tanto, que es un principio, un axioma o un dogma de fe. Así, por ejemplo, mi primera afirmación se justifica por la segunda y la segunda por la tercera, pero la tercera no se justifica por nada porque considero que es autoevidente, que es una verdad propia del sentido común, que forma parte del conjunto de dogmas que debemos creer o que es una de las afirmaciones que ha de situarse en la base de todo conocimiento como postulado último. De cualquier manera que lo exponga, el corte en la justificación romperá con el principio de razón suficiente y, por tanto, no podré evitar que mi interlocutor lo considere un mero dogma arbitrario.

c) Justificar la verdad de mi primera afirmación aportando una segunda, la verdad de la segunda aportando una tercera y la verdad de la tercera remitiendo de nuevo a la primera. Si hago esto, todas reposarán sobre otra distinta de ellas y en apariencia ninguna estará sin justificación, pero, como en la historia del barón, el conjunto no reposará sobre nada. Se considera, por tanto, que esta alternativa cae en un círculo vicioso, y tampoco sirve como justificación de la verdad de las afirmaciones realizadas.

Ninguna de las tres alternativas que nos caben es, entonces, satisfactoria. O el regreso al infinito, o el dogmatismo radical o la circularidad, que en cierto modo es otra forma de caer en el regreso al infinito. Así, el camino para la justificación de cualquier conocimiento parece quedar vedado. Sin embargo, la mayor parte de los filósofos de la historia no han estado dispuestos a dejarse arrastrar por Agripa a este escepticismo radical. Cualquier pretensión de fundamentar la ciencia requiere algún modo de considerar que las proposiciones que componen una teoría científica están justificadas, que se pueden sostener legítimamente. De lo contrario, cualquier ciencia no será más que un conjunto de afirmaciones arbitrarias. Por ello ha habido entre los filósofos de todas las épocas (incluida la actualidad) una fuerte tendencia a buscar maneras de escapar del enredo que supone el trilema de Agripa. Y las soluciones que han propuesto pueden agruparse, a grandes rasgos, en tres clases de «vías de escape», cada una de ellas centrada en una de las ramas del trilema. Estas tres alternativas dan nombre a tres posiciones filosóficas sobre la naturaleza del conocimiento pero que tienen también importantes implicaciones en lo que respecta al modo de ser de la realidad en su conjunto: el fundacionalismo, el coherentismo y el infinitismo[17].

De las tres, la de mayor raigambre histórica es sin duda el fundacionalismo. Debemos su formulación inicial a Aristóteles, que, aunque es muy anterior a Agripa, tiene a menudo la capacidad de adelantarse a problemas que serán formulados con precisión mucho después de su propia época y ofrecer respuestas a cuestiones aún no formuladas (o solo formuladas como mero esbozo). En efecto, Aristóteles no estaría de acuerdo en que ninguna de las tres alternativas en las que nos deja el trilema es aceptable. Concordaría en que no podemos darnos por satisfechos con un regreso al infinito o un círculo vicioso, pero la otra posibilidad no le parece en absoluto absurda. En los *Analíticos posteriores* (72b5-27 y 90b24-29) desarrolla una visión propia de lo que supone justificar la verdad de las proposiciones a partir de una proposición que no es, a su vez, justificada de ningún modo. Hay, según él, ciertos puntos de partida básicos que no requieren en absoluto justificación. Pedir que se justifiquen es, de hecho, no haber entendido qué son. Esa clase de proposiciones, por su carácter básico primordial, *fun-*

---

17. Para una exposición detenida de las tres estrategias, especialmente de coherentismo e infinitismo, véase P. D. Klein, «Contemporary responses to Agrippa's Trilemma», en John Greco, *The Oxford Handbook of Skepticism*. Oxford University Press, 2011, pp. 484-503.

dan sobre sí mismas el conocimiento que se asiente sobre ellas. Por ello se ha llamado a esta posición «fundacionalismo».

El fundacionalista entiende que hay ocasiones en que no es necesario continuar preguntándose cómo es el mundo (o preguntándose si el modo de ser del mundo coincide con el modo en el que el mundo se presenta ante nosotros, se nos aparece) porque hay ciertos puntos de partida que podemos dar por garantizados[18]. Esos puntos de partida son lo que consideramos «principios» o «axiomas», y su legitimidad no se asienta sobre otras pruebas, sino sobre su propia evidencia. No consideramos verdadero, por ejemplo, el principio de no cotradicción por algo exterior a él que nos lo demuestre, sino por el hecho de que no podemos evitar considerarlo verdadero. Es, pues, un principio autoevidente. Y pedir pruebas de lo evidente, sostiene Aristóteles, es absurdo.

Frente a Aristóteles, los escépticos construyeron toda una batería argumental contra esta posición fundacionalista. Tenemos conservada la versión que desarrolla Sexto Empírico, que se toma muy en serio desmontar la postura aristotélica. Sexto no reclama para sí originalidad en esta argumentación, sino que la atribuye a «los escépticos más recientes», refiriéndose probablemente al propio Agripa. Lo que él se propone es emplear un tropo específico contra quien pretenda detener la necesidad de justificación en un «punto de partida» que se

18. Ibíd., p. 486.

suponga inmune a la necesidad de ser demostrado. A ese argumento lo llama el «tropo hipotético» o el modo de argumentar «por hipótesis» *(ex hypothéseōs)*.

> El tropo hipotético, a su vez, se da cuando los dogmáticos, obligados a un regreso al infinito, toman como punto de partida algo que no prueban, sino que afirman establecer simplemente y sin argumentos, por concesión[19].

> Si, todavía, buscando nuestro contradictor escapar a esta conclusión, pretendiera por concesión y sin prueba dar por sentado algo a fin de demostrar lo siguiente, sobrevendrá el tropo hipotético, del que no hay salida. Pues si quien establece la hipótesis es fidedigno, no lo seremos nosotros menos al establecer la hipótesis contraria; además, aun quien establece una hipótesis verdadera, la vuelve sospechosa al suponerla hipótesis en vez de probarla; y si es falsa, la base de su argumentación quedará viciada. Por otra parte, si la hipótesis conduce a una demostración, admitamos por hipótesis el objeto mismo de la investigación y no otra cosa que no es sino un medio para probar aquel; pero si es absurdo suponer por hipótesis el tema de investigación, será absurdo asimismo admitir por hipótesis sobre lo cual este descansa[20].

Como puede apreciarse, Sexto no admite la cualidad de «principios» de los puntos de partida que defiende

19. HP, I, 168.
20. HP, I, 173-174.

el fundacionalista (al que él llama, como es habitual, sencillamente «dogmático»), sino que los considera meras hipótesis. Es decir, el argumento del escéptico reposa en la estrategia de no reconocer una naturaleza propia en esos supuestos principios y considerarlos, en cambio, equivalentes de cualquier otra proposición que podría haberse reclamado que se admitiera sin prueba (incluida la conclusión misma que se pretende alcanzar). No reconoce el escéptico, por tanto, la enorme diferencia que hay entre un axioma (en cuanto proposición que se admite por su evidencia) y una hipótesis (que solo es una suposición propuesta para ser verificada). Además, cualquier punto de partida que el fundacionalista quiera que se le conceda el escéptico entiende que estará basado en cómo nos parecen las cosas o en cómo creemos que son. Si se basa en cómo nos parecen las cosas, el escéptico señalará que sobre las apariencias no hay acuerdo entre nosotros debido a que las percepciones son relativas al sujeto que las percibe (esto es lo que llama «tropo de la relatividad de la percepción»); y si se basa en cómo son las cosas, señalará que tampoco sobre eso hay acuerdo entre los hombres debido a la diversidad de opiniones que sostenemos sobre el mundo («tropo de la discrepancia de las opiniones»). Por este motivo, el conjunto de argumentos que compone el trilema de Agripa, en última instancia, aparece expuesto con una mayor complejidad e integrado dentro de un conjunto mayor, formado por cinco ramas (los llamados «cinco tropos») que se componen de las tres partes del trilema más los dos argumentos añadidos de la relatividad (HP, I, 175) y la discrepancia (HP, I, 176). Sexto no lo atribuye explícitamente a Agripa, sino, como decíamos, a «los escépticos más recientes»[21], pero sí aparecen atribuidos a Agripa en la exposición que hace de ellos Diógenes Laercio[22], que coincide casi totalmente con la exposición que lleva a cabo el Empírico. De cualquier manera, al sumar estos dos nuevos elementos al conjunto argumental, la batería de razonamientos resultante bloquea dialécticamente mejor la posibilidad de que alguien pretenda salir de la aporía escéptica diciendo sencillamente que algo es «un principio elemental» que tiene que ser admitido sin necesidad de prueba. Y, además, de algún modo, las dos nuevas ramas que se añaden incorporan en esencia lo nuclear de los tropos de Enesidemo. De hecho, puede considerarse que los cinco tropos de Agripa son una evolución y perfeccionamiento de los tropos de Enesidemo que respeta el espíritu de los argumentos originales pero aumenta tanto su sutileza como su capacidad para poner en aprietos a su adversario.

El papel de la relatividad y la discrepancia es vital para la estrategia escéptica en este trance. Si el fundacionalista propone que el principio es algo evidente porque se nos aparece como tal, el escéptico puede poner en cuestión el valor de las apariencias basándose en la diversidad de

21. HP, I, 164.
22. DL, IX, 88-89.

modos en que las percibimos. Las apariencias no pueden, según esto, ser tomadas como incuestionables. Que algo me parezca tan evidente que lo considero un principio básico no significa que lo sea. Algo puede aparecer como teniendo cierta propiedad sin tenerla; puede aparecer como no teniéndola a pesar de tenerla; puede aparecer como teniéndola cuando lo percibo yo pero no cuando lo percibe mi vecino; puede aparecer como teniéndola cuando se percibe con un sentido pero no cuando se percibe con otro... Las apariencias son relativas a las circunstancias, relativas a los órganos de los sentidos y, sobre todo, relativas a los diferentes sujetos. De modo que algo tan cambiante y dependiente carece de la fiabilidad necesaria para que lo consideremos prueba de lo demás.

Si, en cambio, el fundacionalista propone que el punto de partida, el principio fundante, es intelectivamente evidente (dicho de otro modo: es evidente por la opinión que tenemos sobre su naturaleza), es decir, si funda en lo inteligible su cualidad de ser principio en lugar de en lo sensible-apariencial, entonces el escéptico puede poner en cuestión el valor de este supuesto principio basándose en que no hay puntos de partida incuestionables entre aquello que consideramos que son las cualidades «reales» de las cosas, pues todas ellas están de un modo u otro en disputa. Sobre nuestras opiniones acerca de la realidad, de la naturaleza objetiva del mundo, siempre hay discrepancias intelectuales entre todos los que juzgamos sobre ella. Esta es una de las grandes fuentes de argumentos escépticos de la historia: no importa cuánto tiempo pase ni cuánto nos detengamos a investigar, dirán estos filósofos; los seres humanos no nos ponemos nunca de acuerdo en nada.

Como el caso de la polémica con el fundacionalismo ejemplifica muy bien, la dinámica de argumentos y contraargumentos entre el escéptico y el que no lo es sobre la posibilidad de justificar las proposiciones muestra un carácter casi de juego: el escéptico intenta encerrar a su interlocutor (convertido en adversario) no dejándole salida, y el no escéptico trata de buscar el modo de escapar de la red argumental que el escéptico le tiende. Como muchas polémicas filosóficas, casi parece una partida de ajedrez intelectual. Pero en cierto modo también tiene parecido con la dinámica que se establece entre el trampero y su presa. De hecho, el propio Sexto Empírico emplea términos que no dejan lugar a dudas de su intención de convertir los argumentos de Agripa en una jaula. En el texto precedente vimos cómo dice que su contradictor está tratando de «escapar» *(pheúgō)*, y que cuando sus argumentos están expuestos, «no hay salida» *(áporos hypárchōn)*. Aunque en un vistazo superficial podría considerarse que el conjunto de argumentos que forman los cinco tropos no tiene ninguna clase de orden establecido entre sí y carece, podríamos decir, de método, una lectura detenida y atenta de todo el pasaje en el que Sexto lo expone lo muestra como todo lo contrario: una estrategia elaborada, premeditada y profundamente metódica con la que dejar al adversario sin alternativa mediante una serie de pasos. Brochard dice al respecto sobre los tropos de Agripa que «hay entre ellos una especie de encadenamiento lógico, y corresponden más o menos a las diversas posiciones que los dogmáticos podían ocupar y de las cuales se les iba desalojando sucesivamente»[23]. El proceso de esta argumentación podría ser el siguiente:

1.º La discusión se inicia entre el dogmático y el escéptico. El dogmático afirma que sabe algo; el escéptico se lo intentará rebatir. Para ello recurrirá en primer lugar al tropo del desacuerdo. El dogmático, sostenga la posición que sostenga, tendrá que reconocer que sobre ella hay discrepancias. No hay ningún tema sobre el que no exista debate. Ningún conocimiento se asienta sobre la unanimidad. Así que el escéptico recurre a esa falta de acuerdo para señalar que no se puede dar por aceptada sin más una de las alternativas del debate si existe la otra.

2.º Si el dogmático admite esta imposibilidad de decidir y se resigna, tendrá que suspender el juicio (y con ello dar el primer paso para volverse escéptico). Si no lo hace, ¿cómo justificará no hacerlo? Intentará asentar lo que defendía sobre una prueba de algún tipo (algún dato, algún ejemplo, alguna teoría), que el escéptico podrá mostrarle que

---

23. V. Brochard, *op. cit.*, p. 353.

está en la misma situación que la primera tesis que pretendía dar por válida: también la prueba necesita ser justificada para que se acepte. Y si de esa prueba se da otra prueba, le pasará lo mismo a esta. Y así una y otra vez. El escéptico habrá hecho caer a su adversario en el tropo del regreso al infinito.

3.º ¿Cómo escapar de esa caída en el abismo? El dogmático se ve ahora forzado a buscar la justificación de una de sus razones en alguna de las tesis que formaban parte de esa infinita cadena para tratar, así, de romperla. Y al hacerlo acaba creyendo justificar A mediante B y B mediante A, cayendo en el tropo del círculo vicioso.

4.º Cuando se le haga consciente de ello, notará que la única forma de escapar a ese bucle es proclamar que una de las pruebas aducidas es de tal tipo que no necesita, a su vez, ser probada. El escéptico señalará entonces que aquello sobre lo que se reclama ser verdadero sin requerir ser probado es, inevitablemente, sospechoso. Si es falso, no puede asentarse nada sobre ello. Si es verdadero, debería poder demostrarse que lo es. Si se afirma que no hace falta ninguna demostración, entonces se nos está exigiendo una fe en dicha hipótesis que anula su capacidad para formar parte de una discusión racional. Esta es la clave del tropo del razonamiento por hipótesis: cortar la justificación y pedir que se crea en lo injustificado saca la discusión del campo de juego de las razones. Si esa va a ser la metodología de su interlocutor, el escéptico le dirá que por qué no empieza directamente reclamando esa fe en aquello mismo que quería probar y se salta los pasos intermedios.

5.º Como última pieza del razonamiento, al escéptico le queda en reserva un recurso final que puede emplear en cualquier momento: el tropo de la relatividad, el que señala que todo es relativo a alguna otra cosa. Las sensaciones son relativas a quien las siente; los razonamientos teóricos, a la inteligencia de quien los plantea. Nada es por sí mismo. Cualquier prueba inesperada que el dogmático traiga a colación siempre será algo relativo a otra cosa y podrá ponerse en cuestión en función de esa relatividad.

Así, la trampa está preparada. Agripa enseña a las siguientes generaciones de escépticos que basta con tener predefinida esta cadena de argumentos para forzar a cualquier interlocutor a tener que reconocer que no sabe y, por tanto, no dejarle otro camino que suspender el juicio.

Sin embargo, Aristóteles se muestra como un escapista privilegiado dentro de este juego, ya que muchos consideran que dejó abierta la puerta de esta jaula años antes de que los barrotes fueran forjados. Y esa puerta abierta reposa precisamente sobre esa idea escéptica de que *los seres humanos nunca nos ponemos de acuerdo en nada*.

¿Es cierto que no hay entre nosotros *ningún* acuerdo universal? ¿No hay *nada en absoluto* en lo que todos concordemos siempre?

En la mayor parte de los casos los argumentos escépticos de la relatividad y la discrepancia funcionan muy bien. Alguien puede considerar que la Tierra es redonda y otra persona puede considerar que es plana. Alguien puede sostener que una ley es justa y otra persona puede defender que es injusta. Alguien, incluso, puede tener una enfermedad que le haga sentir la miel amarga a pesar de que todo el mundo le diga que el sabor de la miel es dulce. En el transcurso de cualquier discusión siempre se puede discrepar sobre si A es B o si no es B. Dicho de otra forma, tanto podemos considerar que es *cierto* que A = B como que es *falso* que A = B, sean A y B lo que sean. Pero ¿qué ocurre respecto de la cuestión de si A = A? Algo diferente ocurre cuando nos planteamos esta pregunta. Algo hace que las opciones que se presentan a nuestro entendimiento no sean amplias, diversas. A puede ser B o no ser B, pero no puede *no ser A*. Sobre eso no podemos discrepar. Podemos decir, por supuesto, que la proposición A = A no es excesivamente informativa. Que A es igual a sí misma es algo que ya sabíamos. Pero precisamente lo sabíamos porque es uno de los puntos de partida de nuestro pensamiento. Es el principio de identidad. Y aunque sea poco informativo (todos los principios lo son), no es ni mucho menos trivial. Nos informa de que todo es autoidéntico, que cada cosa es idéntica a sí misma. Y por ello no podemos pensar que es falso que A = A.

Aristóteles identifica tres de estos principios fundantes: el «principio de identidad», el «principio de no contradicción» y el «principio de tercero excluido». El primero nos dice que cada cosa es idéntica a sí misma; el segundo, que nada puede, a la vez y en el mismo sentido, ser y no ser de determinado modo, y el tercero, que de dos cosas contradictorias que podamos decir de algo, una será verdadera y la otra falsa. Dicho de manera más concisa: *A es igual a A* (identidad), *A no puede ser y no ser* (no contradicción) y *A solo puede ser o no ser* (tercero excluido). Estos tres principios no podemos pensar que son falsos; no podemos no estar de acuerdo con ellos, porque las leyes mismas de nuestro pensamiento se basan en ellos. Toda nuestra lógica reposa sobre estos tres puntales. Y, por tanto, escapan al argumento escéptico de la discrepancia. Su carácter axiomático hace que ni siquiera podamos aspirar a discrepar sobre ellos. Por supuesto, podemos *decir* que no estamos de acuerdo con ellos, pero solo podemos hacerlo mintiendo. Nuestra manera de pensar exige que los demos por válidos. Son la ganzúa perfecta con la que abrir la jaula de los «cinco tropos» que tiempo después preparará Agripa.

Aun así, Aristóteles no considera que sean principios porque no podamos discrepar sobre ellos, sino al contrario: no podemos discrepar sobre ellos porque son principios básicos. Hay una inevitabilidad del acuerdo de nuestras opiniones en lo que respecta a ellos, una inevitabilidad que podríamos llamar «psicológica». Pero su ser principios es previo a ella. Son principios porque el mundo es del modo que ellos describen y porque la lógica misma (con independencia de nosotros) cumple las leyes que se derivan de ellos. Son, pues, lo que llamamos «principios lógico-ontológicos»[24].

El enfoque aristotélico es, en cierto sentido, el opuesto del que encontramos en Agripa. Precisamente porque los principios son previos a toda argumentación deben ser presupuestos a todo intento de demostración y, por ello, no pueden ser demostrados. No se puede contestar a la demanda de justificación sobre ellos tratando de probarlos sin cometer una petición de principio (es decir, sin utilizarlos como si ya estuvieran probados), por lo que la estrategia debe ser la contraria: refutar al adversario que nos interroga sobre ellos haciéndole ver que él mismo ya los admite y utiliza. Si, por ejemplo, un adversario antiaristotélico (como bien podría ser Agripa) nos reclama que demostremos el principio de no contradicción antes de emplearlo, le señalaremos que él también lo está utilizando ya; y si dice que no lo hace, le haremos ver que para

24. Según el gran lógico polaco Jan Łukasiewicz, habría en Aristóteles tres formulaciones diferentes del principio de no contradicción que muestran sus tres ámbitos de aplicación: la ontológica (1005b19-20 y 1005b26-27), que muestra que es imposible que lo mismo se dé y no se dé a la vez en la realidad; la lógica (1011b15-18), que señala que dos afirmaciones contrarias es imposible que sean verdaderas a la vez en el ámbito del discurso, y la psicológica (1005b23-24), que dicta que a nosotros, seres humanos, nos es imposible pensar que algo sea a la vez verdadero y falso en el mismo sentido. Pero no se trata de tres principios diferentes, sino solo de formulaciones alternativas de un único principio que se extiende, a la vez, al espacio del ser, al del discurso lógico y al del pensamiento.

reclamar una diferencia entre «estarlo haciendo» y «no estarlo haciendo» ya tiene que estar empleando el principio, por lo que admite inevitablemente su validez.

Con todo, los cinco tropos de Agripa fueron una de las grandes estrategias argumentativas de la corriente escéptica durante todo su último periodo. Sexto Empírico aún los considera importantes y los expone con detalle. Es probable que fueran, junto con los tropos de Enesidemo, una parte esencial de lo que se consideraba imprescindible conocer para poder ser escéptico en el pleno sentido del término. Aun así, la corriente pirrónica, siempre deseosa de concisión y simplicidad, planteó algún tiempo después una versión más escueta y sencilla con solo dos partes. No conocemos el nombre de su autor (solo que es alguien posterior a Agripa y anterior a Sexto Empírico), por lo que ha llegado a ser conocida con la humilde denominación de «los dos tropos de la suspensión del juicio». Y consiste en un razonamiento muy básico y amplio:

1.º Nada se sabe por sí mismo. Esto resume la idea de que sobre cualquier cosa hay desacuerdo y que carecemos de certeza directa.

2.º Tampoco se sabe nada por otra cosa. Aquí se engloban los argumentos originales del trilema de Agripa, simplificados. Cualquier cosa que queramos basar en otra seguirá en el vacío porque también está en el aire esa otra cosa (sea por la circularidad del razonamiento, porque la justificación quedará truncada o porque se caerá en una cadena interminable que nunca nos permitirá dar por válido el pretendido saber).

Sexto Empírico, maestro de la duda

El último representante destacado del escepticismo antiguo fue el gran erudito, médico y filósofo del siglo II Sexto Empírico. A pesar de ser menos conocido que otros grandes pensadores de la Antigüedad, se trata de uno de los autores clave de la historia de la filosofía griega, tanto por su papel como culminador de la posición escéptica pirrónica como por la importancia que tiene su obra para el conocimiento de todo el panorama de la discusión intelectual de los siglos anteriores. Resulta difícil componer un apartado de este libro específicamente dedicado a este autor. Tenemos, como en casos anteriores, muy poca información sobre su persona, lo que contrasta con la gran cantidad de páginas suyas que han llegado hasta nuestra época. Y, además, como el lector ya habrá notado, las alusiones a su nombre han sido casi constantes en los capítulos previos de este volumen, pero poco o nada se ha dicho sobre él de manera específica. Esto se debe a la que ha sido, en cierto sentido, la mayor suerte y la mayor desgracia de este filósofo: su carácter de testigo privilegiado del pensamiento griego.

Sexto Empírico es un autor citado con mucha frecuencia por los especialistas y estudiosos de la filosofía

Escépticos

antigua, pero casi nunca se lo cita por un interés genuino en su pensamiento. Al contrario: lo que suele llevar a los estudiosos hasta sus páginas es el interés, precisamente, por lo que no es Sexto Empírico (sus oponentes, sus antecedentes, sus adversarios y aliados argumentales y todo ese cúmulo de pensadores ajenos a su propia posición que Sexto, como gran erudito, conoce, cita y conserva). Incluso en los capítulos precedentes de este libro le ha ocurrido a Sexto algo similar, aun tratándose del análisis de la tradición escéptica: si ha aparecido mencionado con tanta asiduidad antes de este apartado que le vamos a dedicar de manera específica es a causa del valor de su testimonio para conocer y comprender la postura del resto de formas y figuras del escepticismo.

Sobre Sexto mismo, como decimos, no se suele tratar, y eso se debe a lo poco que podemos llegar a decir de él. A nivel biográfico, casi no tenemos ningún dato seguro. Sabemos que fue griego (si entendemos esa adscripción más como signo de una educación y una cultura que como una nacionalidad), pero desconocemos dónde nació o dónde desarrolló su actividad investigadora[25]. Está, también, plenamente atestiguada su dedicación a la medicina. Fue, de hecho, esa profesión lo que le granjeó el sobrenombre de «el Empírico» con el que ha pasado a

25. Sobre esto último desarrollé algunas hipótesis en un trabajo de hace algunos años que el lector puede consultar: «¿Fue Canopo la sede de la escuela escéptica en vida de Sexto Empírico?», en I. Pajón Leyra, *Categorías y supuestos del escepticismo pirrónico*. Servicio de Publicaciones de la Universidad Complutense de Madrid, Madrid, 2011, pp. 337-353.

la historia. Los empíricos eran en aquel tiempo los integrantes de una nueva rama de la medicina que planteaba una ruptura con la tradición hipocrática y una reformulación del paradigma completo de la curación. Deseaban alejarse del dogmatismo tradicionalista de los hipocráticos y practicar una medicina más centrada en la experiencia observable (por lo que su denominación ha acabado vinculada a esa forma de concepción de la experiencia también en otros terrenos científicos). La medicina griega anterior, fuertemente marcada por la figura de Hipócrates, había llegado a convertirse en una técnica muy estructurada y compleja que combinaba elementos observacionales, racionales, tradicionales y, en algunos casos, incluso procedentes de antiguas prácticas sagradas, y, dentro de su carácter aún rudimentario, podía considerarse hasta cierto punto elaborada y coherente. Pero algunos de sus rasgos señalaban la necesidad de un replanteamiento radical, especialmente por el hecho de estar centrada en la noción de causa. La etiología médica, la postulación de las causas de las enfermedades, ocupaba un lugar de mucha importancia en su estructura conceptual, pero al tiempo resultaba en la época muy difícil (por no decir imposible) estar seguro de haber acertado al atribuir a un conjunto de síntomas una causa concreta. Decir que una enfermedad determinada la produce una causa determinada es un objetivo lógico para la medicina, pero hacerlo sin poder aportar pruebas de esa relación causal convierte a la medicina en una suerte de «relato dogmático». Por ese motivo, en época helenística y romana muchos médicos buscaban alternativas conceptuales de su propia profesión que no empleasen de manera tan central la noción de causa, y una alternativa razonable es que su papel fuese sustituido por la noción de síntoma, y la aspiración a la explicación cediese terreno a la de curación.

Contemplada como parte de esta tendencia, la postura de los empíricos en medicina puede considerarse paralela en algunos sentidos a la de los escépticos en filosofía, lo que llevó a suponer que el gran escéptico del momento, dedicado también a la ciencia médica, debió de pertenecer a esta corriente. Y, sin embargo, no estamos seguros de si Sexto Empírico fue de veras uno de los empíricos o si acabó recibiendo ese nombre por error. En la época existía también otra corriente reformuladora del paradigma médico: la de los médicos metódicos, que proponían sustituir la carga de la tradición hipocrática no por una actitud observacional sino por la aplicación de una metodología. En algunos pasajes de su obra, Sexto discute si hay una verdadera relación entre estas dos nuevas versiones del paradigma médico y los fundamentos y actitudes de la corriente escéptica. Y, para nuestra sorpresa, en esos lugares Sexto se muestra muy crítico con la posición empírica por la que es conocido y algo más proclive a la posición metódica, por lo que quizá no fuese parte de la corriente con la que hemos terminado relacionándolo.

En el fondo, tanto la manera de proceder del médico empírico como la del médico metódico pueden concebirse como paralelas a la del filósofo escéptico. El empírico busca una nueva forma de mirar, una nueva mirada hacia la enfermedad y hacia el paciente que tenga como su rasgo más destacado la no precipitación. Igual que el filósofo escéptico pretende mirar con cuidado al mundo sin lanzarse aventuradamente a presuponer explicaciones doctrinales fuertes sobre su naturaleza, el médico empírico busca mirar con la misma paciencia las enfermedades y tratarlas como algo que requiere observación sosegada y no aventurar explicaciones causales precipitadas. Pero, por otro lado, igual que el filósofo escéptico actúa como un argumentador terapéutico que sana la inquietud empleando fórmulas predefinidas de contraposición de razones capaces de recuperar el equilibrio, también el médico metódico, el oponente del empírico, se muestra como un terapeuta que procede a procurar la curación a través de la aplicación de un método predefinido. Y, además, este método se puede ver como un paralelo de la manera en la que el escéptico emplea contraposiciones de argumentos, ya que consiste, principalmente, en reequilibrar mediante el uso de los contrarios: tratar la fiebre, exceso de calor, con baños fríos; tratar las contracturas, excesiva concentración de los tejidos, con estiramientos; tratar las hemorragias, excesiva libertad de movimientos de los fluidos, con contención y presión, etcétera.

De cualquier manera, fuera cual fuese la posición exacta de Sexto en medicina, su obra relativa a esta temática no ha llegado hasta nuestro tiempo. Todo lo que sabemos de él como autor es en cuanto filósofo. Y aunque toma muchos de sus ejemplos del campo de la medicina, no habla de medicina de manera específica con demasiada frecuencia. Lo que ejerce de núcleo de sus obras es ese complejo nudo de relaciones que los escépticos encuentran entre la actitud epistemológica crítica y la búsqueda de la tranquilidad anímica (y, por tanto, de la felicidad).

De las obras de Sexto ya tratamos en el apartado que dedicábamos al inicio del libro a las diversas fuentes con que contamos para el conocimiento del escepticismo, pero recordemos que se suelen agrupar en varios conjuntos de tratados: el que se conoce como *Esbozos pirrónicos*, que está concebido como una introducción general al escepticismo, dividido en tres libros, y un compendio mucho más amplio (once libros en total) que la tradición ha denominado *Contra los matemáticos* (*Pròs Mathematikoús* o, bajo su denominación latina, *Adversus mathematicos*) pero que puede apreciarse que está compuesto por dos conjuntos independientes entre sí: *Contra los dogmáticos* y *Contra los profesores*.

Contra los dogmáticos es un compendio de argumentos escépticos orientados a rebatir a los filósofos que sostienen tesis en un sentido fuerte y que, por tanto, son los opuestos del escepticismo. El compendio está internamente dividido en tres grupos: los dos libros *Contra los lógicos (Pròs Logikoús)*, los dos libros *Contra los físicos (Pròs Physikoús)* y el libro *Contra los éticos (Pròs Ethikoús)*, cada uno de los cuales se centra en refutar las tesis de los filósofos en los respectivos campos de la lógica, la física y la ética, es decir, los tres campos de la filosofía que todas las escuelas helenísticas reconocían de un modo u otro como sus partes constituyentes. Estamos hablando, por tanto, del primer gran libro de la historia cuyo objetivo es la refutación conjunta de todas las formas de filosofía o, para ser más preciso, de todas las *tesis* filosóficas, de todas las *doctrinas* que se puedan sostener en esta disciplina. Es, en este sentido, el antecedente más remoto de otras obras con objetivos similares, como *La incoherencia de los filósofos (Tahāfut al-Falāsifa)* del árabe Al-Ghazali o *Refutación de las filosofías* de Francis Bacon.

Sin embargo, *Contra los profesores* es algo muy diferente: en lugar de dirigirse contra los supuestos saberes de la filosofía desde dentro de la filosofía, emplea la filosofía como arma para desmontar saberes ajenos a los filosóficos. No es, por tanto, un ejemplo de esa filosofía autolítica que de algún modo culminará en Wittgenstein, sino un libro inserto en la tradición crítica de la filosofía respecto al resto de campos del saber. Por ello, su objetivo crítico son los «profesores», entendidos como aquellos que se consideran conocedores y capacitados para enseñar lo que conocen. La orientación de este conjunto de tratados, de este modo, está en cierto sentido dirigida contra las falsas pretensiones de saber de un modo similar a como las críticas de Sócrates se dirigían a los sofistas cuando estos se autopublicitaban como maestros ante la comunidad. En su organización interna se recoge un apartado específico para cada uno de los saberes que los maestros en ciencias y artes enseñaban en la época: un tratado *Contra los gramáticos (Pròs Grammatikoús)*, uno *Contra los retóricos (Pròs Rhḗtoras)*, uno *Contra los geómetras (Pròs Geōmétras)*, uno *Contra los aritméticos (Pròs Arithmētikoús)*, uno *Contra los astrólogos (Pròs Astrológous)* y uno *Contra los músicos (Pròs Mousikoús)*. De alguna forma, como puede apreciarse, se recogen en este compendio todas las disciplinas que podían en la época formar parte del recorrido educativo de los niños y jóvenes. Las materias enseñables en las que se asienta la cultura griega, de este modo, son puestas en duda por Sexto Empírico de manera global. Así, si *Contra los dogmáticos* socaba la base fundante de la filosofía como saber, *Contra los profesores* lo hace respecto de la educación como transmisión de saberes. Y ambos, tomados conjuntamente, suponen una suerte de gran compendio del desconocimiento humano.

No sabemos si estas son todas las obras que escribió Sexto o si algunas otras se han perdido. En un pasaje de *Contra los músicos*[26] hace alusión a una refutación suya de la existencia del alma que podría indicar que nos falta un tratado específico dedicado a este tema. También alude a unas *Memorias médicas*[27] donde podría haber puesto por escrito su posición sobre la medicina o haber contribuido de algún modo al desarrollo que en su tiempo se estaba dando de ese campo o, incluso, a la reformulación del paradigma médico que mencionábamos más arriba. Pero nada sabemos de esos otros posibles

26. *Adv. Math.*, VI, 55.
27. *Adv. Math.*, VII, 202.

textos. Nuestra visión del papel de Sexto en la historia del pensamiento deriva de la poderosa influencia que han tenido los textos que conservamos. De hecho, de los tres, el que más ha marcado el devenir de la historia conceptual ha sido el primero, *Esbozos pirrónicos*, que tuvo un papel destacado en el regreso de las preguntas y cuestiones de la antigua Grecia con la llegada del Renacimiento y, sobre todo, de la Modernidad. El gusto de los humanistas de esta época, tan proclive a la erudición, a las grandes panorámicas y a la perspectiva crítica, encontró esta introducción al modo de pensar escéptico no solo útil y fructífera, sino incluso disfrutable. Junto con obras como *Vidas y opiniones de los filósofos ilustres* de Diógenes Laercio, los *Esbozos* de Sexto se convirtieron en lectura obligada para filósofos, ensayistas y librepensadores. Una parte importante de esa recepción tan positiva se debió, sin duda, al prestigio de Michel de Montaigne, el primer ensayista en sentido propio, y a la manera en que Montaigne vivió la lectura del libro de Sexto. En los *Esbozos*, Montaigne encontró un modelo de punto de vista crítico que trató de replicar en sus *Ensayos* de tal modo que pudiera establecer una profunda crítica del fanatismo que tantos estragos causaba en su tiempo a través de las guerras de religión sin tener que renunciar a su propia perspectiva sobre los temas que causaban aquellos enfrentamientos. Con ese modelo en mente, redactó el que sería su ensayo más amplio y más reconocido, titulado *Apología de Raimond Sebond*. El éxito de este ensayo en los ambientes intelectuales franceses del momento multiplicó el interés por los *Esbozos pirrónicos* durante toda la primera mitad del siglo XVII de tal manera que el libro de Sexto se convirtió en adelante en parte esencial de lo que un pensador debe conocer si quiere aspirar a tener una perspectiva crítica sobre (y contra) cualquier tipo de dogmatismo. A partir de entonces podremos encontrar la influencia de Sexto, de un modo o de otro, en todo tipo de figuras destacadas de la filosofía, incluyendo a Descartes, Hume, Spinoza o Pierre Bayle[28]. Y nos encontraremos, también, diversos tipos de respuesta a la perspectiva escéptica (en el terreno epistemológico, social, político o religioso) en autores de lo más variado, como Henry More, Blaise Pascal, Thomas Hobbes y muchos otros.

Entre los estudiosos contemporáneos del escepticismo ha sido corriente calificar la posición filosófica de Sexto Empírico como poco original. Se ha considerado con frecuencia que la mayoría de las ideas que se expresan en sus libros corresponden a autores anteriores de la historia del escepticismo, y que casi el único aporte real de Sexto habría sido recopilar esas ideas y transmitirlas de manera resumida. Esta acusación, aunque podría ser cierta, parece algo precipitada, sobre todo si tenemos en cuenta lo poco que sabemos de esos antecesores en el escepticismo. Es incontestable que Sexto conoce muy bien la historia de su propia posición filosófica, e incluso

28. Esta influencia ha sido intensamente estudiada por Richard H. Popkin en su libro *La historia del escepticismo desde Erasmo hasta Spinoza* (traducido al español en Fondo de Cultura Económica, México, 1983).

la historia del pensamiento griego en general. Aunque en ocasiones haya en sus páginas errores o malinterpretaciones puntuales, a grandes rasgos podemos considerarlo una autoridad competente en la mayor parte de la filosofía previa al siglo II, y en especial en los antecedentes inmediatos de su propia posición. Pero además de ese intenso conocimiento de la historia de la filosofía de su época, también podemos encontrar en él ideas genuinas de gran profundidad e interés y, habida cuenta de que nos es imposible estar seguros de si se las debemos a él o a algún formulador previo, dar por sentado que no se trata de posiciones desarrolladas por el propio Sexto parece una actitud injustificada e incluso prejuiciosa.

Al hablar de esas ideas originales no me refiero solo a los argumentos que emplea, sino a todo el aparataje conceptual que rodea esos argumentos, incluidas nociones de mucho peso en la consistencia de la posición escéptica que defiende. Su argumentación ya ha sido expuesta en este libro en varias ocasiones: la suspensión del juicio es la única actitud razonable ante la imposibilidad de estar seguros sobre nada de lo que no es manifiesto de por sí. No podemos asegurar nada más allá de los puros fenómenos, sostiene Sexto, por lo que no sabemos cómo es nada en sí mismo. Y ante esta situación, no nos cabe otra alternativa que abstenernos de juzgar. Pero, además, esa suspensión del juicio resulta que nos libera de la turbación asociada a la imperiosa necesidad de conocer (o de juzgar que conocemos). Es decir, el hecho de no juzgar nos libera de las preocupaciones y perturbaciones del ánimo y, por ello, nos hace felices. Este conjunto de consideraciones ejerce de núcleo de toda su filosofía. Lo podemos encontrar, expuesto de un modo más amplio o más breve, en casi todos sus libros. Se trata, en definitiva, de la posición escéptica condensada. Aunque luego pueda haber detalles que varíen en un autor o en otro, esta es la visión de la relación entre conocimiento y felicidad en la que consiste esencialmente el pirronismo. Pero cuando Sexto traza una argumentación detallada para sostener ese núcleo conceptual, empiezan a emerger una serie de nociones que no se tratan de manera tan explícita pero sobre las que bascula toda la arquitectura filosófica, todo el entramado de relaciones entre ideas que permite al escepticismo ser una posición funcional. Entre esas nociones encontramos un modo propio de entender términos tan destacados como «naturaleza», «afección», «relación», «argumentación», «causa», «contradicción» o «verdad». Todas ellas habían sido ya nociones centrales del debate filosófico y científico, pero ahora, en manos de Sexto, todas se transforman en parte para integrarse en algo que no puede llamarse «un sistema» (de hecho, en muchos sentidos es lo opuesto de un sistema) pero que comparte con los sistemas la voluntad de coherencia y la organicidad, la armonía, que une sus diversos elementos constitutivos.

De todas estas nociones, puede que la de más importancia, la que ejerce de clave de bóveda que sostiene todo el edificio, sea la noción de naturaleza. Pocas nociones tenían ya tanta raigambre en la historia de la filosofía como la noción de *phýsis*. La disciplina en su conjunto había nacido en forma de *investigación sobre la naturaleza*. Y, sin embargo, el modo en que se había tendido a interpretar lo que la naturaleza supone desde Tales de Mileto hasta entonces no va a ser nada parecido al modo en que Sexto emplea y comprende la noción cuando la pone en práctica.

La historia del término *phýsis* en griego antiguo da comienzo con Homero. Él es el primer autor, que sepamos, que utiliza esta palabra. Y la utiliza una única vez en toda su obra: en cierto pasaje de la *Odisea* el dios Hermes se aparece ante el héroe y le señala una planta que puede ayudarle contra los hechizos de Circe. Odiseo lo relata de la siguiente manera:

> Tal diciendo, el divino Argifonte entregome una hierba que del suelo arrancó, y, a la vez, me enseñó su naturaleza; su raíz era negra, su flor del color de la leche; «moly» suelen llamarla los dioses; su arranque es penoso para un hombre mortal; para un dios todo, en cambio, es sencillo[29].

El pasaje, primera aparición de la noción de naturaleza, determina gran parte del recorrido que iba a sufrir el término en los siglos posteriores. Cuando Homero nos dice que Hermes (Argifonte) entrega a Odiseo la planta y *le enseña su naturaleza*, ¿qué es lo que le enseña? Dado que, justo a continuación, nos encontramos con

---

29. *Od.*, X, 302-305.

una descripción de su aspecto, podríamos pensar que eso es lo que el dios revela al mortal; pero el aspecto que aparece descrito es más una aclaración o una apostilla del héroe dentro de su relato. Para ver la apariencia no necesita Odiseo de ningún dios, puesto que puede verla por sí mismo. Más bien parece que el dios le ha enseñado algo y, a continuación, él comenta el aspecto que tiene ese objeto, esa planta, cuya naturaleza se le ha revelado. Pero la naturaleza de la planta no es su tener la raíz negra y la flor del color de la leche, ni la dificultad con la que se extrae del suelo; la naturaleza son sus propiedades. La prueba está en que, a continuación, Odiseo *sabe qué hacer* con la planta porque *sabe lo que la planta hace*.

En eso consiste, inicialmente, la noción de naturaleza: la *phýsis* es eso que está «debajo» o «detrás» del aspecto y que se compone de las propiedades, las capacidades, los procesos que constituyen el objeto. De este breve pasaje y del conjunto de elementos conceptuales que lo componen emerge uno de los rasgos más importantes de la mentalidad filosófica griega: la creencia de que existe una contraposición radical entre la realidad y la apariencia. Las cosas no son como nos aparecen; su naturaleza, como planteará insistentemente Heráclito, se oculta de nuestros ojos y solo la podemos alcanzar mediante el *lógos*, mediante el uso de la razón para ir más allá de lo que los sentidos nos muestran.

Esa naturaleza que «ama ocultarse» (DK 22 B 123) es lo que la ciencia occidental asume que estudia. El científico se dedica, así, a superar las apariencias para alcanzar la naturaleza de las cosas y desvelarla. Asumimos que el verdadero modo de ser del mundo está ahí para que lo descubramos y que es alcanzable para el observador que lo estudie del modo adecuado, es decir, que la barrera que separa la apariencia de la naturaleza no es irrebasable para el ser humano.

Sin llegar a afirmar lo contrario a esta concepción tan generalizada, lo que hará Sexto al tratar la noción de naturaleza es corregir la visión que se tiene de ella en cuanto objeto de la investigación. El escéptico, según Sexto Empírico, es un investigador, un observador inquisitivo del mundo, pero lo que hace al investigar no es tan presuntuoso como considerar que desvela la verdadera realidad, y, sobre todo, sus expresiones, sus afirmaciones y sus argumentos no pretenden ser un reflejo de la naturaleza de las cosas. En el libro primero de los *Esbozos pirrónicos*, al hablar del alcance de las expresiones escépticas (del tipo «nada es más»), dice de ellas:

que no las decimos de todas las cosas en general, sino de las cosas no manifiestas que se estudian de forma dogmática; que afirmamos lo que a nosotros nos resulta manifiesto y que no nos estamos pronunciando taxativamente sobre la naturaleza de los objetos exteriores[30].

Así, Sexto niega de forma expresa estar hablando de la naturaleza de las cosas. El referente de sus palabras no

30. HP, I, 208.

es la *phýsis* oculta, sino lo que a él le parece manifiesto, lo que se le da fenoménicamente, es decir, lo que la concepción habitual de la contraposición llama «apariencias». En esa dicotomía entre lo aparente y lo natural, Sexto solo hablará de lo que le resulta aparente a él porque es lo único que no puede poner en duda: siente frío cuando siente frío y calor cuando siente calor, pero eso no implica que se dé necesariamente calor o frío en ese momento en el ámbito de lo natural, que le es desconocido.

La naturaleza, sin embargo, no desaparece de su discurso. Su posición filosófica cuenta con la noción de *phýsis* e incluso le concede un lugar de importancia. Pero ese lugar, ese papel destacado, es muy diferente del de «objeto de estudio». En efecto, para Sexto Empírico lo natural no es el objetivo de la investigación, sino *su límite*. Detrás de la apariencia de las cosas, detrás del modo en que se manifiestan ante mí, habrá un modo «real» de ser; un modo en el que sean por su propia naturaleza. Pero sobre ese modo de ser de las cosas que está un paso más allá de cómo se manifiestan es justo sobre lo que ya no debemos juzgar, porque ningún juicio que hagamos estará lo bastante justificado. Dado que no podemos conocer con certeza la *phýsis*, mejor será que callemos sobre ella. Y en ese callar es en lo que consiste la suspensión del juicio.

No solo la teoría del conocimiento de Sexto deriva de esta reformulación de la naturaleza: también la ética. El que llega a ser feliz por suspender el juicio lo hace, de alguna manera, porque consigue no rebasar ese límite que supone el ámbito de lo natural.

Pero quien opina que algo es bueno o malo por naturaleza se turba por todo. Y cuando no posee aquello que juzga que es bueno, cree estar atormentado por lo malo por naturaleza y persigue lo que considera bueno[31].

El estado anímico y emocional es cuestión de juicio. Juzgar como natural la bondad o maldad de algo es lo que, según Sexto, nos conduce a la turbación. Respetar el límite no juzgando sobre la naturaleza de los supuestos bienes y males es lo que nos aleja de esas perturbaciones emocionales y, por tanto, nos permite ser felices. Salvando las diferencias, hay aquí cierta similitud de planteamientos respecto del modo en que los estoicos hablan del papel de los juicios en nuestra intranquilidad y de la precaución que debemos tener sobre cómo juzgamos. También Epicteto, por ejemplo, señala el peligro de juzgar equivocadamente respecto de la naturaleza de las cosas. Según el estoico de Hierápolis, si juzgamos que están en nuestra mano cosas que son naturalmente dependientes de otros factores, nos afligiremos y turbaremos[32]. La diferencia reside en qué receta plantea cada uno de ellos como solución a este peligro: para Epicteto la salida consiste en aprender a juzgar cada cosa como

31. HP, I, 27.
32. Epicteto, *Manual*, I. Véase *El arte de vivir (en tiempos difíciles)*. Alianza Editorial, Madrid, 2023, pp. 50-57.

realmente es; para Sexto Empírico, en cambio, el problema es que no sabremos si lo hacemos correctamente, y por tanto la solución es, sencillamente, abstenerse de juzgar en absoluto sobre la naturaleza o realidad de los fenómenos que observamos y de las cosas que nos afectan.

La imperturbabilidad, el gran objetivo vital de los filósofos helenísticos, es contemplada por Sexto como un resultado del respeto a ese límite autoimpuesto a la especulación que supone la naturaleza. No ir más allá de donde nos es posible llegar, no afirmar dogmáticamente que algo es de manera natural de un modo y no del contrario (en especial en lo que respecta a la naturaleza mala o buena de las cosas y los acontecimientos), nos permite llegar a alcanzar el estado de *ataraxía* porque nos evita involucrarnos en la búsqueda febril e irreflexiva de aquello que se considera bueno por naturaleza.

> Por el contrario, el que no determina nada sobre lo bueno o malo por naturaleza ni evita ni persigue nada con vehemencia, por lo que permanece imperturbable[33].

Lo que nos es dado afirmar no es cómo son las cosas «en realidad» más allá de cómo nos parecen, sino la otra cara de ese límite. El modo de ser en sí que atribuyamos a las cosas siempre podrá ser puesto en duda, pero podemos asegurar que las cosas que nos parecen de un modo

33. HP, I, 28.

de verdad nos lo parecen. Ese modo de aparecer *(phaí-nesthai)* las cosas ante nosotros puede sustituir a la noción de naturaleza en la práctica vital y ejercer en cierto modo el papel que la naturaleza tiene en las visiones no escépticas del mundo. En eso va a consistir la propuesta práctica de Sexto Empírico: situar el producto del aparecer, el fenómeno *(tò phainómenon)*, en el centro de la vida teórica y práctica. No nos queda más remedio, según él, que asumir que no se puede llegar a saber cómo son las cosas naturalmente con independencia de nosotros y conformarnos con vivir siendo conscientes de que todo aquello con lo que conformamos nuestras opiniones no es otra cosa que apariencias. Y aun así, podemos vivir, e incluso vivir felices, porque los fenómenos que se dan ante nosotros ya nos mueven a actuar de un cierto modo (de un modo, digamos, no dogmático) y porque para alcanzar la felicidad no son necesarias las convicciones fervorosas, sino solo la tranquilidad anímica.

Epílogo
Ser o no ser escéptico

No debemos cerrar este recorrido por la naturaleza, el alcance y las causas del escepticismo helenístico sin esbozar una reflexión sobre lo que este antiguo modo de pensar puede aportarnos a nosotros para nuestro propio tiempo y para el incierto futuro que nos aguarda en los próximos años. A fin de cuentas, leer sobre una corriente de pensamiento de otra época es siempre un modo de hacerla actual, de traerla hasta el momento presente y ponerla en comunicación con el futuro en la mente del lector. Desde este punto de vista, ¿qué motivos han de llevarnos a ejercer de nexo entre instantes de la historia y volver a pensar sobre este modo concreto de ver el mundo?

Afirmábamos en la introducción que nuestro tiempo necesita escepticismo. Puede que todas las épocas lo hayan necesitado, pero la nuestra es especialmente patente que vive en conflicto abierto con la justificación de su saber, en una permanente polémica entre las creencias y las dudas, entre las opiniones y los hechos, lo que demanda reflexión crítica y examen calmado para no acabar condenándonos a la más profunda desorientación o, incluso, a la ignorancia más atrevida y arrogante. Por ello, recuperar la mirada del escéptico parece uno de los recursos más prometedores en nuestro empeño por no dejarnos sumir en la perplejidad o la inconsciencia. Todos atisbamos ya en nuestro horizonte amenazas y retos complejos que no vamos a poder esquivar y que, para poder afrontarlos, van a exigirnos un tipo de inconformismo intelectual que necesitamos cultivar y entrenar. Las noticias falsas ya proliferan con descaro en los nuevos medios de comunicación; negacionistas variados tratan de ignorar los hechos que no coinciden con sus deseos y prejuicios, y la posverdad como nuevo marco conceptual se asienta sobre una suerte de abandono colectivo de la capacidad crítica y autocrítica; pero, además, también resurgen los fundamentalismos religiosos y los fanatismos políticos y sociales de toda índole. Por ello, fomentar la mirada atenta, curiosa y calmada del escéptico puede ser un paso crucial en la buena dirección.

Con todo, no diría que el trasfondo de la necesidad de recuperación del escepticismo a la que me refiero deba plantearse en los términos de un «para qué». No es, creo, cuestión de defender a los escépticos solo por su utilidad. De hecho, casi es más importante hacerlos ver como una parte de lo que Nuccio Ordine llama «el antídoto contra la barbarie de lo útil»[1]. Si juzgamos las distintas formas de filosofía por sus supuestos beneficios (sean sociales, éticos, políticos, científicos o económicos), traicionaremos parte del espíritu original del amor-al-saber, y los escépticos son de los que más nos pueden ayudar a no caer en ese error porque ellos no proponen nada, no aportan ninguna tesis a la historia del pensamiento, y eso, sin embargo, no les quita un ápice de interés y de valía.

El escepticismo es una forma de filosofía que tiene valor por sí misma. Está dotado de una innegable belleza en su formulación y tiene el atractivo de su capacidad para enfrentarse a cualquier forma de cerrazón mental, exponerla y anularla. Pero, si no nos convence esa defensa de su valor intrínseco, o si nos vemos forzados a hablar en términos de utilidad, aun así también diría que encontraremos motivos de peso para defender su importancia en nuestro contexto social. Motivos como su potencia dinamizadora del debate. Allá donde se produzca una discusión, esta será más profunda y de mayor alcance si interviene en la discusión la perspectiva escéptica. Ante los argumentos escépticos, el defensor del conocimiento fundado tiene que agudizar sus tesis y perfeccionar sus propuestas; ante la crítica escéptica, el resto de intervinientes en el debate se ven forzados a ser autocríticos. Y, quizá, esa manera de exigencia hacia nuestra propia postura en la discusión intelectual sea uno de los factores más importantes para nuestro futuro. Como Ortega plantea, el conocimiento se construye en

1. N. Ordine, *La utilidad de lo inútil*. Acantilado, Barcelona, 2013.

«un permanente boxeo con el escepticismo»[2]. Y mal púgil será en ese combate el que no aprenda a corregir su postura.

Si dejamos de mirar con cuidado el mundo, lo daremos por sobreentendido. Y si permitimos que eso ocurra, puede que caigamos en el error de creer que lo sabemos todo, que nos acomodemos en nuestra seguridad injustificada y dejemos de plantearnos preguntas capaces de desafiarnos. Y, por si eso no fuera suficiente problema, los escépticos nos advierten de que si lo hacemos puede que ni siquiera seamos más felices en nuestra ignorancia acomodada, pues no hay motivo para que pensemos que nuestra felicidad radica en la seguridad de las certezas. Tal vez nuestro bienestar dependa de mantener la inquietud. Tal vez seamos seres inquietos que necesitan poner en cuestión incluso lo agradable y satisfactorio. Aunque esto no debe hacer que olvidemos el peligro que conlleva cierta manera de entender la postura escéptica.

El «escepticismo» y el «pensamiento crítico» son etiquetas que a menudo se aplican de manera poco escrupulosa. Hay usos de estas nociones, muy extendidos, que proponen dudar de todo, igualarlo todo al ponerlo todo en cuestión, y concluir de ello que podemos negar lo que queramos negar. Se concibe, así, el «pensamiento crítico» como un modo de refrendar aquello que deseamos ver como refrendado. El negacionismo suele declararse «escéptico» en este sentido. Y ese modo de emplear la noción es resbaladizo. Es importante que nos

2. J. Ortega y Gasset, *op. cit.*, 2019: 61.

hagamos muy conscientes de que el verdadero pensamiento crítico comienza por ser críticos con nosotros mismos; que no es una simple herramienta para evitar que *otros* nos engañen, sino, antes que nada, un medio para no acabar engañándonos *a nosotros mismos* por no creer en nada salvo en lo que ya creíamos. Y, por ello, lo primero con lo que merece la pena que seamos críticos es con el propio escepticismo.

Declararnos «escépticos» sin más precisiones, como ocurre a menudo cuando se ignora la historia del término, puede volvernos profundamente dogmáticos. La capacidad de cuestionarlo todo empieza, si es de verdad crítica, por cuestionar los motivos (deseos, prejuicios, intereses) que nos llevan a querer cuestionarlo. Nuestros sesgos cognitivos, nuestras creencias básicas, deben ser objetivo prioritario de nuestra cautela. Nuestras convicciones más arraigadas merecen tanto nuestras sospechas como todo aquello que creamos que algún otro intenta hacernos creer. Y solo si somos capaces de adoptar una actitud en la que el primer blanco de nuestra crítica sea la indulgencia con la que tratamos nuestras creencias habremos adoptado del escepticismo lo que tiene más valor. Quizá por ello tiene poco sentido por mi parte animar al lector a ser escéptico y merece más la pena, en lugar de ello, recomendarle aprender del escepticismo, extraer de él enseñanzas sobre los límites en los que nuestras convicciones nos atrapan y compartir con esta antigua manera de pensar, al menos, ese modo precavido de atender tanto a lo que tenemos ante nuestros ojos como a lo que llevamos con nosotros cuando miramos el mundo.